湖南省体育学双一流学科资助项目；
吉首大学体育休闲产业研究中心研究成果；
湖南省体育学重点学科资助项目

体育赛事与城市品牌建设耦合发展及其治理研究

TIYU SAISHI YU CHENGSHI PINPAI JIANSHE OUHE FAZHAN JIQI ZHILI YANJIU

段绪来◎著

(1)湖南省社科基金项目：
武陵山片区体育赛事与城市品牌建设耦合发展及其治理研究（18YBX022）
(2)湖南省体育科学学会重点研究项目：
基于消费者行为的武陵山片区体育旅游产品开发研究（2018XH002）
(3)吉首大学国家社科基金培育资助项目：
武陵山区体育赛事旅游品牌管理研究（17SKA03）
(4)吉首大学返校博士资助项目：
武陵山区以城市品牌为导向的体育赛事治理研究（jsdxxcfxbskyxm201707）
(5)湖南省教育厅科学研究项目：
张家界体育赛事与城市品牌建设耦合研究（17C1336）

经济管理出版社
ECONOMY & MANAGEMENT PUBLISHING HOUSE

图书在版编目（CIP）数据

体育赛事与城市品牌建设耦合发展及其治理研究 / 段绪来著. —北京：经济管理出版社，2019.6
ISBN 978-7-5096-6729-3

Ⅰ.①体… Ⅱ.①段… Ⅲ.①运动竞赛—关系—城市管理—品牌战略—研究—中国 Ⅳ.①G808.22 ②F299.23

中国版本图书馆 CIP 数据核字（2019）第 131089 号

组稿编辑：魏晨红
责任编辑：魏晨红
责任印制：黄章平
责任校对：王淑卿

出版发行：经济管理出版社
（北京市海淀区北蜂窝 8 号中雅大厦 A 座 11 层 100038）
网 址：www.E-mp.com.cn
电 话：（010）51915602
印 刷：北京市海淀区唐家岭福利印刷厂
经 销：新华书店
开 本：720mm×1000mm/16
印 张：16
字 数：245 千字
版 次：2020 年 6 月第 1 版 2020 年 6 月第 1 次印刷
书 号：ISBN 978-7-5096-6729-3
定 价：58.00 元

前　言

城市承载着民族文化基因与民族精神，是社会发展进步和人类文明的重要标志，是传承和创新社会物质文明、精神文明的重要场所。随着经济全球化浪潮的广泛深入和我国经济发展的持续增长以及城市化水平的快速推进，城市与城市之间的竞争日益激烈。经济全球化带来了巨大的挑战，经济、科技、文化、人才等资源的区域化乃至全球化流通，以及城市的产业集群和企业集群的萌生与发展，导致了城市之间在资金、技术、人才、知名度等方面的激烈竞争。城市的活动已从国内竞争扩展到国际竞争的领域，城市开始通过创新的理念以及系统的规划来拟定自身长期发展的战略，发展特色城市，构建城市品牌已成为当今城市经济发展和引进人才的原动力和大众关注的亮点。

城市发展催生了城市品牌，城市品牌又推动了城市发展。目前，大多数城市的建设尚处于增加城市就业、扩大城市建筑面积、加强基础设施建设等初级阶段，少数城市固然清楚了城市品牌建设的重要性，却对城市品牌的内涵及建设途径仅限于扩建广场、建设大型体育场馆、盲目跟风做广告等，注重短期行为和眼前利益。这是一种简单的、落后的、原始的城市建设或城市规划。城市品牌对于城市发展具有重要的意义，是提升城市竞争力的关键环节和重要内容。城市如同产品一样，也可以打造成为品牌，并通过科学严谨的品牌定位、品牌传播和品牌维护，积极塑造和提升城市形象，积累城市品牌资产，提高城市的知名度，增强城市的凝聚力和向心力，并进一步改善城市环境、带动城市相关产业发展以及吸引人才等，为城市的可持续发展提供源源不断的动力。通过城市营销，有效整合城市资源，促进城市自身的健康发展。进入 21 世纪以来，在经济全球化和区域一体化背景下，为了获得更大的经济效益和增长潜力、更广阔的发展空间和更高的成长平台，我国许多城市都开始探寻城市品牌的发展道路，着力塑造自己的城市品牌。于是，城市经营、城市营销、品牌战略逐步成为各级城市振兴与发展的新思路，城市竞争的加剧催生了城市营销与城市品牌。

城市品牌是经过较长的时间积淀而发展起来的，体育赛事对城市品牌的影响也是一个持续的过程。2012 年伦敦、2016 年里约奥运会的规划和实施与城市整体可持续发展目标相互关联，充分彰显了体育赛事和城市相互促进和发展方面已完全联合在一起。改革开放以来，我国先后涌现出了一批优势城市品牌。20 世纪 80 年代，以广州、深圳为中心的珠江三角洲城市群吸引了一大批外商前来投资，全国各地的人才纷纷涌向这一城市群。进入 20 世纪 90 年代，以上海为中心的长江三角洲城市群开始形成，并逐渐晋升为全国的经济中心，发展势头很快超过珠江三角洲。近几年来，随着三大经济圈的孕育成形以及西部大开发战略的实施，中国的城市品牌逐渐增多，如北京、上海、大连、青岛、深圳、广州、成都、重庆、苏州、昆明、西安等。这些城市的经济发展在推动中国区域经济和整体经济发展方面起到了重要作用，它们具有各自独特的城市品牌价值、品牌形象和品牌个性。这些不同的品牌形象是这些城市发展的一种无形资产，吸引了越来越多的人进驻，提高了自身的综合竞争力，步入了一个良性的发展轨道。

目前，我国城市品牌建设取得了一些成效，如一些城市由于自身雄厚的经济实力增强了城市的吸引力，一些城市在自身的历史进程中缓慢地形成了自己的城市特色，有的城市通过人为的策划和包装树立了自己城市品牌的新形象。但是，这也暴露出了许多问题，一些城市在城市品牌塑造方面或是刻意模仿、盲目攀比，或是缺乏产业支撑，缺乏科学的规划与管理，这些做法使城市的品牌定位和形象模糊，进一步束缚了城市的可持续发展。即使是一些知名的城市品牌，有许多由于经济的发展或城市危机的出现，也需要对其品牌进行重新定位和维护，而目前我国在城市品牌定位、开发和维护方面尚且落后，即使在城市化水平较高的北美和西欧国家，对这些问题的探索也处于起步阶段。因此，如何选择适合自身城市发展的品牌战略，准确地进行品牌定位，挖掘城市的核心特性、塑造独特的品牌形象并持续不断地进行传播和维护，不仅是城市品牌化实践中急需解决的难题，也是目前城市营销理论中尚待深入研究的理论“盲点”。总体而言，我国的城市营销和城市品牌管理还处于探索和初级阶段，还没有系统的、科学的理论体系，缺乏系统的规划和科学的设计，部分城市虽然具有了营销理念和品牌意识，但是还不普遍。因此，理论和实践都有待创新。深入挖掘建设城市品牌的动力，积极拓展提升城市品牌的路径已是当今学术界广泛研讨的课题。

随着全球社会、经济的快速发展，体育赛事与城市品牌建设之间的关系越来越密切。自 1970 年美国印第安纳波利斯实施基于体育的发展战略并获得成功后，这一行为引起了其他城市的关注和效仿。截至目前，世界上已经涌现出许多因体育而闻名的城市，美国的纽约、英国的曼彻斯特、澳大利亚的墨尔本等城市现已发展成全球著名的体育赛事中心城市，体育元素在这些城市中的功能和价值被不断发掘和利用，有力地推动了城市的发展，促进了城市文明。我国北京、上海、厦门等城市也在体育与城市发展方面有所突破。人们已逐渐认识到体育赛事在提升城市竞争力和塑造城市品牌中所起到的重要作用，随着社会经济的快速发展，许多国家将发展体育、举办大型体育赛事作为城市品牌建设与提高城市知名度和影响力的重要战略选择，体育赛事已经成为国内外各个城市互相竞逐的对象。体育赛事有其自身的内涵，不同的体育赛事所能赋予城市的意义有所区别，所以不同类型、规模的体育赛事能传递不同的城市信息，从而对人们产生不同的感官视觉。不同属性、规模的体育赛事，对于举办城市的要求也有所不同。在这样的发展背景下，城市应该通过哪些因素吸引和发展体育赛事呢？于是城市体育赛事创新环境、体育赛事和城市品牌建设耦合发展等问题逐渐成为学术界关注的热点。

2015 年 11 月 22 日，国务院发布了《关于加快发展生活性服务业促进消费结构升级的指导意见》，指出要大力发展体育服务业，大力推进群众体育与竞技体育协同发展，促进体育市场繁荣有序，加速形成门类齐全、结构合理的体育服务体系，推动体育旅游、体育传媒、体育会展等相关业态融合发展，要打造一批国际性、区域性品牌赛事。体育赛事尤其是大型体育赛事作为城市品牌塑造的主要手段，已成为世界范围内城市营销的战略工具。体育赛事与城市品牌建设耦合发展研究是一个新兴的领域，目前还没有完整的理论架构和体系。本书借鉴物理学耦合的理论，对耦合在经济学中的概念和内涵进行了阐述。体育赛事与城市发展耦合是指在一定区域内，体育赛事与主办城市互促共进、协调发展，同时这两个系统的组成要素之间相互作用、相互影响，共同对资源和要素进行合理配置。从耦合的角度研究体育赛事与城市发展系统的耦合关系，建立耦合协调度模型，并制定相关的评价标准。耦合度是反映体育赛事与城市发展耦合程度的重要指标，耦合度对反映体育赛事与城市发展耦合作用的强度、作用的时序区间以及预警二者发展秩序等具有十分重要的作用。然而，在不同城市的对比中，耦合度很难反映体育赛事与城市发展的整体“功效”与“协同”效应，因而建立耦合协调度模型作为补充，能较好地反映不同城市体育赛事与城市发展协调程度的对比。在以上分析的基础上设立了体育赛事与城市发展耦合系统的指标体系。为了全面、系统地认识体育赛事与城市品牌建设的关系，促进赛事与城市品牌建设互动发展，本书综合运用文献资料法、问卷调查法、数理统计法等研究方法，在充分认识国外体育赛事与城市品牌建设互动发展经验的基础上，以我国一些体育赛事与城市品牌耦合发展较好的城市如北京、天津、上海和常德等的经验和数据为例，构建了体育赛事与城市品牌建设耦合发展的理论基础，并运用结构方程模型分析了体育赛事与城市品牌建设互动中本地居民和外地观众的态度和行为。从这些经验和例证中汲取精华，以张家界市为例对武陵山片区体育赛事和城市品牌建设耦合发展的具体实践进行研究和论证，从而提出体育赛事和城市品牌建设耦合发展与治理的广泛路径，旨在抛砖引玉，为区域体育赛事与城市品牌建设耦合发展构建更加成熟的理论指南，引导区域的经济广泛、快速发展。

由于时间仓促，加之水平有限，书中难免存在一些疏漏与不当之处，恳请专家和广大读者批评指正。

段绪来

目　录

绪 论

一、研究背景

体育赛事是体育产业的核心产品，是综合了体育竞赛、体育表演、体育休闲娱乐等产品及其相关服务的一项特殊事件。成功的体育赛事，不仅能够融合举办城市的自然、人文资源和环境，呈现出城市的民风民俗，达到当地政府、主办方、承办方以及赛事运营者的多种目的，还能对举办城市及周边地区的政治、经济、文化、旅游以及生态等产生多维度的辐射影响，增强举办城市的竞争力，塑造积极的、富有城市个性的城市形象。体育赛事因其特殊的功能和影响力使之在全球范围内广泛传播，对国际政治、经济、文化以及生态环境等的发展都有特殊的作用。在和平年代，体育赛事更是维护世界和平、促进世界和谐发展的重要工具和手段。近年来，随着体育赛事的举办层次和规模的不断多样化，人们的视野也得到了极大拓展，同时还形成了健康生活的理念。体育赛事是一种特殊的媒体，凭借其易亲近、抗拒力小、传播效果理想等特点，可以获得良好的经济效应和社会回馈，尤其是大型体育赛事。由于具有极强的观赏性和广泛的影响力，加之众多忠诚度极高的运动迷的追捧，大型体育赛事备受关注，其举办权更受到世界各国的青睐。然而，大型体育赛事的举办对举办城市有一定的要求，我国地域广阔、人口众多，各个城市发展规模存在显著的客观差异，如东南部沿海地区的发展明显优于西北地区。因此，为了更好地利用体育赛事提升城市品牌、增强城市竞争力和生命力，各个城市必须结合自身的自然、人文资源禀赋以及发展的实际，来探索具有本地区或城市特色的、适应不同发展阶段的体育赛事发展路径。

国务院早在2014年就制定了相关文件将全民健身提升至国家发展战略工程，将体育相关的产业当作朝阳产业以及绿色产业，并明确表示对体育相关的产业给予很大的扶持。2014年，国家体育总局下发了一系列文件鼓励发展体育赛事，对体育赛事的发展提供政策扶持，并指出除具有全国性的一些综合性运动以及少数民族举办的较为特殊的一些运动赛事外，取消群众性的相关体育赛事及具有明显商业性的相关体育赛事的审批。取消关于赛事的相关审批制度，不仅能够激励一些社会团体积极主动地举办一些体育比赛，而且也能够让越来越多的存在于民间的相关体育比赛融入城市所举办的体育赛事中，这在很大程度上可以推动体育赛事在中国的发展。在整个国家和人民都在积极贯彻并落实国家在体育方面的号召的时代潮流中，积极组织全国人民进行健身的同时，地方政府相关机构也应该进一步促进体育赛事的举办与开展。这不仅有利于全民健身，更有利于地方经济的发展和城市品牌的建设。21世纪以来，我国社会、文化、经济快速发展，在物质生活极大丰富的同时，人们的文化生活、精神需求等日益多元化。为此，越来越多的城市将目光投向体育赛事这一特殊事件，期望通过引进和举办体育赛事来促进社会和谐稳定、增强城市经济效益、提升城市知名度或知晓度等，从而提升城市品牌形象，增强城市综合竞争力，实现城市长期、稳定、系统的发展。近年来，我国城市与城市之间的竞争也日益激烈，绝大多数城市的经济发展和人民生活水平都有显著提升，这更需要提高人民的精神文化生活水平。体育赛事作为一种文化产品既能提高人民的精神生活水平，也能繁荣城市经济，增强城市的知名度，扩大城市影响力。本书就是在此背景下来展开研究，重点立足于张家界，同时也借鉴了北京、上海、天津等城市举办体育赛事的理论和实践，在促进城市文化、经济发展的同时，构建体育赛事与城市品牌耦合发展的理论体系。

二、研究的目的和意义

（一）丰富体育赛事与城市发展的理论体系

以体育赛事与城市品牌建设的耦合体系为研究对象，在分析体育赛事与城市品牌建设关系的基础上，对二者耦合发展的现状、影响因素及动力机制等深入分析。在此基础上，结合系统论、公共服务理论和公共治理理论等剖析体育赛事与城市品牌建设耦合发展的治理模式和治理路径。研究城市体育赛事与城市品牌建设之间的相互关系，对体育赛事的发展和城市品牌建设都会产生深远的影响，虽然该领域的相关研究非常重要，而且也引起了更多城市的重视，相关的实践也逐步展开。但是，人们对体育赛事与城市品牌建设耦合发展的认识并不充分，关于这方面的研究还是非常有限的。本书采用实证性研究，阐述规模较大的体育赛事以及特色体育赛事对城市进行品牌塑造时的深远影响。对区域体育赛事和城市品牌的研究，充分发挥区域的资源禀赋优势，是增强区域乡村振兴、城市竞争力和城市转型升级的重要内容，是国家精准扶贫地区发展的重要措施，是促进体育赛事和体育产业发展的时代要求。

（二）优化相关产业结构，提高资源配置效率

随着社会的发展，体育的功能大幅提升，已从非功利性的体育上升到体育价值的全面升级和体育功能的综合化。体育给城市、社会所带来的影响日益加深，在某些地区或城市已经可以和经济、文化给城市以及社会造成的影响力相提并论。在某些体育发展较好的城市，体育已成为城市居民生活的重要组成部分，在进行相应的城市品牌塑造时，体育赛事以及与体育相关的比赛起着重要的作用。现在，体育相关的比赛在进行城市相应的品牌塑造时，是不可缺失的。体育相关的比赛倘若可以成功地举办，加之适当的营销手段，就可以对城市各方面产生良好的作用。例如，促进区域的相应发展、城市资源响应的配置能力得到提升、产业结构进一步得到优化、增加相关的投资等。体育赛事虽然不是展示城市魅力的唯一途径，但它是重要的环节之一。一方面，城市用于基础设施改造与完善方面的资金能够由比赛的相关筹划得到。另一方面，城市的知名度以及影响力可以通过体育赛事的推广活动得到显著提高。而且，在经济全球化城市之间竞争越发激烈的当今时代，城市凭借体育相关的比赛的具体特征和特点，不但可以使城市的基础设施得到进一步完善，也能带动商业、旅游业的发展，促进城市经济稳步上升。在增进城市体

育相关产业发展的同时，在城市资源的配置方面也起着一定的作用，如增进城市资金的流通、提升城市劳动力素质等。依据城市的资源禀赋，开发相关的体育赛事或公共体育服务，对于城市品牌建设具有重大的意义。从某种意义上来说，不仅推进了城市品牌的发展，也更有利于城市相关产业的发展和城市资源的优化配置，以及城市的转型升级。

（三）推进城市品牌建设

城市品牌形象作为一个城市内在的历史文化底蕴、外在的视觉形象以及经济实力水平的综合展现，不仅是城市政治、经济、文化、生态等给予外界的整体印象，也是城市生态环境、城市面貌、市民素质、社会秩序、历史文化等因素在受众心中的集中反映。城市魅力和知名度能通过良好的城市品牌展现在世人面前，同样，城市强大的凝聚力与辐射力也能通过良好的城市品牌形象来聚集，进而扩大对外交流，继续吸引投资者，不断带来游客，把无形的精神财富转变成实实在在的物质财富。基于这样的原因，许多国家非常注重对城市品牌形象的大力宣传，充分利用城市品牌形象的无形资产带来不可估量的经济效益。打造城市品牌形象是城市化发展进程中一项相对复杂的系统工程。纵观国内外已经举办过的体育赛事，体育比赛对于树立良好的城市形象有着至关重要的作用。规模较大的体育比赛，尤其是一些国际化的体育比赛，它们的影响力已不再局限于作为一种原始的竞技赛事，而是具有极强的号召力，成为推进城市综合发展的助推器，是城市对外扩大交流，对内凝聚力量的重要平台。因此，从城市品牌形象的理论出发，借助研究大规模体育比赛对不同城市的城市品牌形象构建以及提升中的相应效果，为实现城市管理提供较好的经验和理论依据。

体育赛事与城市品牌建设具有密切的关系，城市品牌建设和城市体育赛事耦合发展更能增进二者的跨越式发展。举办大型体育赛事或特色体育赛事能广泛地吸引人们的眼球，提高人们对该城市的注意力。举办大型体育赛事是充分展示城市实力和提升城市品牌的重要表现形式，也是得到社会普遍认可的表现方式之一，其中蕴含的各种价值是在城市发展中不可或缺的资源。因此，很多城市借助举办体育赛事这一行为来树立该城市特有的品牌形象，促进城市的繁荣与发展。举办体育赛事与城市本身具有的品牌形象之间存在的相互影响、相互作用关系被放大，使得城市主体不得不分析城市体育赛事和城市品牌之间的关系，以便让城市体育赛事最大限度地促进城市的发展，同时，也让城市的发展促使城市体育赛事更加圆满、顺利地进行。而二者耦合发展，更能提高其强大功能，发挥资源整合的优势，形成发展合力，从而推进城市全面、系统、长期、稳定地发展。

本书的主要研究包括：明确体育赛事与城市发展的关系，促进城市品牌形象的确立。目的在于通过城市主体结合城市发展的特点，树立城市特有的城市品牌，更加全面、合理地选择适合城市发展战略的体育赛事，同时也为其他中小型城市在大型体育赛事的选择和举办方面提供有力的指导与借鉴。及时填补体育赛事与城市品牌相关研究方面的欠缺，深入分析城市举办体育赛事中的具体问题，深入探索体育相关的比赛跟城市相应的品牌形象的形成之间的关系，分析并研究体育赛事和城市品牌建设耦合发展的内容、形式、路径等，提高二者的整合力量，增进城市的竞争力，推进城市发展，并为后续研究提供一定的理论基础和参考方法，具有较好的实践意义。

三、国内外相关文献综述

（一）国外相关研究

20 世纪 80 年代，我国市场经济的地位逐步确立，市场经济发展体制也在逐步建立起来。同时，在世界范围内掀起了经济全球化的浪潮，西方国家各产业亟待升级，这也使城市的发展面临着严峻的挑战，城市之间的竞争也变得越来越激烈，城市品牌的宣传浪潮此起彼伏。因此，为西方的学界开辟了城市发展理论研究的新领域，学界试图为快速、成功打造城市品牌提供理论支持。体育产业就是在这样的背景下应运而生，其中大型体育赛事在城市品牌营销中产生了极大的社会、经济和文化价值和效应。也正因为如此，城市品牌的宣传推广同体育赛事的调查探索越来越多。学界在当时除了理论研究外，还包括很多实践探索，最终获得了丰硕的成果，这些研究和探索对西方国家如何利用体育赛事树立城市品牌形象，进行城市品牌营销有着重要的引导作用。

1. 体育赛事促进城市发展的研究

城市发展是城市政治、文化、经济、生态等多因素综合作用的结果，城市营销是城市发展的重要手段和工具。就其本质而言，是为了通过不断塑造和提升城市品牌形象，在满足现有城市人口和产业需求的基础上，打造城市特色，发展旅游业，提高城市吸引力，吸引外来资金与高素质人才，从而创造更多的就业机会，实现城市的可持续发展。因此，国内外专家、学者的研究核心就是验证体育赛事对城市社会、经济、文化等各领域的发展有着深刻的影响和作用。洛杉矶奥运会请来了在旅游领域富有创新意识的尤伯罗斯负责运作，1984 年的奥运会在其运作下历史性地实现盈利，在成功举办奥运会的同时，也带动了奥运会经济效益的提升。这标志着体育产业与奥运经济的真正诞生。尤伯罗斯也因此获得了“奥运商业之父”的崇高荣誉。自此，通过举办国际性体育大赛来拉动城市旅游产业、刺激城市经济增长成为一种重要的新型城市营销手段。Black 和 Pape（2015）发现由于举办方的赛事安排远离常规消费场所中心商务区（CBD），导致其营业额有所下降，而邻近赛事的城市建设和商业服务行业的营业额则有所上升，这是因为由赛事吸引而来的新消费群体的注意力大多集中在体育赛事上，消费时往往会选择就近区域①。

2. 体育赛事促进城市营销的相关研究

史密斯（2002）认为：“有关大型体育赛事的举办与营销，现阶段已经转变成为很多城市进行整体营销的重要方式之一，特别是一些面临转型的城市，此外还有需要进行形象重塑的城市。大型体育赛事的运用通常要与城市整体的规划战略相结合。”随着城市品牌营销竞争的日趋激烈，体育赛事开始成为城市营销发展的重要砝码。目前，国外关于如何合理利用体育赛事进行城市营销的问题探讨和可行性途径探索的研究多见于理论研究。Law（1985）提出利用大型体育赛事进行城市营销这一理论，他认为以体育赛事、文化艺术节、体育节事活动等为代表的特殊事件深刻影响着人们的意识形态，是进行城市营销的有效手

① Black T. and Pape A. The Indy Car Grand Prix, Costs and Benefits [J]. Australian Accountant, 2005 (6): 25-28.

段和方式。Waitt（2010）认为，在利用体育赛事进行城市营销的过程中，不能将城市吸引力要素融合到赛事要素中是导致营销效果不明显的主要原因，究其根本是因为赛事举办方经验的缺乏与管理的失误。因此，实现体育赛事要素与城市吸引力要素的有效结合是实现赛事过程中城市营销效率最大化的一项重要手段。也就是说，在体育比赛所衍生的文化活动与以城市旅游、购物为代表的城市吸引力的主要要素之间寻找契合点，以期达到“1+1>2”的城市营销效果①。许多国家的学者如 Jones（2001）也对体育赛事与城市营销问题进行了深入的分析和系统的归纳②。例如，在 2002 年韩日世界杯结束后，Dobson（2010）对其进行了深入的分析与总结，提出了一套体育赛事城市营销办法，希望通过这套办法将体育赛事作为契机来扩大城市的旅游业、服务业等行业，从而促进城市在短时间内快速发展③。在日本，由于全民健身、大众体育已经深入民众的思想观念中，因此体育赛事在日本具有极大的推动作用，日本的许多城市将大型体育赛事的开展作为恢复当地经济的重要手段之一。然而，日本的许多学者在对体育赛事与城市营销进行研究过程中也发现了许多问题，野川和山口（2014）就提出，体育赛事的举办方应该与当地的旅游局、商业机构进行商谈与合作，在吸引观众观看比赛的同时，使其能够参加更多有意义的活动。而作为当地的旅游局与商业机构应该在赛事期间提供一些更加合理、快捷且有意义的旅游项目与活动。赛事组织者则应该合理规划赛事流程，尤其注意赛事之间的时间跨度，应该留有足够的时间使观众去参加其他种类的消费项目，从而促进城市整体经济的快速发展。

3. 体育赛事与城市品牌建设相互关系的研究

世界上许多城市都以极大的热情投入到体育赛事中，并以此来发展城市，促进城市的营销和转型。美国的纽约、英国的曼彻斯特、澳大利亚的墨尔本等现已发展成全球著名的体育赛事中心城市。国外学界关于体育赛事对城市

① Waitt G. Playing Games with Sydney: Marketing Sydney for the 2000 Olympics [J]. Uban Studies, 2010 (3): 1005-1077.

② Jones C. Mega-events and Host-region Impacts: Determining the True Worth of the 2002 World Cup [J]. International Journal of Tourism Research, 2001 (6): 241-251.

③ Dobson N. The Economic Impact of Major Sport Events: A Case Study of Sheffield [D]. Sheffield Hallam University, 2010: 13-18.

发展的影响进行了大量的研究，这些研究主要集中在体育赛事对城市的社会、经济、文化等方面的影响，研究方法日益趋向实证研究。Hiller. Harry（2000）、约翰·艾伦（2002）、Boo（2006）等的研究认为，体育赛事与城市发展以及城市形象密切相关。自20世纪80年代开始，很多国家都开始如火如荼的城市营销活动，许多相关专家、学者等都积极参与到这方面的研究与探索过程中，分别从城市经济、文化等各个方面探讨了两者之间的关系，而对城市自身品牌形象方面的研究却不多。国外学者科特勒在相关研究中指出：城市管理者进行相应的城市营销的主要目的是适应其相应目标顾客的需求，在成功完成城市营销之后，对城市内部的居民生活、经济发展、各方面的环境优化等都能起到良好的效果，而且对吸引外来游客等同样具有显著的效果。

美国学者菲利普科勒指出："对城市品牌的推广和传播的研究，需要考虑城市各方面的因素，包括社会、人文等方面，从市场营销的观点出发，研究城市在总体区域环境中的位置、作用以及竞争对手、目标受众等方面的情况，对众多要素进行整合，通过创造、传递和沟通优质的顾客价值，获得保持和增加顾客。"需要注意的是，20世纪末期，因为英国成功举办了一届欧洲顶级足球赛事，促使其相应的国家政策产生了一些改变，开始强调将体育赛事的营销同整个英国的品牌形象营销结合在一起。这一现象同美国一学者的观点不谋而合：假如一个体育赛事能够和一个城市产生较好的共鸣，那么它对于这个城市的发展、形象的提升等都将起到极其重要的作用。

（二）国内相关研究

1. 对体育赛事与城市发展关系的研究

郭修金（2010）、王平（2013）、王明伟等（2016）等对民间体育赛事与社会、经济、文化、生态等关系的研究。赵红娟等（2015）的研究明确了体育赛事与城市的共生关系，认为注重传统体育赛事与民族民间体育赛事的传承与挖掘，会促进体育赛事与城市的互惠共生与契合。杨彬（2017）认为，在民族聚居区要以体育赛事为依托，将民族体育品牌价值实现、地区特色产业营销以及地区经济发展有机结合。余守文（2015）针对体育赛事对城市品牌的影响与作用进行了全面、系统的概述。首先，以经济学、体育经济学、城市竞争学等多种理论为依据，采用定性与定量分析相结合的方法研究了体育赛事对城市品牌的影响。其次，以通过赛车打造上海城市品牌为例，通过大量的事实与理论依据，进一步阐述了实施品牌营销战略的意义与价值，并提出了相应的意见与合理化的建议。赵燕菁（2002）认为，奥运会的举办能推动北京城市交通与基础设施的建设，获得相对超前的发展，从而整体上提升北京在全球城市体系中的地位和城市竞争力。余守文（2008）从体育赛事提升城市竞争力的角度分析，认为体育赛事影响城市竞争力的机制在于经济增长效应、产业结构效应和城市品牌效应。

2. 对体育赛事与城市营销的研究

对于大型体育赛事与城市品牌营销的研究在我国尚处在起步阶段，与发达国家相比，差距甚远。北京奥运会开幕式用高科技展示了五千年中国传统文化的精粹。关于如何利用体育赛事开展城市营销，国内目前的研究主要通过对大量的体育赛事的文献资料进行研究，通过进一步地归纳总结证明大型赛事的开展对城市品牌营销具有极其重要的意义和深远的影响。同时，通过系统的研究文献资料，提出必须充分利用体育赛事进行城市品牌的推广。然而，这些研究大多停留在理论层面，因此面临的问题是如何正确地利用大型赛事将其落实到城市品牌的营销战略中，就目前而言，这还是一条漫长的道路。此外，在大量研究集中于如何利用体育赛事发展城市品牌的同时，很少有人对体育赛事与城市品牌二者之间的关系进行深入的理论研究。刘东锋（2014）在其著作中针对如何在赛事举办过程中，将城市品牌融入其中，塑造城市品牌形象进行了深入研究，文章归纳梳理了这方面的最新成果，同时结合我国目前城市发展的实际情况，有针对性地分析了我国实施这一战略可能面临的问题与挑战，最后又提出了一些建设性的意见以促进体育赛事与城市品牌形象的融合①。纪宁（2012）同样对体育赛事与城市品牌营销予以高度的评价，认为我国城市品牌营销 2.0 时代即将到来。随着全球化进程的进一步加快，城市品牌的传播途径、营销方式都将得到前所未有的发展②。城市营

---

① 刘东锋．城市营销中体育赛事与城市品牌联合战略研究［J］．武汉体育学院学报，2014，42（5）：38-41.

② 纪宁．体育赛事与城市品牌营销新时代［J］．体育学刊，2012（3）：22-26.

销并不常出现在学者的理论研究中，然而许多学者都将目光放在通过体育赛事促进城市发展的影响与作用上，并在这方面进行了大量而深入的研究。例如，举办大型体育赛事能够促进地区经济的快速发展，进一步提升城市的竞争实力，重塑城市光辉形象，同时对城市的经济、交通、旅游等多方面都会产生巨大的影响。董杰（2012）对体育赛事的成本—收益进行了预测与分析，提出了大型体育赛事可以为城市带来巨大的社会价值、经济价值等，同时还具有非常大的潜在价值，体育赛事对城市的影响是深远的①。

杨涛（2016）认为，我国民族民间体育赛事作为城市对外宣传的名片，同一般体育赛事相比，产业关联性、专业性更为突出，与旅游目的地之间的共生度和关联度极高。陈春平等（2011）、朱洪军（2010）、于永慧（2011）、田静等（2012）、黄海燕等（2012）等关于体育赛事对城市文化、经济、社会、环境的正面影响的研究具有一定的指导意义。周红梅（2016）认为，可以利用地区内丰富的冰雪资源、传统优势冰雪体育民族传统项目和现有的体育设施，强化阿勒泰少数民族冰雪体育特色品牌，促进城市发展以及城市营销。也有学者结合具体的民俗体育赛事，分析了民俗体育与城市品牌建设之间的关系。李延超（2014）通过调研上海苏州河龙舟赛后认为，苏州河龙舟赛在一定程度上成为唤起乡土记忆、民族认同和文化归属的资源和动力，是上海一张有名的赛事名片，对于塑造城市形象、提升城市内涵、凝练城市精神具有重要意义。我国学者于永慧等（2011）、吴明华等（2012）、黄海燕（2013）、成功等（2013）、赵红娟（2015）、周美芳等（2017）等主要借鉴了国外的研究理论和方法，结合国内体育赛事发展的具体实践，分析了体育赛事对城市发展的影响力。目前的实证研究较少，且实证研究缺乏大量、翔实的相关数据去论证。研究中缺乏对体育与城市品牌利益相关者的认知和深入的调研，对利益相关者与城市品牌之间的关系未能进行深入的探讨。

3. 关于大型体育赛事的研究

近年来，国内热衷于举办体育赛事的城市越来越多，对体育赛事的研究

① 董杰．中国举办大型体育赛事存在的主要问题、原因与对策［J］．体育与科学，2012（5）：42-51.

也达到了历史的高点。对体育赛事的研究，主要涉及体育赛事的概念、特征、分类以及体育赛事对社会、经济的影响等方面。据史料记载，比较早的一些体育相关的比赛是为了庆祝一些活动，它是古代埃及人进行活动庆祝时的一个重要组成部分。世界上几乎每一个时刻都会发生体育事件。将体育相关的比赛看作一件比较特别的事，这是国外人民开始了解体育相关比赛的共同切入点。国外研究者在事件方面的研究已经非常系统化，具有一对一的相关学科知识，即事件管理方面的理论。当前，我国还没有完全界定运动相关的竞赛和体育相关的比赛的定义。郭琴（2010）认为，大型体育赛事是规模较大的体育赛事，是一个相当复杂的系统。包括体育赛事组织、赛事策划和赛事管理等。大型体育赛事有两个含义：一是赛事的规模庞大；二是赛事的影响巨大。邱婷（2016）认为，大型体育赛事已成为城市政府构建和传承城市文化的重要平台，是城市多元文化的融合共生。在田麦久看来，运动型的比赛是指“按统一的比赛规则，在裁判员的组织下，运动员个体或运动队之间的竞技较量”。也有人这样定义：“运动竞赛是在裁判员主持下，依据统一的规则而组织与实施的运动员个体或运动队之间的竞技较量。”然而，上面所述对运动竞赛的相关定义没有特别准确地表述出运动竞赛的全部方面，只是对运动竞赛做了概括总结，对于运动竞赛的其他方面没有涉及。著名教授王守恒对体育赛事做出了较全面的界定，其定义为：体育相关的比赛提供竞赛所用的产品和相关的一些配套活动，竞赛的具体规则、竞赛的内因、竞赛的外因、不同的风俗习惯在一定程度上阻碍了其形式以及规模，能够使得不同个人的参赛要求得到满足，它是一种较为特殊的事件，这种事件可以给我国的经济等领域带来很多显著的经济利益。根据赛事具体的水平、类型以及规模，能够把体育相关的比赛划分成超大型的体育比赛、大型体育比赛、一般体育比赛。

著名学者黄海燕认为经济学和体育社会学是两门很重要的学科，通过对这两门学科的交叉式的理论分析，对国内的大型体育赛事和国际上的体育赛事的外部性进行了评价。黄海燕等通过对这两门学科的分析后发现，市场失灵的可能因素是大型的体育赛事，主要原因是赛事所具有的市场份额不足以及有时政府还需要向市场租借，政府在这个领域的作用是至关重要的，因为政府可以发出政府津贴，还可以使体育赛事的市场份额增加。

每篇文章对体育赛事所具有的特点的描述是不相同的，其中有篇文章认为，集聚的性质、外部开放的性质、综合的性质以及具有很好的体验性等众多特性是体育赛事的特点，这个系统项目是十分庞大的，而且也是十分复杂的，与这个项目有关联的利益群体的数量也是很多的，所以这种赛事建立的框架体系结构对当地的经济和社会的发展是有影响的，并且对自然环境也同样是有着影响的。我们应该从正面和负面两方面来进行分析。余守文对于此事有着独特的看法，他认为，准大众化的产品是体育赛事的性质，举办体育赛事会促进很多行业的发展，也就是所说的外部性，因此我们需要使外部性内部化，让体育赛事能够持续地进行，它所产生的外部性也能够连续地发生。尽管文章中没有准确地对体育赛事所具有的外部性进行分析，但却对体育赛事的外部性的解决提出了一个方案，那就是利用体育联盟所具有的一种力量，即垄断力量使体育赛事的外部性内部化。

邓春林和张新萍从社会学、政治学和经济学的角度进行了相应的理论方面的研究，他们对大型的体育赛事进行了分析和总结，指出体育赛事既有优势也有着自己的不足。

体育赛事的经营和管理也是我国学者的研究重点。纪宁、巫宁（2004）从体育赛事的基本认识及管理要点、体育赛事的经营理念与营销实务、体育赛事的组织工作三方面探讨了体育赛事的经营和管理。吴明华、李艳翎、刘亚云（2012）通过分析世界上一些城市利用体育赛事营销而取得成功的案例，提出了长沙市应树立体育赛事营销理论，加快城市的国际化进程。黄海燕（2008）借鉴管理学中的利益相关者理论和国外学者的研究成果对体育赛事与城市政治进行了分析，认为体育赛事的利益相关者包括举办地政府、主办社区、媒体、赞助商、赛事观众、赛事参与者、赛事主办组织、赛事所有权人等。田静等（2007）认为，利用大型体育赛事等重大事件在信息时代和经济全球化的背景下吸引全球的注意力，吸引投资和人才，以实现城市功能提升和空间结构的调整，是城市竞争中的常用战略。于永慧等（2011）认为，广州举办亚运会也是为了提升广州的区域中心的核心地位及世界城市体系中的等级。更有学者认为，大型体育赛事已经成为城市现代化发展的主要因素。

可见，体育赛事对城市发展的影响是巨大的，能为城市发展提供强劲的发展动力。

文章中对大型体育赛事所做的界定是这样的：它是由国家体育总局或市体育局批准，举办的具有一定规模的国际性、全国及全省性综合单项体育比赛。在对大型的体育赛事进行研究时，体育赛事是主要的话题，也被当作案例来进行研究，或者把它当作普通的样本来分析它内部所存在的规律。

4. 关于体育赛事与城市品牌的研究

随着城市化进程的加快以及世界城市竞争呈现出的新格局和新趋势，城市日益重视品牌建设，切实提升城市形象。城市品牌日益受到重视，相关的研究也逐步增多，特别是有关城市品牌的理论研究较多，这些研究成果逐步被应用到城市发展的实践中。叶南客和李芸在《战略与目标》中、向德平（2002）在《城市社会学》中都对比进行了阐述。国内外对于城市品牌的打造、传播路径等早有研究，只是这些研究比较碎片化，未能形成完整的系统理论。对于城市品牌意义和功能的研究，学者主要从理论上进行了阐述。姜海、陈建新（2004）、张铮（2011）等的研究具有一定的代表性。徐克勤等（2016）认为，张家界连续举办国际森林保护节、“穿越天门”、飞机特技表演、新疆达瓦孜传人两次挑战天门山、世界翼装飞行锦标赛等一系列营销活动，极大地提升了张家界的知名度。中国社会科学院研究员、中国战略研究学会副会长李成勋从城市品牌的形成要素、定位原则等方面就城市品牌定位进行了系统的论述，提出了城市品牌定位理论的塔形框架，即从城市品牌的定位基础、评估依据、定位结果、定位作用到最后定位目标（提升城市竞争力），从而确保城市品牌定位的科学合理。国内学者刘东峰在其相关研究中指出：经过将城市品牌和大型体育赛事进行有效结合，对于城市的品牌形象塑造和提升有着十分显著的效果。经过城市管理者采用“品牌联合”的营销策略，将两者有效地结合在一起，并且根据我国城市的具体现状进行分析，对于它们的品牌形象建设有着十分重要的意义。

此外，常乃军在相关研究中指出：作为城市活力的主要表现形式之一，体育赛事能够在城市的发展进程中起到较为重要的作用。所以，对相关课题进行研究与分析，无论是对体育赛事自身的进步还是对城市自身的现代化建设等都具有重要的意义。

柏杨（2014）等众多学者对其进行了相关的研究和探讨。李成勋（2014）认为许多城市也开始不断地进行实践，对进一步发展城市品牌营销进行了全面、深入的探索。冯巍等（2018）对城市体育元素提升城市品牌形象的作用机制和发展策略进行了研究。马肇国等（2018）对体育与城市文化品牌建设的互动效应和风险管理进行了研究。张永韬（2013）认为，目前的研究缺乏大型体育赛事结束后的城市品牌效应研究。翁飚等（2013）以厦门国际马拉松赛为例，分析了塑造体育赛事品牌与提升城市品牌之间的关系。骆正林（2014）通过对南京举办青年奥林匹克运动会的分析，认为大型运动会是城市国际化营销的舞台，可以以市场的力量推销城市品牌。余守文（2008）认为，体育赛事影响城市竞争力的机制之一是城市品牌效应。柳鸣毅等（2011）认为，城市可借助大型体育赛事塑造城市品牌。部分研究主要是借助相关理论进行探讨，如孙有智（2011）运用城市空间理论从城市居民的角度分析了大型体育赛事对城市品牌的影响。为学界所达成共识的是，体育赛事与城市品牌具有密切的关系，体育赛事对城市品牌的提升具有重要的意义和功能，体育赛事是城市品牌提升的载体和建设导向。刘连发（2015）认为，城市要结合自身的特色和资源优势，在举办体育赛事的过程中建立城市形象和城市品牌。也有学者结合具体的体育赛事，分析了体育赛事与城市品牌之间的关系。

北京奥组委主任任纪宁曾指出：我们国家的城市品牌形象的建设与营销经历了接近 20 年的发展，现阶段已经开始朝着国际化水平进军。伴随着时代的变迁，城市品牌形象的营销同样发生着巨大的改变，各种新型的营销理论，都已经进入了一个新的阶段。除此之外，在全国层面上，已经有相关文件明确规定在体育赛事品牌建设方面要着力投入与重视，努力将两者进行有效的整合。2010 年初，国务院曾发文指出：要积极带领体育赛事进行市场化的运作与营销，争取在市场化发展的今天，借助体育赛事的积极作用，为其形成一种良好的赛事品牌，并且将这一品牌与城市品牌形象进行良好的结合，以促进城市的健康快速发展。2011 年，国务院又发文指出：在举办体育赛事的过程中，要充分考虑当地群众的爱好与特点，举办的赛事要得到老百姓的充分认可与参与，不仅要将赛事品牌打造成知名品牌，还要将市民参加相关运动的积极性充分调动起来，做到全民健身、全民运动。

5. 体育赛事与城市品牌建设耦合发展的思想初步提出

体育赛事与城市品牌建设耦合发展的思想初步被提出。“耦合”原是一个物理学概念，从系统论角度看，耦合既代表了一种状态，也体现为一种过程。通过耦合，两个系统之间彼此影响、相互促进、共同发展，在特定情况下甚至可能融合成更高级的统一体。目前，体育赛事与城市品牌建设耦合发展的思想已在一些成果中体现出来，如曹庆荣等（2010）、戴冬（2010）、胡乔等（2013）、张现成（2015）、冯红新（2017）、严文刚（2017）等的研究，但这些研究没有深入探讨。世界城市社会目前存在价值观念多元化、人口流动性增强、体育社会组织逐步壮大、公共服务需求旺盛等显著性特征。张明明等（2014）对厦门体育赛事和城市的融合进行了分析。王成等（2015）认为，体育与城市具有天然的逻辑耦合性。李康等（2016）对国际体育赛事与上海城市品牌协同发展进行了研究。林柔伟等（2017）分析了绿道体育与城市生态环境耦合及其路径。鄢慧丽等（2018）建构了体育赛事与城市发展耦合协调模型。周文英等（2018）对体育与城市的互动关系及其融合进行了研究。如福建厦门创编的《集美弄龙阵头》，在传统中加入了现代元素，获得了广西南宁舞龙展演的金奖。郭修金（2010）、王平（2013）、王明伟等（2016）等对民间体育赛事与社会、经济、文化、生态等关系进行了研究。赵红娟等（2015）认为，注重传统体育赛事与民族民间体育赛事的传承与挖掘，会促进体育赛事与城市的互惠共生与契合。赵承磊（2016）认为，民俗体育可以成为助推城市建设的重要力量，民俗体育与城市融合不仅可以助推城市发展，而且还能够有效保护民俗体育。如何利用相关理论和实践，探索城市举办体育赛事的普适性，这方面的研究还严重不足。在体育赛事和城市品牌建设实践中，更多的城市未能有效地耦合二者并谋求有效的发展，且实证研究较少，缺乏大量、翔实的相关数据去论证。

国内外研究现状评述。通过上文对相关文献进行梳理与分析，体育赛事和城市品牌建设是当前学术界关注的领域，体育赛事与城市发展相关基础理论逐步完善，特别是学界体育治理的研究，为本书的研究奠定了基础。前期研究发现：尽管国内此类研究起步较晚，但就研究重点问题上两者具有惊人的相似性，有关大型体育赛事对城市营销的影响，已经成为当今国内外学术界研究的重点课题。在西方国家，由于城市自身起步较早，发展较快，所以对于体育赛事对城市影响的研究早已成为人们关注的焦点问题。而在国内，因为经济发展起步较晚、城市现代化水平较低，所以在这方面的研究相对落后。改革开放后，随着经济的不断发展，城市现代化水平也获得了极大的提升，已经有许多城市参与到大型体育赛事的举办过程中来，一方面举办大型体育赛事对体育运动的普及与宣传有着十分重要的作用，另一方面体育赛事的举办同样对城市品牌形象的塑造与提升有着极其重要的促进作用。而有关两者之间的具体关系，属于一个较为复杂的学科，它是众多学科的交叉地带，涵盖了体育学、经济学等十几个学科的内容。但是，体育赛事作为城市发展大系统中重要的组成部分，前期研究忽视了以下几个问题：①研究视角上，从宏观方面研究偏多，微观方面研究偏少。缺乏对体育赛事和城市品牌利益相关者的认知和深入的调研，对利益相关者与体育赛事以及城市品牌之间的关系未能进行深入的探讨。②研究内容上，缺乏对城市和体育赛事的系统、整体分析，缺乏对体育赛事与城市品牌建设关系的深入分析，缺乏针对具体城市的研究，对具体城市的发展历史、发展阶段、发展战略缺乏解读。③研究思路上，关注体育赛事管理的成果偏多，注重体育赛事综合治理的成果偏少，体育赛事治理的理论研究整体上滞后于社会实践。就这些问题而言，本课题的研究不仅必要，而且任务颇重。本书将以一些具体的实证为例，全方位地探究和分析举办体育赛事对城市品牌的塑造所带来的影响。

第一章
体育赛事对城市发展的影响

第一节 体育赛事的概念定义

早在古希腊时代，诗人荷马在《伊利亚特》中就提到过为纪念牺牲于特洛伊战争的巴托勒而举行了一场体育赛事。体育赛事顾名思义是在既定规则和标准下开展的某项或多项体育对抗性运动的集合。而体育比赛则是有裁判的，由双方运动主体按规定进行的个体间的竞技比拼。体育比赛是相对狭义的，而体育赛事更具延伸性。

董杰（2002）的《奥运会对举办城市经济的影响》一文对体育赛事研究理论成果众多且研究成果较为系统，并应用了专门的学科理论——事件管理理论[①]。如 Green B. C. 和 Chalip L.（2015）将特殊事件界定为："特殊事件作为满足当时特殊需求所一次发生的事件，在特定需求下发生的事件也可以认为是当地人口需要并涉及双边利益所发生的活动。"[②] 而 Ritchie J. R. B. 和 Smith B. H.（1991）则主张："特殊事件如带有历史元素的文化表演、重要庆典、大型体育赛事、典礼等，特殊事件如今随处可见，将是最具发展空间的

① 董杰．奥运会对举办城市经济的影响［D］．北京体育大学博士学位论文，2002.

② Green B. C. and Chalip L. Sport Tourismas the Celebration of Subculture［J］. Annals of Tourism Research, 2015（5）：275-291.

产业。”①

国内体育赛事和运动竞赛的概念一度被我们所混淆。国内学者对于运动竞赛的概念有下面几种看法：王子朴、杨铁黎（2015）认为运动竞赛是“有裁判的，由双方运动主体按规定进行的个体间的竞技比拼②”。上海体育学院张林等（2011）认为，体育赛事是指以体育竞技为主题的、一次性或不经常发生的且具有一定期限的集众性活动。刘清早在其专著《体育赛事的组织与管理》中对体育赛事进行了概念界定，认为体育赛事通常是指在竞赛规程、规则的约定下，人们以体育为主题内容、以竞赛的方式、以技能交流和锦标为目的的集众性活动。谢洪伟（2013）认为，体育赛事是指以体育竞技比赛为核心内容，具有经济、社会、文化等价值的，一次性或经常发生的，且有明确期限的活动。王守恒、叶庆晖（2005）认为，体育赛事是一种提供竞赛产品和相关服务产品的特殊事件。王子朴、杨铁黎（2015）认为，体育赛事是具有市场营销、项目管理、组织文化等背景特征，受运动项目、竞赛规则以及社会经济多种因素的制约，能够提供体育竞赛产品和相关服务产品，以满足体育消费者多种需求的特殊活动。另外，国家体育委员会出版的《运动竞赛学》中强调：“运动竞赛是裁判员按照统一的竞赛原则、标准而按规定组织运动员间或参赛运动队间开展体育项目上的竞技比拼。”以上阐述的都是比较狭义的对运动竞赛的描述，但它们忽略了体育运动竞赛的其他因素，包括比赛外因素等。

下面主要引用了学者宋书楠提出的体育赛事的含义和分类，宋教授所主张的概念较全面地考虑了体育运动、体育赛事所涉及的多种因素。即体育赛事是综合了体育竞赛产品和其他相关服务的一项特殊事件，体育赛事举办形式和规模大小受到竞赛原则以及场地、举办城市环境等多种因素的影响。体育赛事能够融合当地城市文化和环境，达到主办方或运营者的多种目的。一场体育赛事足以对举办城市及周边的政治、经济、文化、旅游等方面产生多维度辐射影响，并为举办城市提供经济效益提升和形象塑造的机会。体育赛

① Ritchie J. R. B. and Smith B. H. The Impact of Amegaeventon Host Region Awareness：A Longitudinal Study ［J］. Journal of Travel Research，1991（5）：3-10.

② 王子朴，杨铁黎．体育赛事类型的分类及特征［J］．上海体育学院学报，2015（12）：26-45.

事种类主要分为超大型赛事、大型赛事以及一般赛事三种。①

第二节 体育赛事的分类及一般特征

体育赛事的类别众多，举办形式多种多样。按不同指标划分的不同体育赛事分类体系主要包括以下几个方面：

（1）根据竞赛的季节气候划分成夏季以及冬季体育赛事。

（2）根据竞赛参赛运动员的年龄水平划分成儿童、少年、成年以及长者体育赛事。

（3）根据参赛运动的行业可分成军队、职工、农民以及学生体育赛事。

（4）根据竞赛的级别可分成基层性、地区性、全国性、国际以及洲际体育赛事。

（5）根据竞赛的地域可分成世界性的以及地区性的体育赛事。

（6）根据竞赛的组织形式可分成集中组织型的体育赛事以及分散组织型的体育赛事。

（7）根据竞赛项目数量多少可划分成综合性以及单项体育赛事。

（8）根据竞赛的属性和目的划分成组织运动会、对抗赛以及冠军赛或等级赛、友谊赛、锦标赛或邀请赛、选拔赛或表演赛、达标赛。

（9）根据竞赛的运动员竞技水平划分成业余水平比赛和专业级水平体育赛事。

（10）根据竞赛的营利性质可将其具体分为纯粹商业性体育赛事（如各种明星体育竞赛、巡回赛以及奖金赛）和半职业性的商业体育赛事（如国内的锦标赛、杯赛）。

（11）根据竞赛的举办规模可分成小型体育赛事、一般体育赛事（如CBA 联赛）、综合性体育赛事（如奥运会以及亚运会）以及大型体育赛事（如世界单项锦标赛、体育大会等）。

（12）根据参加对象不同可划分成竞技体育赛事、职业体育表演性体育赛

---

① 宋书楠．试议体育赛事的旅游开发［J］．北京第二外国语学院学报，2002（6）：35-38.

事以及大众体育赛事或者企业组织的体育赛事。

伴随体育产业的高速发展，体育产业已成为联系各个国家城市的重要产业。体育赛事的内容和概念也不断丰富，目前体育赛事具备高度的竞赛性、产业性以及项目性等多种性质和特点。同时，伴随体育比赛的快速进步，其已经从纯粹的体育竞技比赛，逐渐演变成比较繁复的社会性活动。开展体育比赛，逐渐演变成彰显城市特征、打造城市形象的平台。体育比赛的类型是比较多的，并且大规模的体育比赛对于城市的发展也有着重大的影响。这里的大型体育比赛指的是从实际规模角度可以让主办方产生经济收益及获得优良形象的比赛，例如在北京举办的奥运会。此类比赛通常有四个重要特征：

（1）举行时间比较短暂。单项比赛通常是1~3天，大规模比赛的举办时间通常是2~3周。比较大型的奥运会举办的时间通常是两周。所以和其他促进城市进步的原因进行对比，重要体育比赛属于特殊事件的范畴。

（2）参加人数比较多。全球性体育赛事通常每天都有2万~3万人参加，并且大规模全球性赛事每天平均人数总共有50万~60万。比赛参与人员除去运动选手、教练人员以外，还涉及现场观众、拉拉队员、记者和政府工作人员等。大量人群在特殊城市的某一地区高度集中，会在一定程度上造成各种社会设备面临一定压力，还会导致某些城市服务系统出现瘫痪情况。

（3）活动层面众多。按照刘勇的探究结果，通常重要体育比赛会包括四个方面：一是演出方面，就是对于城市各层面力量的宏观呈现；二是节日方面，就是对于喜爱带动现场气氛，但是不能够到达比赛现场的人，在比赛过程中利用不同活动为赛事增加气氛，打造一种赛事环境下的情绪沟通；三是仪式方面，最重要的就是开幕式活动、闭幕式活动与颁奖活动，目的就是“使得赛事和古代传统能够更好地延续，将赛事从以往的习惯中脱离出来”；四是比赛方面，指的是利用相关比赛来体现坚定不移、不断奋斗的精神，并且打造比较和平的气氛，有助于世界更加和平地发展。所以，通常大规模比赛相应的活动事项是众多的①。

（4）对举办城市的影响是较大的。对于举办城市最重大的影响表现在两

① 刘勇．体育市场营销［M］．北京：高等教育出版社，2007.

个层面：一是影响范畴较大。全球性赛事参加的国家是较多的，通常是由两个国家与区域构成，全球大概有 80%的国家均会参与各种大规模比赛。二是影响层面较多。主要涉及举办地区的经济增长情况、形象提升情况、城市建设发展等。城市的外在形象与服务职能均会向全球各个国家进行呈现，其产生的影响是多层面的，具有一定的国际意义。

第三节 体育赛事对城市基础设施建设和服务能力的影响

体育赛事改善城市基础设施建设，促进城市绿色发展。城市基础设施是城市品牌重要的外在物质形象，完善城市基础设施有利于打造城市品牌。大型体育赛事在举办过程中通常需要相当规模的基础设施的改造和新建，因为赛事举办不仅需要高规格的体育比赛场馆，同时也需要高度发达的通信以及交通配套等设施。例如，2001 年广州举办的第九届全国运动会，在城市基础设施建设方面总共投资了 120 亿元人民币，主要用于珠江大桥的建设、全封闭的环城高速公路还有新的国际机场建设等；环保方面投入了将近 50 亿元，从而使广州的城市面貌焕然一新。另外，为举办 2010 年的亚运会，广州市总投资约 2200 亿元，对城市的市政建设方面进行了改造，包括增加城市绿化面积、美化市容等一系列工作，并大幅度改造了城市基础设施，新建了一批有代表性的商业旅游点，增加了“岭南酒吧街”“广州美食园”等特色的旅游资源。1952 年赫尔辛基奥运会、1956 年墨尔本奥运会时，建造了各种体育场和设施，开始融入城市规划。1952 年赫尔辛基奥运会建造的奥林匹克公园是一座大型的体育场馆，周围环绕着森林，提供了充足的休闲、娱乐和住宿空间，扩大了城市空间。《北京城市总体规划（2016—2035）》明确提出，北京市未来将规划建设“一个通航机场、若干直升机停机坪、一条高速铁路、一条市郊铁路、三条高速公路、两条一级公路”的对外交通体系。

再观北京，为举办 2008 年奥运会，2003~2007 年奥运会直接投资带动北京经济增长的数据如表 1-1 所示。

表 1-1　2003~2007 年奥运会直接投资带动北京的经济增长①

年份	投资总额（亿元）	GDP 增加额（亿元）	人均 GDP 增加额（亿元）
2003	13	22	160
2004	27	45	329
2005	63	180	779
2006	61	103	749
2007	38	64	466
总计	202	342	—

由表 1-1 可知，奥运会申办成功之后，北京对奥运会的投资在 2005 年达到了 63 亿元。由此可见，奥运会的成功申办极大地带动了北京的投资，促进了北京的经济增长。

另外，体育赛事可以增强城市的服务能力和提升服务水平。成功的体育赛事，一方面取决于体育赛事的相关基础设施是否完善，另一方面取决于赛事服务是否到位，运动员、观众等能否获得良好的赛事体验。赛事参与者和旅游者可以通过体育赛事体验，从赛事服务的细节感受到城市的管理水平、体育赛事及旅游业从业者的素质以及城市居民的文明程度等。良好的赛事服务和旅游服务反映的不仅是体育赛事产品或旅游产品本身的质量，更体现出一个城市的综合服务水平。这就要求城市不断提高专业化的服务水平，引导多方面力量的积极参与。

第四节　体育赛事对城市旅游业及相关产业的影响

体育赛事有助于展示城市旅游品牌形象。旅游城市往往通过最简洁、最生动的口号来宣传和展示地方旅游形象，在赛事期间，会有大量运动员、裁判员、观众、志愿者等参与体育赛事，通过各种媒体手段进行广泛的传播，有助于全方位展示该地区的城市形象。体育旅游是在体育赛事前提下，根据举办地的自身资源条件，通过设计、搭配有关产品服务推出的全新旅游业务，

① 孙久文．奥运会与首都经济圈［J］．城市管理，2003（4）：27-29.

属于旅游、体育两个产业共同衍生出来的新事物。但是，从现阶段国内实际情况来看，体育旅游市场依然远未成熟。大部分情况下，城市主要依靠体育赛事带来的影响提高旅游资源价值，借此受到世界各国游客的关注，归根结底只是体育营销。而国外则明显不同，体育旅游是一门重要产业，譬如温布尔顿网球公开赛，赛事期间世界各国游客慕名前去观赛。结合国际现状来看，此类例子早已屡见不鲜，详情可参照表 1-2 进行了解。

表 1-2 部分国家或城市体育带动旅游情况①

国家或城市	体育带动城市旅游情况
日本和韩国	共同举办 2002 年韩日世界杯，给两国分别带来 88 亿美元与 245 亿美元产值
意大利	将“足球工业”确定成根本，如意甲与欧洲杯。2010 年，体育方面带来的旅游产值达到 500 亿美元，远远大于汽车工业与烟草业
维多利亚	近些年，将建立赛事之州作为发展重心，且当地旅游部表示，与悉尼、珀斯等举世闻名的旅游城市相比，维多利亚有关国际大型体育赛事的认识更加深入，不仅如此，其春季赛车嘉年华创造的经济收益接近 1.74 亿澳元
瑞士	滑雪项目给瑞士创造的旅游收益达到 70 亿美元
墨尔本	举行了很多国家大型赛事，又被叫作赛事之都，每年均有大量游客慕名前往。而且，当地 F1 与澳网公开赛创造的经济收益分别为 0.96 亿澳元与 0.7 亿澳元
北京	由 2001 年申奥成功直至 2008 年成功举办，仅仅 7 年，旅游收益达到过去的 2 倍，而在 2008 年，旅游收益直接超过 45 亿美元
南非	因为世界杯的影响力，南非吸引了大量游客，其中非洲境内游客总数上升 50 万，欧洲游客总数上升 20 万，而超出预计的游客总数至少为 220 万

由表 1-2 可知，各个国家或城市通过举办赛事带动旅游消费的程度不一，但不论是本来就是欧洲热门旅游国家的意大利、瑞士，还是旅游收入占比相对较低的非洲国家，赛事的到来都为赛事承办城市带来了大量的观众以及观光旅游者，对当地的旅游消费起到了不可忽视的促进作用。

青岛通过承办 2008 年奥帆赛及残奥帆赛，借助奥帆赛给文化产业注入全新的活力，借此形成以体育运动、新闻出版、文化艺术、广播影视为代表的

① 阮伟. 体育赛事与城市发展关系研究［D］. 北京体育大学博士学位论文，2012.

核心文化产业群。另外，大型体育赛事的举办也将极大地推动第二产业和第三产业的发展，特别是对与体育经济联系密切的餐饮业、社会服务业以及文化产业等相关行业，有着十分明显的带动作用。2004 年，北京拥有 458 家酒店，共有 84812 间客房。为了在 2008 年避免国内外游客“无房可住”的尴尬，满足基本的住房需求，北京将酒店数增加到 800 家，拥有 130000 个房间。一年一度的厦门马拉松每年能够为厦门带来大批的观众和成千上万的旅游观光者，其中餐饮业的营业收入增长高达 35%，市区内大部分酒店满员入住，大型超市的营业额也大幅度增长。泰国总理府部长、旅游机构主席比达说：“亚运会对宣传泰国、促进泰国旅游业的长期发展意义重大。”

由于以地方旅游为导向的体育赛事能够吸引社会的广泛关注，能促进体育赛事无形资产的提升，特别是品牌体育赛事的发展，大幅提高体育赛事的品牌资产，为赛事积累更多的财富，产生良好的社会效益，为体育赛事的持续发展提供资金保障。体育赛事旅游活动的开展，能吸引大量的广告收益和赞助商加盟，从而增加赛事运作的资本积累。另外，体育赛事旅游的成功举办，能拉动群众的体育消费，增加国民的体育支出。

产业发展的同时也会为城市就业带来好处。因为大型赛事的举办筹备阶段需要新建大量的赛事场馆和酒店，而这些设施都需要大量的工作人员和服务人员，可以提供大量的就业机会，缓解严峻的就业压力。据统计，2000 年举办的悉尼奥运会就为悉尼带来了 10 万人次的就业岗位。一年一度的 F1 上海分站赛成功举办的背后，平均每年需要 5000 名工作和服务人员，其中包括赛道维护、场地对接、赛事安排等人员；同时每场比赛前后需要 60 名清洁工负责现场清洁工作；需要准备 30 辆救护车和 200 名以上的医务人员随时在现场候命，以备不测；需要超过 4000 名厨师以及服务生负责选手、工作人员和观众的饮食；赛场附近同时得配备 510 名信号员、112 名旗手、近 50 名警官、15 辆警车、20 辆消防车，防止意外事件的发生。由此可见，赛事的举办所需要的人员是一个不小的数字。当然，举办大型体育赛事对城市就业产生的影响有长期的也有短期的，如果仅就体育赛事本身而言，因为其赛程和赛制的限制导致时间有限，从而使赛事本身产生的就业岗位一般来说也是短期性质的。但是体育赛事与其他众多相关产业都有相当高的关联性，举办的同时可以推动这些产业的发展，从而间接地带动赛事举办地长期就业岗位和就业人数的增加。

在城市品牌建设过程中，大量的旅游者涌入城市，通过对旅游者需求心理和消费行为的分析，依据城市所拥有的体育和旅游资源，打造具有独特体育或旅游体验的产品显得更加重要。体育赛事既是一场体育盛会，也是为广大旅游者提供的特色旅游产品，是旅游产业发展的拳头产品，用体育赛事这一特色产品作为敲门砖，有利于带动其他旅游产品结构的优化，满足多元化的旅游需求，提升旅游者的消费水平，从而促进城市经济的发展和城市品牌的提升。2000 年悉尼奥运会为澳大利亚增加境外游客约 174 万人，给国家预计带来了 35 亿美元的外汇收入，并且有关研究表明，其中 88%的游客愿意再次来到悉尼旅游。

另外，2021 年陕西全运会将带动旅游收入。陕西一直以来都是旅游大省，据统计，2015 年西安市旅游业的总收入为 1073 亿元，占全市 GDP 的 18.48%。而 2021 年全运会的到来无疑将吸引全社会甚至全世界的目光，为陕西省带来大量的旅游观光人数，极大程度上带动陕西省的旅游消费和收入。此次全运会，陕西也将以“全运惠民工程”为载体，以全运筹备为中心，加大体育产品和体育服务的供给，争取在 2020 年前将体育产业的总产值扩大到 600 亿元。同时，西安作为丝绸之路经济带的起点和“一带一路”规划重要的节点城市，也将借助此次全运会进一步融入“一带一路”倡议，借助区域合作、各部门相互支持等方式，使赛事与各个行业融合发展，为加快建设“国际化大都市”助力。

第五节　体育赛事对城市政治地位的影响

事实证明，北京奥运会让世界上更多的国家和地区重新认识了中国，了解了中国文化，感受到了中国的风土人情。从 1936 年刘长春在张学良将军的资助下参加奥运会，中国第一次从真正意义上接触到奥运会开始，到 20 世纪 80 年代中国正式恢复奥林匹克委员会正式成员国身份，再到 2001 年中国正式取得奥运会主办权，在短短不到 70 年的时间里，中国的国际地位有了质的提升和飞跃。2008 年北京奥运会的成功举办，更让中国在真正意义上走出国门，极大地扩大了北京甚至整个中华民族的政治影响力，提升了中国在国际社会的政治地位，给中国赢得了更多的话语权，并取得了其他国家对于中国举办奥运会的认可及肯定，对中国政治地位的快速提升有着不可估量的重大意义。

大型体育赛事举办的同时，比赛的广告宣传效果更是不可小觑。激烈的体育赛事能汇聚国内外各界的目光，不同国家、不同地区的媒体平台、广播电视、报纸新闻等大量的实时赛事播报，会借助现代化的通信设备不断地展现在世界的每一个角落。例如，上海举办的一年一度的 F1 分站赛就被上海官方当作上海城市魅力的名片展现在世人面前。再如，江苏举办的 2005 年第十届全国运动会，其宏大的规模和独特的宣传效果对江苏省来说更具有重大意义。中央电视台为报道此次赛事，派出强大的新闻媒体队伍对江苏省内所有承办城市进行了全方位、多角度的报道，报道涉及每个城市的历史、人文、地理等方面，从而对整个江苏省进行了全面的展示，使国内外观众对江苏有了更深入的了解。由此可见，第十届全运会实质上就是给江苏做了一次全方位、多角度的宣传，这次宣传对江苏省内城市的形象和影响力的提升产生了巨大影响。同样地，像奥运会这样的超大型体育赛事对城市乃至国家的影响和宣传作用则更加明显。韩国也曾借助 1988 年汉城奥运会使经济飞速发展，一跃成为亚洲四小龙之一。巴塞罗那在成功举办 1992 年奥运会后，迅速从西班牙的一个中等水平城市变身为欧洲第七大城市。

2021 年全运会“花落陕西”，对于整个陕西来说将是一次难得的历史机遇。陕西已经多年没有举办过如此大型的体育赛事，这对陕西的各个市区，尤其是对西安市来说，是一次提升城市综合功能、带动城市各个方面发展的绝佳机遇。随着西安建设“国际化大都市”进程的推进和深入，2021 年全运会的举办将进一步深化此项目标，加速西安城市发展。

陕西是古代丝绸之路的起点，新欧亚大陆桥的重要枢纽，又是“一带一路”倡议中丝绸之路经济带的重要节点，无论是在古代还是在当今社会，从地理位置到政治地位都具有重要的意义。“一带一路”对陕西来说是一次重要机遇，陕西应当抓住此次机遇并将其延伸扩展，由点成线、由线促面，推动陕西发展再上新台阶。在这样的大背景下，陕西成功申办 2021 年全运会是对陕西省的肯定，也是陕西省的重要发展机遇。全运会的举办在一定程度上将吸引国内的关注，新闻媒体的不间断报道，观众以及游客的到来，政府政策的支持，都将提高陕西省在国内乃至国际上的影响力。

第六节　体育赛事对城市文化的影响

大型或品牌体育赛事都融入了大量的国家或地区文化元素，文化元素的打造体现出赛事的内涵和特色，彰显了赛事的层次。目前，传统的观光旅游受到了前所未有的挑战，人们对专项特色旅游有了更多的认识，文化在旅游中的作用日益凸显。以城市发展为导向的体育赛事，比一般的体育赛事和观光旅游，需要注入更多的文化元素，增加体育赛事旅游的文化属性。一方面，体育赛事旅游可对其他国家或地区的文化进行移植；另一方面，要在体育赛事旅游的过程中，建立本地区、本民族的文化体系，彰显文化属性。文化的移植或本地文化的继承传播将繁荣城市文化的内容，推动城市文化的发展。

山东省在 2009 年举办了第十一届全运会，很大程度上丰富了济南民众的精神文化生活，提高了市民的精神道德水准，一定程度上促进了济南市民的精神文明建设。这届全运会，济南作为东道主，在赛前和赛中，运用各种传播媒体对全济南市开展了爱国主义和集体主义等思想宣传教育活动，并取得了良好的宣传效果，对整个济南市的经济社会发展起到了较好的推动作用。其中，“齐心协力、顽强拼搏、建我济南、爱我泉城”的宣传口号展现了济南人民积极向上的精神面貌，“人人都是东道主，我为全运做贡献”的全运口号展现了市民喜迎全运的热情和活力，体现了济南市民的主人翁精神。除此之外，济南还广泛开展了“文明市民教育、文明社区创建”等十大文明创建活动。

借助十一届全运会的东风，山东省大力支持文化产业的发展。2008 年，山东省将济南市、青岛市、莱芜市、临沂市、滨州市、烟台市、潍坊市 7 个城市设为综合试点市，相继出台了不同的改革方案，下拨的关于文化产业的专项发展资金达 2 亿多元。另外，济南市还重点支持建设了 100 多个具有自身特色的文化产业项目，涉及广播影视、出版发行、体育产业等各个领域，为全运会的举办营造了良好的文化氛围。济南市面向全社会招商引资的总额达172亿元，充分表明了济南文化产业具有的广阔前景和巨大潜力。

另外，2021年陕西全运会将对发扬陕西文化、带动文化产业发展产生巨大影响。第一，发扬和宣传陕西文化。陕西是历史文化大省，西安更是著名的历史文化名城，具有3100多年的建城史和1100多年的国都史，历史上有周、秦、汉、唐共十三个朝代在此建都，历史文化底蕴深厚。全运会的到来必将“长安文化”展现于世界，通过电视、媒体、互联网等传播媒介让更多人认识古城文化，了解中国历史，全方位展示陕西文化魅力。延安市是历史革命圣地，2021年陕西全运会致力传播延安精神，从实际出发，以节俭高效作为办会宗旨，通过周密完善的预算管理，控制各项开支，倡导勤俭节约，坚决抵制铺张浪费，这是对老一辈革命家延安精神的肯定和发扬。第二，丰富群众文化生活。在第十四届全运会筹办期间，陕西省体育文化艺术协会成立了系列委员会，以便更好地在文化艺术领域为第十四届全国运动会服务，成立了运动项目文化艺术发展委员会，以及美术协会、书法协会、摄影协会、音乐协会等艺术委员会，并通过开展宣讲会、展览会、社区比赛等丰富多彩的活动来发扬陕西文化，无形中提升陕西民众的文化素养；在地市成立协会分会等。这些行之有效的决议将大大调动市民参与文化活动的积极性，让老百姓参与到文化活动中来，为基层体育文化的繁荣和发展做出积极贡献。

另外，赛事的举办能增强民众凝聚力和自豪感。2001年，国际奥组委主席萨马兰奇先生宣告北京获得2008年奥运会主办权的时候，中国人民举国欢庆，人们在天安门广场举行了大型庆祝活动。2008年奥运会的成功申办给了中华民族扬眉吐气的机会，56个民族的体育健儿真情相拥在一起，为了一个共同的目标团结协作，力争奖牌。经过各族同胞们的不懈努力，中华体育健儿们最终共为中国代表队获得48枚奥运金牌，位列奖牌榜第一。这个可喜的成绩与中华民族的大融合是分不开的。同时，2008年北京奥运会的成功举办和优异成绩更大意义上调动了中华民族的凝聚力，使全世界中国人民为之骄傲和自豪，同时也不断加强海外华人华侨对祖国的热爱。

由此可见，大型体育赛事有利于丰富市民的文化生活，提高市民的文化道德水平，提升民族凝聚力，有利于社会创建和谐的文化及生活氛围，并能带动文化产业的发展。

第七节 体育赛事对城市生态环境的影响

体育赛事对改善城市环境来说既是机遇又是挑战，在借助赛事举办改善城市生态环境的同时，又会不可避免地给城市生态环境带来负面影响。要发展体育赛事，要尽最大努力保护城市生态环境。

体育赛事规划期间，城市生态环境将受到更多关注，一方面能够提高环境质量，另一方面能够加快治理进程，意义非常重大。因此，众多赛事举办城市都把生态环境改善纳入赛事规划的范畴。国际奥委会在20世纪90年代早期就开始关注保护生态环境的问题，奥委会希望奥运会的举办能够对赛事举办城市及其周边地区的生态改善及环境治理工作起到一定促进作用，提高居民的环境保护意识，为社会留下“绿色遗产”。

通常，举办城市会借助举办赛事的契机，出台一系列环保举措，同时对城市存在的环境问题进行治理，尤其是规格较高的赛事。例如，2008年北京奥运会提出了“绿色奥运”计划，为此，北京关于环境保护的预算占到了总预算的2/3，主要集中于改善空气质量、减少水资源利用以及垃圾处理、新能源的开发和风景绿化等领域。同时，为实现这一计划，北京制定了空气环境质量目标，计划主要空气污染物的浓度和数量在2008年初能够达到国家标准；城市地区的一氧化碳和二氧化碳浓度在2008年奥运期间能够符合世界卫生组织的基本标准。相关研究表明，北京奥运期间，“绿色奥运”计划发挥了良好效果，北京的空气质量达到了预期目标，一个空气新鲜、环境美丽、生态良好的新北京呈现在世人面前。1988年第24届奥运会，东道主首尔市提出了规模巨大的美化城市计划，对一系列环境问题采取了全面治理措施，包括降低大气中粉尘和二氧化硫含量，改善饮用水质量等，主要体现在对主要河流汉江进行了长达8年的综合治理。亚特兰大借助1996年奥运会，创建了世界上最大的屋顶太阳能系统与环保节能的奥运水上中心项目。为了改善城市的空气质量，亚特兰大在整个城市新种了3万棵绿植，极大改善了城市的空气质量。1998年举办的长野冬奥会筹备过程中，为了保护国家森林公园不受破坏，长野改变原计划的赛程地点，重新选址修建了速降跑道，并响应环保号召，推出了零污染的用餐器皿。为了实现环保目标，悉尼在奥运会期间的多数场馆设施都体现了新的环境保护精神，包括对奥林匹克公园所在地霍姆布什湾采取了全国有史以来最强大的治理措施，建造了悉尼奥运主赛场——“绿色体育馆”，这也是世界上第一座太阳能室内运动场。

同时，历届大型体育赛事，包括奥运会、世界杯等，举办国和举办城市都充分利用赛事对环保理念进行了大力宣传，大大激发了民众对环境保护和治理的认可，很大程度上将民众调动起来，参与到生态环境保护这一有意义的活动中来。例如，2000 年悉尼奥运会，悉尼市为促进绿色奥运更好进行，提前五年成立了关于奥运会的环保论坛。为了增强青少年的环境保护意识，将与奥运会有关的环境保护教育加入到小学课本中，向学生们灌输“环保人人有责”和“回收利用是第二资源”等环保观念。北京成功申办奥运会之后，奥运组委会通过一系列教育及宣传活动，向民众普及环保意识以及赛后可能会给举办地区带来的环境问题，争取民众的支持并激发他们的参与热情，同时构建生态环境标准和保障机制，将重点放在关注城乡绿化上，鼓励观众和游客采取对环境无害的消费选择，并倡导全社会养成对生态有利的“绿色”消费习惯，推广积极健康向上的生活方式。上述方法均有利于推动城市生态环境长期、稳定进步，且效果非常显著。

例如，陕西举办第十四届全运会，秉承五大发展办会理念，分别是绿色办会、共享办会、开放办会、节俭办会和廉洁办会，并借鉴北京奥运会和伦敦奥运会等办会经验，始终贯穿“绿色奥运”“环保奥运”的理念，坚持环保绿色的生态价值取向，提升全市人民节约能源、爱护环境意识，提倡更加良好的生活习惯，改善品质。这一系列的环保举措和与环保相关的宣传将对市民的环保意识形成产生影响，使市民养成绿色出行、爱护环境等良好的社会行为习惯，通过减少新建场馆、尽可能改造已有场馆，以减少对自然环境的破坏和开采；通过增设公交线路、限制私家车出行以及鼓励市民使用共享单车出行等方式，以减少不可再生资源的消耗和尾气的排放，这一系列措施对生态环境的改善意义重大。

另外，大型体育赛事对城市生态环境也会产生负面影响。事实上，在大型体育赛事的筹办、举办阶段，生态环境必将受到不同程度的影响。赛事场馆的修建和改造会破坏当地环境，导致绿化面积减少、水源地污染、生物多样性减少等一系列问题。例如，加拿大温哥华在筹办 2010 年冬奥会期间，为了修建北欧滑雪场，征用了当地的原始森林，对森林的灰熊栖息地造成了重大破坏。同时，在场馆施工过程中，不可避免地破坏了森林植被，降低了植被覆盖率；对新建场馆周边的生物产生了影响，减少了当地的生物多样性，导致整个生物链断裂。另外，在大型体育赛事举办期间，同样会对城市环境带来破坏。大量观众的到来会大量消耗水资源，可能导致水资源的浪费现象；赛会期间产生的大量生活垃圾会加剧环境的压力。2007 年在法国举办的世界杯橄榄球赛上，经赛后有关部门统计，总共 250 万观众在现场产生的固体垃圾总量达到了惊人的 780 吨，包括餐饮垃圾、废纸废物以及包装废物等。

总之，城市大型体育赛事或特色体育赛事的打造要通盘考虑城市的生态环境因素。一般的中小城市或地区要挖掘天然的民俗体育资源，要使体育赛事达到营销地区旅游，或直接吸引人们参与或观赏体育赛事的目的，体育赛事的打造就必须发挥地区资源优势。要使体育赛事资源长期保持优势，就必须对城市的生态环境进行保护，实现资源的可持续发展。同时，要借助赛事促进城市环境整治，为公众提供一个美丽、清洁、舒适的竞赛环境、工作环境和生活环境。

第二章
体育赛事与城市品牌建设的阐释

第一节　城市品牌建设及其理论基础

对品牌本质的认识经历了品牌符号阶段、品牌个性阶段、品牌关系阶段、品牌资产阶段以及品牌的经济学解释阶段。品牌是生产、营销与时空的结合。世界著名广告大师 David Ogllvy（1955）认为，品牌是一种错综复杂的象征，是品牌属性、名称、包装、价格、标识、声誉、广告风格的无形组合，品牌同时也因消费者对其使用的印象及自用的经验而有所界定。根据美国市场营销协会（ANA）的定义，品牌（Brand）是一个名称、专有名词、标记、符号或设计，或是上述元素的组合，用于识别一个销售商或销售商群体的符号与服务，并且使它们与其竞争者的商品与服务区分开来。产品可以被模仿，品牌则是独一无二的。品牌的特征主要表现在以下几个方面：表象性、集合性、资产性、领导性、双重性、专有性、多元性。品牌对消费者的作用：识别产品的来源功能；追溯制造商责任依据的功能；减少购买风险的功能；降低搜寻成本的功能；契约功能；象征功能；质量信号。

各个学科对于品牌的界定是有所差异的。借助大规模体育比赛创造品牌的阶段，也就是该城市进行经营销售的阶段。所以，本节主要从市场营销的角度出发，进行城市品牌概念的界定。在市场营销学中，主要概念之一就是品牌。“Brand”一词来自古挪威语的“Brandr”，其含义就是“打上烙印”，也就是所有人员对他们的牲畜进行标识，用于识别其动物的手段。Keller 对于品牌进行了界定，即品牌指的是一种名称、标记或者记号，最为重要的目的是用来识别消费群体的产品或是相关服务，并且让其和各种竞争对手的产品与服务进行一定分离①。年小山认为，品牌是在整合先进生产力要素、经济要素的条件下，以无形资产为主要经营对象、以文化为存在方式、以物质为载体、具备并实行某种标准与规范，以达到一定目的为原则，并据此设定自身运动轨迹，因而带有显著个性化倾向的、具备优势存在基础的相关事务，它是由精神、物质、行为有机融合的统一体。康金辉认为，品牌是用于识别一个或一群出售者的产品或者劳务，并与其他竞争者相区别的专业术语。刘翠芬指出，品牌应具备以下三方面的内容：第一，品牌是以一定的产品和服务的质量为基础的；第二，品牌能带来额外的情感上的满足；第三，具有特定的名称、文字、符号、图案和语音等特征。余明阳、杨芳平认为，品牌是能给拥有者带来溢价、产生增值的一种无形资产，它的载体是用以和其他竞争者的产品和劳务相区分的名称、术语、象征、记号或设计及其组合，增值的源泉来自于消费者心目中关于其载体的印象。上面品牌的概念界定中说明了“识别性”特征，主要涉及两个层面的含义：品牌名称和品牌标记。前者指的是品牌当中能够借助语言称呼的，是构成品牌理念的前提条件。一个优良的品牌可以为消费者带来一定的想象，使其更加能够感受到其中的内在价值。后者是能够被辨别的部分，也是品牌当中的相关记号和相关图案。此外，城市的品牌还拥有识别功能、质量保证功能、广告功能、导购功能、心理作用功能、资产功能、竞争功能、获取利益功能等。

（一）城市品牌的概念界定

城市品牌主要是由品牌理念与理论知识发展而来的，实际是一种全新的对于城市展开经营管理的理念，也是一种经营销售的概念。现阶段，品牌的理念绝大多数来自 Keller 的书籍。他认为，就好像商品与

① Philip Keller. Lateal Marketing［M］. Arrangement with John Wiley & Sons. Inc.，2005：88-102.

人，其地理位置是能够品牌化发展的[①]。在此种状况下，品牌就是按照地理名称所明确的，其最重要的功能就是使人们能够更好地认知此地方，并且对其形成一定的想象。即使国内外学者对品牌展开了各种界定，但一般地，这些品牌的受众群体是有关城市形象与概念的总和，不仅指的是该城市的相关名称、相关标识与相关格言，还涉及其属性特征、内在含义、历史特性和重要价值，还有人类对于其品牌功能和服务品质的期望等。所以，就好像公司品牌一样，城市能够利用品牌形象将自己高效地和其他地区进行划分，非常容易被辨别，并且在一定程度上提升目标群体的实际忠诚度，提升城市的外在形象，逐渐变成城市最为关键的资产。

（二）国内外关于城市品牌构建的理论概述

联合国前任秘书长加利曾经提出：在将来的社会当中，城市的将来不只是能够决定各个国家的发展前景，并且还会对于地球起到决定性作用。城市还是某国或者是区域的政治中心、经济集聚地、文化集聚地，在经济发展和社会进步过程中占据着重要位置[②]。如果想要在洗牌过程中占据一定地位，就必须像对于城市品牌经营一样，利用品牌化发展，使城市继续维持其在市场竞争过程中的重要位置。有关怎么样展开品牌建设工作，有着大量不一样的看法。菲利普·科特勒认为，在进行城市品牌推广的过程中，需要对城市的经济情况、文化情况、自然情况等进行充分考量。以市场营销理论作为实际出发点，探究其在整体地区环境中所处的位置、实际作用和受众群体等，对于各种要素进行整合工作，利用打造、传播与交流，增加目标受众群体[③]。与国外城市营销有所差异的是，我国的城市品牌探究主要侧重对城市形象的探究。这方面的理论探究成果是在城市形象理论知识持续拓展的环境下，在城市化发展过程中形成的。在学习国外探索研究的前提条件下，和我国城市发

① 孙丽辉，史晓飞．我国城市品牌产生背景及理论溯源［J］．中国行政管理，2005（8）：52-54.

② 罗月领．城市品牌的理论初探［J］．天水行政学院学报，2007（4）：9-11.

③ 陈建新，姜海．论城市品牌生成机制［J］．华南理工大学学报，2004（2）：50-55.

展的情况与特征进行有机融合，对于城市品牌理念、品牌定位层面、打造发展策略等展开讨论与剖析。柳钦在《论城市品牌建设》中提出，应从资源角度、品牌角度、文化角度、产业角度、营销角度、形象角度等去探究与界定城市品牌，并且以我国城市为实例，按照其本身特征和探究角度的差异，提出了自身的见解，但针对城市品牌的清晰概念目前还没有产生统一的看法。①

姜海、陈建新（2004）认为，城市品牌可以帮助城市极大地提高传播效率、降低聚集资源的成本、节省公众时间以及规避投资风险等。② 张铮（2011）认为，城市品牌要使人们把这座城市和它所代表的产业群所拥有的品牌联系起来，实现有效地影响社会公众对城市形象的看法和评价、为市民及利益相关者带来各种附加价值、产生并不断使城市获得更大的声誉以及使城市市民认识到城市自身生态环境和文化建设的重要性，提高对自身各方面素质的要求，增强对于城市的归属感和荣誉感等城市品牌效应。③

本节主要阐述了体育赛事与城市品牌的基本理论，从理论上说明各个国家或地区纷纷争办一些大型体育赛事的原因。体育赛事作为城市事件营销的主要手段，已成为世界范围内城市营销的战略工具。体育赛事作为城市品牌建设的重要措施，能促进城市建设、提升城市形象、丰富经济产业布局、优化城市空间等，在促进城市营销的同时能提升城市的竞争力。同时，城市也为体育赛事提供了赛事的基础设施、各种资源、庞大的消费群体、优良的安保措施、高端的传播媒介等，从而保障赛事从申办、举办到赛后工作的顺利进行。尽管国内外就体育赛事的定义有不同的认识，但是普遍认为举办一些大型体育赛事能够带动当地经济的发展，提升当地旅游观光的游客人数。由于体育赛事的等级、规模、类别比较多，举办赛事的城市必须根据自身的条件合理运用赛事资源，以提升自身城市品牌和知名度。这需要举办城市的政府精通营销、品牌管理等方面的管理知识，认真研究已有的国内外研究成果，以实现赛事与城市品牌推广的双丰收。

---

① 柳钦．论城市品牌建设［J］．中国市场，2011（7）：66-77.

② 姜海，陈建新．论城市品牌生成机制［J］．华南理工大学学报（社会科学版），2004（4）．

③ 张铮．城市品牌建设与传播策略研究［D］．山西大学硕士学位论文，2011.

第二节　城市整体品牌形象满意度分析

城市营销的目标就是城市形象。刘玉成（2002）认为，城市形象是一座城市内在历史底蕴和外在特征的综合表现，是城市总体的特征和风格。在城市品牌建设中，城市形象是塑造和培育城市品牌的起点和基础。民众对城市的感知感受，都是从城市形象开始的。因此，城市品牌形象是城市发展的重要问题。对城市的感知指的是在这些城市生活的民众，对其有着自身独有的体会。即人们是怎样对所居住城市进行理解的，即使是对其没有任何探究的责任，也会对其有自身的看法，因为他们生活在该城市中。因此，民众均会对城市形象有着独有的感受。本节以天津市为例，通过调查数据进行统计分析，分别从城市品牌的整体形象满意度、城市景观和城市行为形象等角度进行研究分析。

城市品牌形象是城市品牌资产的重要组成部分。城市的历史、遗产及文化是品牌形象的重要映射。纪春礼、曾忠禄等（2017）研究发现，澳门居民对“澳门”的品牌形象感知主要聚焦于“赌场林立”“地方很小”“很多美食”“中西文化融合”“一国两制”五个方面。利益相关者的概念最早是由斯坦福研究院于1963年提出来的，其理论具有重要的作用。城市品牌形象是城市核心竞争力的外在表现，城市利益相关者的态度是城市品牌形象建设效果的重要检验指标。针对“城市品牌”概念的了解，48%的调查对象认为“城市每个方面总体呈现”代表的就是城市品牌，20.7%的调查对象认为“城市的精神面貌”代表的就是城市品牌，20.3%的调查对象认为“城市的文化积累”代表的就是城市品牌，有11%的调查对象认为“城市的硬件设备”代表的就是城市品牌（见表2-1）。这样看来，认为“城市每个方面总体呈现”就是城市品牌的调查对象认为城市品牌不只是包括其他三种选项。简单而言，其他三种理解就是城市品牌的一般呈现。由此，绝大多数调查对象可以全方位了解城市品牌的理念。这些调查对象对现阶段天津城市打造的形象是比较满意的，有超过75%的调查对象觉得天津城市“非常好”与“比较好”。认为现阶段天津城市形象“没有那么好”或者是“非常不好”的只占全部人数的2.9%

(见表 2-2)。

表 2-1 对天津城市品牌形象的认知度调查

选项	频数	百分比(%)
城市每个方面总体呈现	199	48
城市的精神面貌	86	20.7
城市的文化积累	84	20.3
城市的硬件设备	46	11
总计	415	100

表 2-2 调查对象对天津城市整体形象的评价统计

选项	频数	百分比(%)	累计百分比(%)
非常好	68	16.4	16.4
比较好	252	60.7	77.1
一般	83	20.0	97.1
没有那么好	10	2.4	99.5
非常不好	2	0.5	100
合计	415	100	100

城市品牌化发展是建立在城市化基础上的。良好的城市形象有利于提升城市品位，城市风格的形成也有利于城市品牌定位和发展。在天津，一般情况下人们首先考虑的是这个城市为其带来的直观感受。得天独厚的地理位置与海纳百川的广阔胸怀，使得天津这个城市成为了地域文化和中西文化的交汇之地，这种交汇为天津带来了很多个光辉的称谓。这一现象可以从上述调查数据中显现出来，比如近七成的被调查者都将自己的选择定位在选项“天津是国际化大都市，是北方的经济、金融、贸易和航运中心”上，因此这一选择是人们的主流认知。实际上，关于“四个中心”的定位，早在 2004 年 5 月就出现在了国务院对《天津市城市总体规划(2005~2020)》的批复上，当时国务院对此规划的态度非常明确：同意。当然，如今我们对规划中制定的目标是否已经实现很难给出肯定的答案，但是，从结果上看，这一规划的

实行带来的客观结果是：人们对“四个中心”的定位已经逐渐认同，并成为他们表述天津给其印象时的首选词汇。调查结果还显示，有一成多的被调查者认为：天津是充满活力的创新型城市，此选择排位第二。另外，还有将近一成的人选择了“天津是时尚之都”这一选项，在人数上非常接近排位第二的选项，位居第三。但与前两名不同的是：做出这一选择的大多是女性。排在第四位的选择是：天津举办过许多国际知名体育赛事，做出这一选择的人在数量上与选“天津是时尚之都”的人数比较接近，但这一选择与现实中“天津体育赛事资源较丰富”这一状况并不相符。

塑造城市品牌形象核心的步骤应该是开展城市品牌形象感知调查、明确社会公众的感知评价。由排名第四的选项我们还可以得出一个结论：那就是体育赛事对天津这一城市印象的影响力不大，与其他的因素如经济、文化、时尚等的影响力相比还有很大差距；这同时也给我们一个启示：天津的体育赛事要想扩大对城市形象的影响力，必须最大限度地提高自身实力。最后，还有极少数人的选项是：天津是资源丰富的旅游城市和天津是生态宜居的绿色城市（见表2-3），但这两个选择与天津的现状也存在着矛盾，天津的文化历史不长，旅游资源不足，另外，天津作为节奏快的现代化大都市，给在这个城市工作的人们带来了很高的工作压力，因此并不宜居。

随着时代的发展和城市竞争的加剧，城市扮演着重要的角色，既是带动地区发展的核心集结点，也是对接世界城市的重要港口。不断提升城市品牌形象，积极塑造独特的、民族化的、个性化的城市品牌形象，不仅有助于回应当下全球范围内的城市化进程，更有助于帮助城市增强凝聚力、吸附力和辐射力。在塑造城市品牌形象时，既要对城市品牌形象进行系统规划，也要促使城市统一城市品牌形象，各子品牌在母品牌的框架范围内充分发展。汪轶群（2017）从感知、视觉和行为三个维度对国际大型体育赛事对黄山市的城市形象影响进行了研究和分析，指出黄山市举办的国际体育赛事对黄山市的城市形象的提升是积极的，不仅促进了黄山市人文景观和自然景观的建设和保护力度，还丰富了黄山市的城市内涵，扩大了黄山市的知名度。

表 2-3 调查对象直观感知天津形象的统计

选项	频数	百分比（%）
天津是国际化大都市，是北方的经济、金融、贸易和航运中心	320	64
天津举办过许多国际知名体育赛事	40	8
天津是资源丰富的旅游城市	17	3.4
天津市生态宜居的绿色城市	20	4
天津市是充满活力的创新型城市	55	11
天津是时尚之都	48	9.6
合计	500	100

第三节 体育赛事对城市品牌建设的效应分析

当今世界中飞速发展的现代体育事业，尤其是综合性、大型的体育赛事，也带动了各地经济的快速发展。像奥运会这种类型的大型体育赛事的开展，有利于推动主办城市相关产业的发展，进而提高人们的生活品质。因此，我国对体育事业的发展也越来越关注。本节以曾经举行过大型体育赛事的城市为例，论述大型体育赛事的开展对举办城市经济发展和人民生活水平提高的影响。

（一）对城市 GDP 快速增长的积极影响分析

一个国家或地区的经济发展水平和社会整体现代化水平，主要还是以其人均 GDP 来衡量，且一个国家的经济总量高低往往也通过 GDP 总量来判断。但是，经济发展的程度常常以人均 GDP 增速为标准，且国家的富裕程度、经济发展水平则要看其人均 GDP 的数量。对一个国家或地区来说，大型体育赛事的开展是其提高人均 GDP 的一个重要途径。例如，2009 年在济南开展的第十一届全运会。在 2001~2007 年的《济南国民统计与社会发展统计公报》和 2002~2008 年的《济南统计年鉴》中指出，2002 年济南申办了第十一届全运会，当时其人均 GDP 为 2 万多元，约为首尔的 1/5、香港的 1/10、巴黎的 1/10、新加坡的 1/25，与东京、纽约等城市更是不能比。从现代化城市标准来看，济南的人均 GDP 也仅为标准的 1/2。因此，济南距离现代化城市的实现还有一段很长的路程要走，这也制约了其经济的快速发展。然而，分析全运会后济南的经济数据，可以发现全运会对济南经济发展起了重大促进作用。2008 年济南全市生产总值 3017.4 亿元，2009 年举办全运会，全市生产总值 3351.4 亿元，比 2008 年增长了 12.2%，增长率创历史新高。2010 年全市生产总值 3910.80 亿元，比 2009 年增长了 12.7%，增长率继续保持在 12%以上。在 2010 年，济南全年城市居民人均可支配收入 25321.1 元，增长了 11.4%；农民人均纯收入 8903.3 元，增长了 14.3%，增长率超过了 10%，达到了人均收入增长率的高峰，说明体育赛事对当地经济和居民具有正面影响。另外，通过对天津承办 2008 年奥运会部分赛事的实践经验分析，也不难发现城市经济可以靠举办大型体育赛事进行拉动与提升。2008 年，北京奥运会的直接投资对天津市经济发展产生了巨大的提升作用。由于奥运会赛事直接投资，促进天津市经济总增长 1461 亿元，安排 85 万人次就业，人均 GDP 实现增长 1.46 万元（当时天津有 1000 万人口）。在筹备的 7 年间，由于奥运会直接投资建设每年拉动地区生产总值增长 210 亿元，使财政收入增加 31.7 亿元。由于举办奥运会，天津市 GDP 的增长率发生了明显的变化。从 2002~2008 年来看，其中 2005 年和 2006 年的 GDP 增速要高于 2002 年、2003 年和 2008 年三个年份，提升 1%~2%，其中 2008 年为最大值。据调查，大约有一半的居民认为：天津市 GDP 增长率在 2002~2005 年较低，而在 2006~2008 年较高。这也充分证明了大型体育赛事对城市的经济发展具有强大的促进作用。

（二）促进城市第三产业发展的分析

一个城市第三产业发展水平的提高及产业结构的优化升级，往往受到大型体育赛事的影响。第三产业的产值比重不仅反映城市转型水平，还是经济发展水平的主要衡量依据。一般来说，城市第三产业的比重和产业结构的优化是相辅相成的，但在城市经济发展的过程中，必须同时注重产业结构的调整和其生产力发展水平是否相一致。若只顾调整产业结构，而忽略经济发展所处的阶段和整体发展水平，将会妨碍经济发展。

目前，城市发达与否的判断标准为服务业占生产总值的 55%~65%。在 2002 年，国际通行标准为 49%，济南与世界上一些发达的城市相比，这一标准属于相对低的。例如，比东京低 25 个百分点，比新加坡低 16 个百分点，比香港、首尔等城市低 30 个百分点以上。由于济南经济发展水平相对较低，所以在成功申请到第十一届全运会的举办权之后，更加注重自身的发展，同时产业结构的优化也使城市经济得到了有效的发展。2009 年第十一届全运会对济南的经济起到很大的促进作用，尤其对调整产业结构、扩大就业、扩大消费市场等方面作用明显。在各产业中，受其影响最大的主要是第三产业，特别是和体育事业发展关系紧密的社会服务业、文化、金融、保险、旅游等行业，获得了更广阔的发展前景。根据 2001 ~ 2007 年的《济南市国民经济和社会发展统计公报》和 2002 ~ 2008 年的《济南统计年鉴》中的资料发现，2001 ~ 2005 年，在济南市的 GDP 总量中，第三产业的比重趋于减少。但是，在成功申办全运会后，其第三产业的比重又趋于增长。2010 年，济南市的总产值突破 3910. 80 亿元，其中第三产业增长了 2058. 18 亿元，占总产值比重的 1/2 强，呈现了前所未有的增长态势。此后，济南市第三产业的比重一直占总比重的一半以上。

改革开放后，天津市第三产业飞速发展。由于政策倾斜和市场需求的影响，其产业结构快速优化升级，新兴产业快速崛起，产业体系更健全，市场作用更突出，对天津经济发展、对外开放水平及人民生活水平的提高等方面产生巨大的推动作用。同时，天津第三产业的发展在很大程度上也得益于 2008 年北京奥运会的举办。总的来说，其影响分为直接和间接两个方面：直接影响主要是基础设施的建设和投资运营对第三产业的影响。根据相关部门的计算，奥运会的投入促进了天津经济的快速增长，大约比 2007 年增长了 1. 5%。间接影响主要是对天津提升开放度、形象与信誉度、环境质量、民族凝聚力、政治民主化等方面的促进作用。因此，大型体育赛事举办的重要意义就在于其能够大力推动主办城市的经济发展。由于本书重点在于研究大型体育赛事与第三产业发展的相互关系，所以，必须参照相关的有效数据来进行研究。若只考虑经济方面，就会使一些间接的影响在促进城市经济持续发展上所体现的作用相对降低，而这种现象是必然存在的。

（三）有利于城市国际贸易的提升

国际贸易是城市经济发展的重要组成部分，因此城市在经济发展中都非常注重国际贸易的开展。国际贸易的顺利开展既能助力城市经济发展，还可以塑造良好的国际形象。一个地方对外开放的水平往往可以通过其国际贸易在 GDP 总量中的占比来体现，相对于城市而言，对外开放的水平则更能表现其发展的旺盛力。自中共十一届三中全会以来，济南对外开放的力度不断加大，对外经济发展迅猛，但其国际贸易所占份额在 GDP 总量中一直较低。济南 2002 年的统计数据显示，其份额只占 GDP 总量的 1/10，同现代化城市的标准相比，低了近 40 个百分点，而同期的首尔达到近 64%，济南与其相比低了近 54 个百分点；巴黎达到 51%，济南低了近 41 个百分点；美国纽约接近 80%，差距达到 70 个百分点。哪怕是与我国的青岛、厦门以及 15 个副省级城市相比，济南也远远落后于这些地区。数据显示，济南的对外经济发展水平远远落后于这些经济发达的地区，缺乏竞争实力。从 21 世纪初开始，特别是 2005 年，济南取得了全运会承办资格，这为其吸引了更多的投资者。在 2007 年，其对外贸易总额超过 62 亿美元，同期相比提高了 42%；同年新获批的外商投资项目接近 130 个，合同涉及近 11 亿美元的外资，同期相比提高了近 58%；有 5.6 亿美元的外资被使用，与同期相比提高了 40%。与此同时，2007 年还签署了接近 20 亿美元的劳务合同和对外承包合同，与同期相比提高了近 140 个百分点；实际达到的营业数额接近 8.5 亿美元，与同期相比提高了 80%。不难看出，全运会的投入为济南带来了巨大的商机，其国际贸易将快速发展，将进一步促进本地区的经济增长。

据统计，济南在 2007 年的实际国际贸易额只完成了预期目标的 19%，现实中的实现程度仅达到了 38%，这个数据显示出全运会对济南国际贸易发展的推动作用不大。但是，根据 2001~2007 年的统计，发现其国际贸易额在逐年增长，虽然受到国际经济危机以及人民币升值的影响，在 2002 年和 2006 年经济发展有所波动，不过从 2002 年申办全运会开始，其国际贸易增长的总趋势并没有改变。到了 2007 年，这一总额在 GDP 总额中占比近 17.71%，同 2002 年相比，提高了近 7.5 个百分点。所以说，申办全运会的成功为济南国际贸易的发展提供了契机，那些不利因素并没有阻碍济南国际贸易的快速发展。

（四）有利于城市旅游业的升级

一个城市的经济发展离不开旅游业的兴旺，甚至可以说这一行业甚至会影响城市的综合竞争力和影响力。所以，举办相应的体育赛事，会极大地促进旅游业的发展。

这里仍然以济南申办的全运会为例，并进行相关的分析。济南申办全运会成功后，其旅游业呈井喷式增长，到泉城的国内外游客高达千万，为济南的经济发展贡献了巨大的收益。在全运会举办过程中，由于高水平比赛团队众多，因此观赛群众也成倍增长。当赛事结束后，这些为比赛而精心设计的场馆，因其独具特色的造型，吸引了很多旅游者。尽管全运会只有 1 个月的时间，但是它能有效塑造整个城市的形象，使济南树立自己的旅游品牌。全运会举办期间，到济南旅游的游客接近 1406. 4 万人次，与 2008 年相比，同比增长 25. 3%；旅游形成的总体收益为 150 多亿元，比 2008 年同比增长 28. 4 个百分点。这些数据充分显示出体育赛事的举办为这些主办城市带来了巨大的商机，特别是极大地促进了当地旅游业的发展。

再以天津环亚国际马球会为例。根据其提供的数据，在 2017 年 1 月举办雪地马球世界杯的短短 5 天内，从世界各地到马球会观赛的人员达到 2000 人次，其中马球爱好者达到 563 人次，通过宣传想了解雪地马球运动的人达到 1307 人次，其余均为赞助商及组委会。此次运动直接带来客房收入 67. 5 万元、餐饮收入 60 万元。同时，这些住店客人也在空闲时间去天津各景区游览，间接增强了天津的知名度及品牌影响力。另外，还可以参照 2008 年天津市协助举办的第 29 届奥运会的经验。这一大型的体育盛会为天津带来了很多商机，作为分会场，推动了天津市的整改工作，其在市容市貌、公共环境、交通设施、餐饮服务、旅游等多个方面进行的整改，使城市质量得以整体提升。

首先，提升了天津的国际声誉。对天津而言，奥运会带来了世界的瞩目。为了推广天津的旅游业，天津市相关部门和企业曾经耗费了大量的时间和金钱。抓住协办奥运会这一机遇，向世界人民全方位、多角度地展现了其独特的地理风貌与风土人情，大大提升了天津的国际旅游形象，创造了更高的品牌价值，为其旅游业的发展开创了更好的空间。

其次，大大提升了来天津的游客数量。协办奥运赛事，对国际入境旅游业来说，最主要的是外籍游客人数的增加和旅游时间的延长。这可以从四个角度予以分析：一是奥运会举办前后，开展的其他国际体育比赛促进了入境游的增长；二是奥运会赛事吸引了大量观赛群众，这是奥运赛事期间开展的相关旅游活动以及城市的市容等方面优化带来的结果；三是由于在奥运会赛事期间，各国的新闻媒体都会进行相关的调查采访，各种广告以及赞助商的加入也使旅游业得到了有效的发展；四是由奥运会而带动的各种商业活动和娱乐活动。

再次，完善旅游的大环境。为顺利协办奥运会，天津市政府加大了投入的力度，特别是对市内基建的投资力度。投资重点集中在高速公路、机场、地铁、体育场馆的修建等方面，构建了城市快速交通枢纽；促进了城市的生态环境建设及治理；推动城市智能化建设，一些现代化的社区和网络平台以及信息教育等也逐步建立与发展；此外，还涉及了百姓基础生活设施的改造和维护。针对这一体育盛事，天津为了吸引更多游客，构建了 18 个特色景区，改造和扩建了天津机场跑道和候机楼，从而缓解了首都机场航班运营的压力。此外，还建设了一批文化设施如国际展览中心、博物馆、戏剧院、图书馆等。

最后，推动国际商务旅游。奥运会的顺利举行，离不开国家对天津的扶持。奥运商机成为天津经济增长的新契机，推动了各种商务活动，带动了天津的商务旅游，为天津的旅游业增添了活力。

（五）抽样调查结果

1. 数据采集和分析

为了探究体育比赛与城市品牌之间的关系，本节对天津开展体育比赛与城市品牌建立的关系进行了相关社会调查。主要通过实地随机抽样调查的方式，发出 450 份调查问卷，经过筛选，35 份为无效问卷，满足要求的有效问卷为 92%。在收回的 415 份调查问卷中，在天津市居住一年以上的有 369 人，为被调查者的 89%，其他的 11%在天津市居住不足一年时间。绝大部分的调查对象是天津居民，还有一些是旅客。在这些受访者当中有 339 人是爱好体育的人员，占据总数的 81%之多，其中有关体育爱好人员的界定，并没有比较硬性的规定，只要受访者觉得自己喜爱体育活动即可。在这些样本当中，男女占据比例基本持平，受访者的年龄大多在 18~30 岁，占总数的 74%；受访者年龄在 30~45 岁的，占总数的 20%；其他的是年龄为 45 岁以上的受访者。被调查对象的受教育水平普遍比较高，有 77%的人是本科或者是本科以上学历，受教育水平和年龄是呈正比例关系的。所从事的职业大多是公司员工与学生，分别占 48%与 25%，从事政府机关工作或者是事业单位工作的占 7%，从事公务员工作或者是家庭主妇的比重是 2%，已经退休的居民与工人都占 2%，从事其他职业的占 6%。和职业有着密切关联的就是自身每月实际的收入，因为调查群体中学生占比较高，还有一些退休人员，没有实际收入的对象占了其中的 27%；而收入水平相对较低（1000~3500 元）的占 11%，收入水平适中的（3500~5000 元）占 28%，而收入水平相对良好的（5000 元以上）占 33%，这些调查对象的实际收入是比较分散的。

观察表 2-4 可以发现，不同性别对于体育赛事的喜好程度也有着较大的差异。229 名男性中有 94.3%的民众认为自己是体育爱好者，只有 5.7%的调查对象觉得并没有太大兴趣。不过在对 186 名女性调查过程中，有 34.3%的调查对象觉得自己不是体育爱好者，也就是在 76 名非体育爱好者中 83%是女性。所以，体育比赛能够蓬勃发展的主要驱动力之一是需要给更多的女性提供一定的便利和体育环境，以便让她们积极参与到体育活动中。

表 2-4　不同性别调查对象对体育偏好的交叉情况

选项		性别		总计
		男	女	
是否为体育爱好者	是	216	123	339
		94.3%	65.7%	81.7%
	否	13	63	76
		5.7%	34.3%	18.3%
总计		229	186	415
		100.0%	100.0%	100.0%

人们每个星期参与相关体育活动的多少与每年现场观看体育比赛场次的

多少，能够体现其对于体育比赛的热爱程度，调查统计结果如表 2-5 和表 2-6 所示。从不进行体育活动的调查对象占据 34.3%，每个星期进行体育锻炼 1~5 次的调查对象占据 58.7%，每个星期进行 5 次以上体育锻炼的人群占据 7%。每年从来不到比赛现场观赛的调查对象占据 37.8%，每年到现场观看 1~2 场比赛的调查对象占据 42.9%，每年到现场观看 3~5 场赛事的调查对象只有 10.6%。相关调查数据显示：人们参加体育比赛有着某种热情，天津的民众基础是比较一般的，人们到达现场去观看体育比赛的愿望没有那么强烈。

表 2-5　调查对象每周参加体育活动的次数统计分析

选项	频数	百分比（%）	累计百分比（%）
从不	142	34.3	34.3
1~3 次	165	40.0	74.4
3~5 次	78	18.7	93.1
5 次以上	30	7.0	100
总计	415	100	100

表 2-6　调查对象每年到现场观赛的次数统计分析

选项	频数	百分比（%）	累计百分比（%）
从不	157	37.8	37.8
1~2 场	178	42.9	80.7
3~5 场	44	10.6	91.3
5 场以上	36	8.7	100
总计	415	100	100

2. 天津市举办大型赛事的情况

表 2-7 总结了近些年来天津市举办的大型体育赛事。从表 2-7 可以看出，虽然在天津举办的大型赛事相对较少，但是随着天津市的不断发展，天津市举办大型赛事的频率以及次数都有了明显的增加。由此可知，天津市已经能够有效举办大型体育赛事，且其举办大型体育赛事的能力以及水平在不断提高。而这些主要从以下两方面体现：首先，由于许多大型场馆的建立，使天津市有足够的大型场馆可以满足各种大型赛事的需求；其次，由于城市交通的不断发展，也为大型赛事的举办创造了更多有利的条件。另外，天津的城市绿化水平也相

对较高，适宜进行大型比赛，而天津市内众多的学府也提供了足量的志愿者基础，而不断发展的景观也为大型赛事的举办提供了一定的基础。

表 2-7　天津市举办的大型体育赛事例

举办年份	赛事名称	赛事类型
1995	第 43 届世界乒乓球锦标赛	国际性赛事
1999	第 34 届世界体操锦标赛	国际性赛事
2005	世界滑水锦标赛	国际性赛事
2007	国际足联女子足球世界杯部分场次	国际性赛事
2008	北京奥运会足球比赛部分场次	综合性赛事
2009	第 25 届亚洲篮球锦标赛	国际性赛事
2012	第九届全国大学生运动会	综合性赛事
2013	第六届东亚运动会	综合性赛事
2013	环亚大学生马球邀请赛	国际性赛事
2014~2016	世界女子网球公开赛	国际性赛事
2012~2017	雪地马球世界杯赛	国际性赛事

3. 天津市体育赛事资源情况分析

针对天津市是否继续开展大规模体育比赛活动，民众都保持基本认可的意见。选择“比赛资源丰富，体育比赛蓬勃发展”的调查对象占 33%；认为“办赛经验相对丰富，但是形式缺乏创新”的调查对象占 24%；认为“群众的关注度相对不足”的调查对象占 18%；认为“体育赛事的品牌意识不够”的调查对象占 8%；认为“赛事资源还不够丰富”的调查对象占 6%；认为“现场观众的观赛素养相对较低”的调查对象占 6%。由此可见，体育比赛在天津市民众心目中的整体印象就是：体育比赛资源虽然是比较丰富的，也有着举办比赛的实践经验；不过比赛活动没有创新，人们对于体育比赛没有那么关注。通过交叉统计分析进行剖析，民众在天津市居住的时限对开展体育比赛的观点也有着一定的差异，如表 2-8 所示。住了一年以上的调查对象认为“比赛关注基础比较薄弱、群众的关注度相对不足”与“体育比赛的品牌意识不够”比较明显。也就是说，人们在天津住的时间越久，就越认为现阶段体育比赛最为关键的是观众群体比较少，缺少好的赛事品牌。如果要开展城市形象行销，首要步骤就是在天津进行宣传和推广工作，即在天津市居住的民众对于各种体育比赛的体会是比较深刻的。

表 2-8 被调查者在天津居住时间对赛事的评价分析

选项	是否在天津居住一年以上		总计
	是	否	
比赛资源丰富，体育比赛蓬勃发展	188	23	211
	89.1%	10.9%	
办赛经验相对丰富，但是形式缺乏创新	135	18	153
	88.2%	11.8%	
群众的关注度相对不足	98	11	109
	89.9%	10.1%	
体育赛事的品牌意识不够	44	3	47
	93.6%	6.4%	
赛事资源还不够丰富	33	3	36
	91.7%	8.3%	
现场观众的观赛素养相对较低	54	8	62
	87.1%	12.9%	
其他	7	0	7
	100%	0	
总计	369	46	415

由表 2-9 可以发现：虽然是不是真正的体育爱好人员对于体育比赛评估的排序没有任何区别，均是三个题项“比赛资源丰富，体育比赛蓬勃发展”、“办赛经验相对丰富，但是形式缺乏创新”与“群众的关注度相对不足”排序在前面；但是，后面各个题项的排序，反映出体育爱好人员和普通观众的看法出现了改变，普通民众觉得最关键的是“现场观众的观赛素养相对较低”，之后是“体育赛事的品牌意识不够”和“赛事资源不够丰富”，也就是说，非体育爱好人员对天津体育比赛的细节没有那么满意，如对于现场观众和礼仪不是特别满意，比较关注的是外在原因，重点是体育比赛组织管理水平的提高和比赛群体在工作上的服务支撑程度。利用上面的统计分析，笔者发现如将体育比赛组织管理作为关键突破口，将会提升大量非体育爱好人员的兴趣，将这些潜在群体转变成体育比赛活动中的体育业余爱好者。

表 2-9 体育偏好对体育赛事影响的交叉统计分析

选项	是否为体育爱好者		总计
	是	否	
比赛资源丰富，体育比赛蓬勃发展	177	34	211
	83.89%	16.11%	
办赛经验丰富，但是形式缺乏创新	123	30	153
	80.39%	19.61%	
群众的关注度相对不足	86	23	109
	78.90%	21.10%	
体育赛事的品牌意识不够	37	10	47
	78.72%	21.28%	
赛事资源不够丰富	27	9	36
	75%	25%	
现场观众的观赛素养相对较低	46	18	64
	71.88%	28.12%	
其他	5	2	7
	71.43%	28.57%	
总计	339	76	415

（六）存在的问题分析

近年来，天津每年持续举办的体育联赛仅有中超、中甲、CBA 和女排联赛，从上座率看，这四个赛事的体育比赛对市民的吸引力不是特别强。2015 年和 2016 年天津泰达的成绩一直不佳，其中在 2015 年 6 月泰达队的上座人数只有 8000 多人，到 2016 年恢复到 20000 余人，每场平均人数达不到 50%，远远低于广州恒大和北京国安。以往天津女排的上座率较高，但是 2016 年由于赛制改革，造成观众人数也大幅下降，如果 2017 年重新修订赛制，人数也许会有大幅度提高。总体分析天津市近些年赛事的情况和对天津市民关于天津市举办体育赛事的关注度，存在的问题主要有以下方面：

（1）天津市大规模体育比赛的环境与气氛一般。在对天津市体育比赛气氛的评定调查中，有 9%的人觉得体育比赛气氛“很浓烈”，有 46%的人觉得体育比赛气氛“比较浓”，有38%的人觉得体育比赛气氛“一般”，觉得体育比赛气氛“比较淡”与“很淡”的总共只有6%。根据相关调查结果能够发现，人们对于体育比赛的组织管理与认可度是比较一般的。不过因为这些体育比赛在天津城市进行的时间不是很长，还是需要耗费大量时间进行培育发展的，只要坚持不懈地对居民群体进行宣传、对体育市场进行一定的培育，天津市的体育比赛赛事终将会蓬勃发展。

（2）天津市居民参与体育的热情远远不足，对于市民的体育健身关注程度不高。体育比赛是按照相关体育项目来设定与进行的，所涉及的人员是比较多的，包括运动员选手、教练人员、政府机构、媒体人员、现场观众等。针对天津城市体育活动必须加强的实际需求，调查问卷反馈得出需要增加健身活动推广力度，有32.5%的被调查市民认为应“增加市民锻炼设施”，这是排在第一位的数据；有25.5%的人认为“多参加国内国际知名比赛”，此选项是排第二位的；排在后面几位的包括“发展优势体育项目”“加大对优势体育经济项目的实际投入资金”与“提升天津俱乐部的技术能力水平”，所占的比重分别为15.5%、7.0%、11.5%；选择“多引入一些国际性体育明星”的占8%，统计结果如表2-10所示。根据相关统计结论能够发现：天津市现阶段进行的活动并没有达到人们的实际需要，还体现在民众对体育活动的需求在逐步提升，政府机构应增强宣传与引导工作，提高人们对于体育活动的积极性。

表2-10　调查对象对天津体育开展的意见统计

选项	数量	百分比（%）
增加市民锻炼设施	231	32.5
多参加国内国际知名比赛	179	25.5
发展优势体育项目	110	15.5
提升天津俱乐部的技术能力水平	83	11.5
多引入一些国际体育明星	55	8.0
加大对优势体育经济项目的实际投入资金	50	7.0
其他	4	0.5

除此之外，在收集有关天津体育赛事的调查问卷时，1.0%的市民选择“其他”选项，并提出了相关的建议：积极推进体育生活化发展，对老年群体的重视程度加强，体育锻炼的意识需要强化、提升体育比赛的专业化、增强比赛的组织管理工作等。以上建议能够归纳成三种类型：一是把这些体育活动转变成人们的生活模式，也就是对于体育市场进行一定培育，扩大爱好体育的潜在性群体；二是在把体育场所、体育设备向人们开放的过程中，需要对消费人员的实际消费水平进行充分考量；三是重视对体育比赛的组织管理工作，进行适合老年人群体从事的活动，关注老年人群体。

第四节　城市特色品牌形象的分析——以天津为例

一、城市景观形象的认知度分析

随着城市化进程的加快以及世界城市竞争呈现出的新格局和新趋势，现在的城市发展在提高城市基础设施建设、经济发展的同时，更加注重在世界城市中的竞争力，注重城市的品牌建设，切实提升城市的形象，注重城市生态环境的保护和城市的可持续发展，更加注重消费者的感受，营造和谐的城市生活空间和社会、经济发展空间。从目前的实际情况来看，大多数城市对城市品牌没有准确的认知，因而在建设过程中会模仿其他城市，不考虑其发展模式是否真正适合本城市。有些城市忽视自身的特色，生搬硬套其他城市的做法，不仅浪费了大量资金，也没有打造出真正属于本城市的形象。每个城市都有可以代表其形象的景观，主要以建筑物为主体，在人类长期的物化劳动之后形成，这就是城市景观形象。天津著名的景观较多，主要有天塔、津湾、天眼、古文化街、天津民园广场等，另外还有许多大型的体育场馆如天津奥体中心体育场、人民体育馆、天津网球馆、天津团泊体育场、天津团泊保龄球馆等。从排序结果看，排在前三位的是：天塔、五大道和古文化街，接下来是银河广场、文化中心和天津奥体中心，而体育场馆排名均非常靠后，并且被认知程度均不超过3%。

从表2-11可以得出结论：被调查者很少将注意力放在天津的体育场馆上，与此形成鲜明对比的是对其经典的城市景观的认知度比较高，这可能与现实中体育场馆类的建筑物和城市景观形象的关联度特别低有着很大关系。但是大型体育场馆是所提供的公共体育服务在满足民众公共体育需要方面有着不可替代的作用。高水平的、观赏性强的体育赛事通过这些场馆得以举办，从而满足了民众的体育需求，所以无论哪个国家的城市对于大型体育场馆的建设都投入了大量的资源。

表2-11　调查对象对城市景观认知度的统计

选项	频数	百分比（%）
天塔	267	30.4
五大道	129	14.7
古文化街	120	13.7
银河广场	104	11.8
文化中心	64	7.3
天津奥体中心	60	6.8
天津网球中心	28	3.2
南开大学体育中心	23	2.6
人民体育馆	22	2.5
天津体育馆	22	2.5
天津东局子体育馆	18	2.0
天津国际网球中心	16	1.8
天津团泊保龄球馆	4	0.5
天津团泊体育场	2	0.2
合计	879	100

二、城市行为形象与城市理念形象的调查分析

能够对城市的整体形象起作用的因素主要有三个，其中城市景观形象是一个，另外两个为城市行为形象和城市理念形象。因为城市形象涉及方方面面，特别庞杂，因此本次调查只从几个方面做出了判断及评价，以期反映出天津这一城市的理念形象和行为形象。下面从天津交通状况加以

说明。

天津的交通状况与其他同等城市相比优势明显，其市容市貌与安全性能在一定程度上也比同等城市要好得多，这一结论可以从人们对其交通状况的评价上得出。“交通较国内其他城市便利”“通勤时间比国内其他城市长，拥堵情况不严重”，持这种看法的人占大多数。两成的受访者认为：城市建设要以地铁建设为重点。从目前来看，天津市的地铁建设以中心城市与滨海新区为主，共开通了5条线路，建设地铁站89座、线路总长约为150千米。交通部门的数据显示，每日的客流量约为90万人次，可以说地铁已成为天津市民出行的主要交通工具。由此可见，天津的交通之所以能得到“便利”这一评价，地铁建设功不可没。除了地铁建设外，天津的公交线路也为天津市民的出行带来了极大便利。当然天津作为一个大型城市，每年的常住人口都会增加，伴随而来的是私家车的数量也不断增长，这必然带来一定程度的交通拥堵。七成的受访者认为天津的市容状况“很好”或者“较好”，近三成的受访者认为“一般”，而余下的极少数人则持“比较差”或“很差”的观点。在安全性上，超两成的受访者认为在天津学习、工作与生活都“非常安全”，超六成的受访者则持“比较安全”的观点。从这两部分近九成的受访者所持观点中可以得出天津是一座安全性能较高的都市的结论。

问卷结果表明：天津市民对公共体育需求比较高，具体表现在对公共体育设施的需求上。另外，此前对天津市民所做的关于已有服务设施、各类文艺场馆的各种评价数据，也能反映出被调查者对天津城市形象与理念形象的关切度。对天津应增服务设施的调查显示：全民健身设施是市民最需要的，而公共球场与各类体育场馆的需求分列第二和第三，此三类体育设施都与公共体育服务相关联，而且与前述问卷结论“公共组织对全民健身活动缺乏重视”“公共体育场馆的建设落后且费用较高”得以相互印证。另外，还有不到一成的受访者认为应该增加其他类型的服务设施，这些设施里需求程度最大的为街心广场，其余依次为艺术长廊、无障碍通道、儿童游乐场等（见表2-12）。

表 2-12 调查对象对公共服务设施需求情况统计

选项	频数	百分比（%）
全民健身设施	257	31.5
公共球场	170	20.9
各类体育场馆	137	16.8
儿童游乐场所	40	4.9
街心广场	74	9.1
艺术长廊	73	9.0
无障碍通道	52	6.4
其他	12	1.5
合计	815	100

第五节　体育赛事对城市品牌建设的影响因素分析

一、体育赛事与城市品牌建设的关系

在改革开放日益深入的新时代，国内众多城市逐渐打破既定的生存方式，充分挖掘利用自身的优势资源，创造其独自的特色，打造自己的城市品牌。于是，城市经营、城市营销、品牌战略逐步成为各级城市振兴与发展的新思路和新战略。改革开放以来，大批品牌城市不断涌现，20 世纪 80 年代，以广州、深圳为中心的珠江三角洲城市群吸引了一大批外商前来投资，各类人才云集于此。到了 90 年代，以上海为中心的长江三角洲城市群初步形成，上海开始成为全国的经济中心，其竞争态势力压珠江三角洲。近年来，随着三大经济圈的孕育成型、西部大开发战略的实施以及港珠澳大湾区产业的形成，中国的城市品牌逐渐增多，如北京、上海、大连、青岛、深圳、广州、成都、重庆、苏州、昆明、西安等。这些城市品牌独树一帜，极大地吸引着各地的人才和投资商，大大地推动了中国区域经济和整体经济的发展。其中城市品牌的作用非同小可，它是一种无形资产，吸引了越来越多城市顾客的进驻，

提高了自身的综合竞争能力，使城市的发展逐渐步入了良性循环的健康轨道。

结合前文的调查分析，图 2-1 给出了体育赛事与城市品牌构建关系模型。运用实证分析方法对调研数据进行分析，数据来源主要是本章第四节中向天津市民发放的调查问卷，可见通过加强赛事组织宣传及提高管理能力，可以提升城市民众对体育的认识，强化体育赛事的中介作用；可以在体育赛事上为城市贴上标签及提升认知度，同时提高城市形象的满意度，从而有利于城市品牌的构建，实现促进城市经济发展的目标。

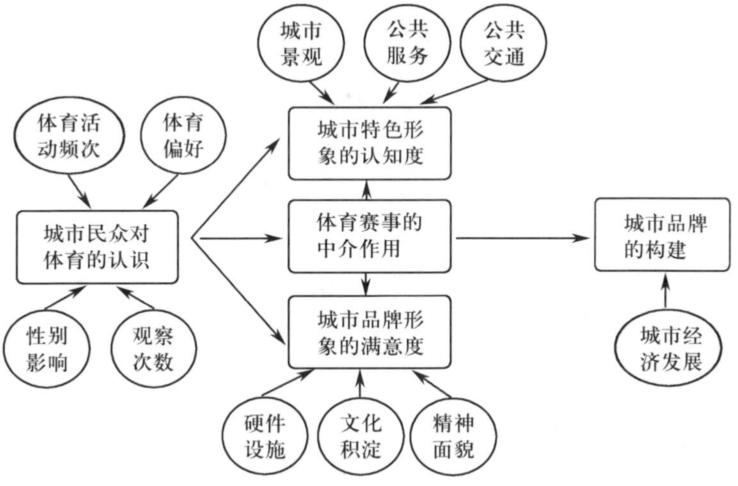

图 2-1　体育赛事与城市品牌构建关系模型

二、体育赛事对城市品牌构建的影响框架

基于以上的分析及上文中关于天津市居民对天津市举办大型体育赛事参与情况的调查分析，本节总结出城市举办大型体育赛事对城市品牌构建的影响框架，如图 2-2 所示。

由图 2-2 可以看出，一个城市要想通过大型体育赛事来提升其城市品牌，不仅需要从本身的城市文化、城市景观、基础设施及城市经济发展等内在因素来打造坚实的基础，还需在外围刻意进行体育赛事的营销活动，如积极发动广大市民参与，通过多种渠道，如线上线下、多种媒介来进行宣传，营造出市民全员参与的浓厚氛围，以此带动周边地区，甚至辐射到更远的区域，形成一种

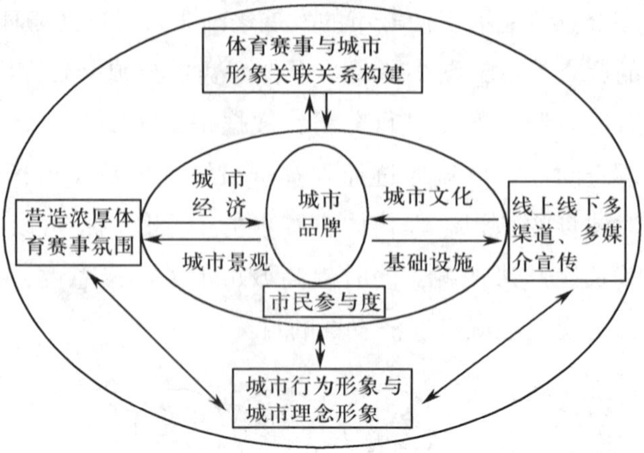

图 2-2　举办大型体育赛事对城市品牌构建的影响框架

不仅是体育赛事的一次活动，而且是通过以上的综合作用对城市的行为形象和理念形象的一次展现，即通过体育赛事活动形成观看比赛、旅游观光、品尝特色饮食、遍览城市景观等一体化的难以忘怀的过程，以此促进城市经济的发展。

下面针对外围营销活动的必要性进行详细阐述。

（一）营造浓厚的体育赛事氛围

天津市民对体育的需求程度较高，而天津的体育赛事氛围却并不浓厚，这在一定程度上抑制了市民的体育需求。并不是所有的城市都适合举办大型体育赛事，只有那些具备足够条件的城市才拥有举办资格，而且会对赛事的顺利开展起到不可估量的促进作用。那么，举办大型赛事活动需要具备哪些条件呢？问卷显示，超三成的人认为应该是有良好的体育氛围，近三成的人却认为应该是有完善的体育比赛设施，排第三位的观点是有完善的配套设施，如交通、住宿等，持这种观点的人有两成多，排名最后的观点是具备知名度及旅游资源、人员流量足等。后三种观点哪一种都没有排名第一的观点重要，一座城市的体育氛围浓厚，意味着体育赛事会有更多的群众参与，这是体育赛事成功举办的基础，而像体育场地设施等都可以用金钱来解决，但体育氛围却是长期积累的结果。如一座城市适合举办体育赛事，其对体育赛事的促进作用会非常大，因为它既可以培育出良好的赛事文化，也可以使赛事的品质得以提升，还可以为赛事的开展提供足够多的观众。这些对提高观众观看比赛的满意程度及提升赛事级别和吸引力等都有积极作用。

受访者认为虽然天津的体育赛事资源比较丰富，但并没有形成与之匹配的浓厚的赛事氛围。有数据显示，虽然超过六成的体育场馆每周举办 1~3 次的体育活动，但是只有不到两成的民众每年能到现场观看 3 场赛事，也就是说还有 8 成的民众根本没能观看现场比赛或者看了不足 3 场，而只有群众基础雄厚，大型体育赛事才能顺利举办且良性发展。所以必须将群众的体育需求重视起来，注重开展群众体育活动，进而奠定赛事的群众基础。只有让群众接触体育、了解体育进而接受喜欢体育才能让其走近体育赛事，最终形成全民观赛的体育氛围。

（二）增进体育赛事与城市形象的契合度

一般情况下，城市居民对于城市形象的认知相对较高，但是对体育赛事和城市形象之间所具备的关联程度方面的认识有所欠缺。根据问卷，调研对象往往对城市的形象具有较高的认知程度，对于当前天津的城市风貌也做出了非常高的评价，至少七成以上的居民都认为天津具有非常良好的城市形象，并且城市景观非常典型，拥有丰厚的文化资源等。但是，在提及体育设施等方面时，调研对象的了解程度往往不够；还有在举办过何种级别的国际体育赛事方面，调研对象的认知率几乎不到一成。由此不难发现，体育赛事和城市形象之间的关联程度也非常弱。在天津，现有的大型体育场馆往往存在功能较为单一的现象，虽然属于公共服务以及体育设施的重要构成，但是在提供高水准以及高观赏性的体育赛事方面还存在较大欠缺。所以，在规划和构建大型体育场馆的时候，应该注重其多元化的功能设计，不仅局限于体育赛事的举办，还可以增加其他方面的文化活动，这样可以有效拉近体育场馆和区域居民之间的关系，从而较大程度地提升大型体育场馆和城市景观之间的关联。

（三）多种媒介大力宣传体育赛事

目前天津市在赛事宣传方面过于单一，不能有效地和城市形象相结合。在调研对象中，由于受到基础因素的影响，个体了解体育活动的方式可能存在较大的不同，调查问卷中的第 14 题就是针对这一问题的。根据具体的调研结果，了解体育赛事的主要途径按照高低排序依次为：网络媒体、电视广告媒体、报纸、亲友告知、户外广告以及杂志（见表2-13）。

网络媒体的选择率最高，超过40%，这其中最主要的原因就是网络对于人们生活以及工作的渗透，特别是越年轻的群体对于网络的认可程度越高。所以，对其他类型的媒体在选择上自然会有所压缩。不过，最具影响力的口碑，其占比还不足10%。在消费需求理论中，人们对将接触到的相关信息进行内化处理，并且在大脑中形成带有个体认知的感受与理解。Martin Fishbein提出：个体会由于显著的信念评价而影响对于某个事物的整体态度。换一种更为简单直接的理解方式就是：个体会更偏向于属性为“好”的事物，而对于属性“不好”的事物则表现出不喜欢。根据相关调研结果，如果一个对结果表示不满意的客户，会对其周边至少2~5个顾客对这一事物的购买意愿产生直接影响，甚至还有可能降低这一品牌在客户心中的信任，降低客户对其的忠诚度。而一个对结果非常满意的客户可能带来的是8个以上的潜在客户，并且这8人中至少会存在一笔成功交易。由此可以看出，对于体育赛事以及表演来说，人们在观赏的过程中，更多的是个体之间情感以及心理体验方面的交流，所以口碑的地位极为重要，它能够培养观赏者对于赛事的品牌忠诚度。目前，大型体育赛事在宣传的过程中依然保持传统做法，很少会涉及当前非常流行的新媒体。但像商业运作的女子网球公开赛、环亚马球世界杯赛、浪琴马术冠军赛等都选择了网络媒体为主要渠道。

表2-13　调查对象知晓体育赛事的途径统计

选项	频数	百分比（%）
网络媒体	276	42.1
报纸	83	12.7
杂志	35	5.3
电视广告媒体	163	24.8
亲友告知	51	7.8
户外广告	46	7.0
其他	2	0.3
合计	656	100.0

其次是户外、杂志等多元化宣传，并加入了很多明星效应和商业炒作等。伴随着赛事的不断发展以及完善，其宣传方式也应当顺应发展潮流，选择主流媒体。根据调研，调查对象对当前天津市的媒体水平的评价还是持相对认可的态度，因而体育赛事宣传更应该结合多元的宣传方式和传播途径。传统形式之下的宣传方式，各自具有不同的局限，很难与城市形象之间产生关联。只有多元化、跨媒体、全方位的宣传，才能有效提升赛事的知名度和城市形象。

城市的形象建设是城市品牌建设的重要内容，美化市容、整治城市生态环境是其主要任务。天津市把窗口的区域道路和城市交通作为重点，依据比赛项目重新规划场地并扩建观众的进场路线。为了提高城市的整体形象，天津市政府加大力度对社区环境进行了全面化整改。还在居民小区附近修葺了各式公园，如水上公园、梅江公园、动物园等，也成为适合居民平时锻炼身体、休闲娱乐的好地方。部分城市将城市品牌单纯地看作是美丽的外观和优美的环境，在基础设施建设方面投入大量资金，缺乏对经济、政治、历史等因素的全方位考虑，特别是缺乏竞争观念。

三、相关政策建议

（一）注重合理的宣传方式

为了实现对城市品牌的塑造并提升城市知名度，首要任务就是要树立较好的城市核心价值。如果想借助体育赛事实现这一目标，就必须对体育赛事的品牌进行一定的优化，并将其作为城市今后发展规划的重要目标，这对于城市的发展规划是极为有利的。从城市品牌形象塑造因素的角度上看，关键的行为识别要素就是企业行为，如果城市中的企业行为良好，就可以更有效地对外界进行本城市品牌形象的表达。因而，在大型体育赛事的举办过程中，必须尽可能提高企业的积极性和参与度，实现市场化运营；加深和企业之间更深层面的合作，从而有效提升区域整体的品牌形象。

宣传性公关的主要策略就是在向公众进行宣传的过程中，强化宣传对象的信息，在公众心中树立其新的形象，从而获得良好的口碑，改变舆论的发展走势，提高宣传的效率。落实到体育赛事中，就是以体育赛事作为主要宣传对象，通过对其中相关信息的传达和强化，增加舆论对其的关注，进而提升公众对于举办城市的关注，这对于塑造和提升城市形象、提升其社会知名度以及社会对其的认可度具有非常重要的作用。在具体的宣传过程中，主要通过网络以及新闻媒体等方式，大大拓宽宣传的范围，使民众更加清楚地认识到城市所作出的改变以及赛事的精彩，通过一定的方式，提升公众吸引力，帮助举办城市提升品牌形象。

1. 借助明星效应

对于体育赛事而言，备受认可的代言人就是体育明星。因为其本身有着较高的竞技水准，对社会的影响相对较强，民众认可度也较高。也正因为如此，他们代言的赛事往往会因为个人效应使得宣传效果大大提升，举办的城市也因此被人们更为广泛地了解，从而可以帮助城市提升知名度以及社会对其的认可程度。具有典型性的案例如浪琴马术冠军杯赛每次都请当红影星或一线明星作为其品牌赞助商的代言人，使高雅运动与明星的高雅穿着搭配并吸引数万目光，以提升其宣传的影响力。比如在武网的宣传中，选择李娜作为代言人，首先是因为李娜的竞技水平已经获得世界认可，具有非常强大的公众影响力，这也使得武网公开赛备受公众关注，认可程度不断提升，也在一定程度上带动了对举办城市的关注，借此向世界传达良好的城市品牌形象，提升世界对城市的了解和关注。

2. 城市和体育赛事整合宣传策略

根据当前的调研结果，在广告投放中，选择传统形式纸媒的占比仍然相对较高，而处于主流媒体的新媒体却受到忽视。所以，当前应顺应媒体发展潮流，开拓创新，最优化选择就是多元的媒体相结合，在合适的时间、地点以及环境选择与其相匹配的媒体或媒体组合的宣传方式，从而获取最佳的宣传效果。落实到借助体育赛事实现对城市品牌的塑造及提升的过程中，首先就必须要实现二者的有机结合、相互交融，赛事的举办带动公众对城市的关注，城市在塑造品牌的过程中无时无刻不彰显体育元素。人们在了解体育赛事的过程中，逐渐增加对城市的了解和认知，提升城市品牌形象。

（二）激发市民对赛事的热情

根据相关学者的研究，一般在大型体育赛事举办结束后的一段时间内，会产生“倦怠期”，就像是人们在经历过一件对内心产生严重影响的事件之后，会产生沮丧乃至疲倦的心态，为了恢复如初就需要一个过渡期。非常典型的例子就是悉尼奥运会，在奥运会结束三年以后，悉尼才逐渐恢复如初。由此也可以看出，大型体育赛事对于举办城市而言具有非常重要的意义，但是如果过度依靠大型体育赛事实现对公众的刺激极有可能适得其反。

在城市中倡导全民运动，使公众多参与体育活动、体育赛事，通过多样化的形式宣传以及推广，激发民众参与体育赛事的积极性。城市居民的内部营销能从根本上使城市形象的塑造更为高效地进行。只有得到城市居民的认可，在居民心中塑造良好的形象，才能逐渐传递到城市的表面，让城市形象得到最直接的体现，也才能使得城市的品牌塑造更加积极有效。

参与不同体育赛事的人群往往不尽相同。也正因为如此，在进行大型体育赛事的宣传过程中，相关的管理者应该有针对性地带动不同的居民积极参与，激发居民的参与热情。与此同时，要积极向市民传达一种健康的生活方式以及优秀的体育文化，从而调动整个城市居民的积极性，形成良好的外部氛围，既让居民在日常生活中能够进行体育锻炼，也让外界充分感受到居民参与体育活动的热情。

（三）突出城市的文化特色

对于体育赛事而言，相配套的文化活动的展示，同样也能够成为举办城市的特色文化资本。随着社会的进步以及结构的变迁，资本的概念已经不限于传统的古典资本理论，学者对其的研究已经实现了多角度和多元化。每一个城市都具备自己独特的资源，但是这种资源和资本并不能实现对等，需要经历一定的转化过程。天津市虽然具备丰厚的文化资源，但是并没有实现向城市资本的转化，其主要原因就是缺少了在形成城市文化资本的过程中不可或缺的土壤以及孕育过程。所以，在提出相配套的文化活动的过程中，应积极推动其向城市文化资本转变，最佳的方式就是形成典型的城市化印象，凸显差异化特征，使最终形成的文化资本体系既能融合城市精神理念，也能蕴含良好的城市行为以及城市视觉系统。

在人类丰富的文化活动中，体育赛事是非常重要的一种，文化底蕴非常深厚。而具有典型城市品牌性赛事，是城市文化和体育文化相结合的有效形式，它不仅是文化资源，也是城市文化的积淀，对于塑造城市特色文化具有重要的意义。举个简单的例子：温布尔登网球锦标赛（以下简称“温网”）每一次公开赛开始之前，主办方都会和很多忠实球迷一起，共同回顾温网的历史，从而形成具有温网特色的典型文化。再如，北京奥运会的举办，是面向世界打开的大门，独特的京味文化构建了一个和世界实现沟通与了解的平台，不管是胡同文化、饮食文化，还是建筑文化、园林文化，甚至是戏剧文化等，每一个细节都透露出典型的北京文化气息，再加上热情、好客的当地居民以及良好的精神风貌等，都随着游客的心理体验以及媒体的传播，带到了世界每个角落。所以，对于天津市来说，应当开发具有本区域典型特色的文化赛事，既可以实现文化的沉淀，也可以帮助城市塑造典型的文化品牌。

（四）借助天津全运会提示城市形象

为了迎接全运会的到来，天津市把窗口的区域道路和城市交通作为重点，依据比赛项目重新规划场地的扩建和欢迎观众进场的路线，整体上绿化城市，就像是在修饰自己的家园，欢迎客人的到来，整个城市环境都在大幅度地提升。为了提高城市的整体形象，市政府加大力度对社区环境进行全面整改，还在居民小区附近修葺了各式公园，如水上公园、梅江公园、动物园等。

第六节　体育赛事运作阶段影响城市品牌塑造分析

一、赛事申办阶段对城市知名度的提升

赛事选择阶段是指从开始准备申办到申办工作具体实施这一阶段。在这一阶段，要明确体育赛事的申办意图，明确城市的类型、发展阶段和城市的社会、经济、文化、环境等状况，熟知城市品牌发展状况。

体育赛事的筹备阶段，需要加强城市的基础设施建设、体育场馆建设等。城市通过筹备阶段相关工作，可以提高城市品牌的认知度。城市通过对赛事相关筹备工作的报道，对城市人文资源、城市自然资源、城市历史、城市经济发展等进行相关宣传，挖掘城市特色资源和文化，把城市相关元素充分融入体育赛事的宣传和筹备工作中，提炼具有城市特色，能体现城市品牌的赛事理念、赛事标志和口号等，并积极利用相关会展、新闻活动、移动媒体等增加城市的曝光率，通过媒介或者自媒体的宣传，让更多的人熟知举办城市的特点及优势，不仅能够很好地宣传自己城市的形象，而且能够吸引更多的游客前来参观。

赛事筹划者在确定申办意图后要对赛事的可行性进行全面、细致的调查与论证分析。影响赛事申办的各种相关因素，如城市的基础设施建设、赛事的经费、体育场馆设施、交通、住宿餐饮、赛事的安保能力、媒体转播条件、资金、赛事运作团队实力及办赛经验等赛事资源状况，以及企业、城市居民对赛事的需要程度、赛事的品牌知名度、城市品牌的需要度等市场状况都必须综合起来进行考虑，并对赛事预期产生的社会、经济效益以及其他推动城市发展和体育事业、产业发展的可能性结果进行分析。同时，必须考虑到周边城市或地区体育赛事的发展状况，找出可能申办的赛事与周边城市或地区的赛事所存在的差异点。

大型体育赛事，特别是在申办一些国际化的、规模较大的体育相关比赛时，城市就可以在世界上增加曝光的机会。在申办规模较大的体育相关比赛时，城市主体通过长时间的准备工作，如对城市资源的整合，对城市特点优势的展示，加深城市品牌在人们心中的印象，使得城市品牌更加被人们所熟知。中小型城市可以借鉴大型城市成功办赛的经验，结合自身特有品牌特点，推广城市品牌，提高城市知名度。

赛事申办阶段通过对体育赛事申办进行科学、有效的管理可使体育赛事申办工作活动事半功倍，对体育赛事申办的每一个步骤进行科学详细的考察、分析、论证更能确保赛事申办成功，如果该城市能够成功举办这项赛事，那么对提升城市知名度具有重要作用。举办与城市品牌建设相结合的体育赛事，一方面，可以加快城市建设，如体育场馆的改善、交通的改善、人文素质的提高等。另一方面，可以通过体育赛事这一平台宣传和营销城市品牌，加深旅游者、投资者、本地市民等对城市品牌的认知度。

在赛事的申办阶段，要综合考虑影响赛事申办的各种因素，如城市的基础设施建设、赛事的经费、体育场馆设施、交通、住宿餐饮、赛事的安保能力、媒体转播条件、资金、赛事运作团队实力及办赛经验等赛事资源状况，并对赛事预期产生的社会效益、经济效益以及其他推动城市发展和体育事业、产业发展的可能性结果进行分析。

二、赛事推广阶段——提升中小型城市的认知度

在从申办到实际举办的过渡时期，对绝大多数城市外部顾客来说是一段心理空白期。在这期间，他们通过各种方式来了解赛事与举办城市的相关信息。在确定赛事目标时，除了要综合考虑赛事环境、赛事效益外，还要根据赛事的要求确定赛事主要目标和次要目标。同时，要兼顾各赛事利益相关者的利益，使利益相关者都能以最大的热情投入到赛事的各项工作中去。因此，在这段时间中，举办各类有城市特色的赛事宣传活动是非常必要的。活动的举办会让不了解这座城市的人产生浓厚的兴趣，也会让了解这座城市的人更加向往。就像 2010 年在广州举办亚运会时，通过海上丝绸之路和陆上丝绸之路，经过对很多国家进行走访，通过在亚运会举办阶段广州城市主体对城市的宣传和推广，向世界传播广州独特的文化与精神，使得广州得到了世界的认识和了解。也正因为如此，亚运会的举办为广州带来了巨大的效益。赛事场馆设施的规划与建设是赛事顺利举办最根本的物质平台，是城市的形象工程，也是衡量城市经济实力、科技实力、文化内涵、发展目标的综合反映。在场馆设施的规划与建设中，要把场馆设施当作城市发展的重要元素，要依据城市的长远、整体发展来进行规划和设计。中小型城市也可以通过举办类似的宣传活动，把城市特色推广到全国乃至世界，从而进一步提升认知度，创造更大的城市效益。

三、赛事举办阶段——提升中小型城市的美誉度

（一）改善城市品牌硬实力

体育赛事举办阶段的管理是赛事管理的重点阶段，也是赛事顺利举办的

根本保证。尤其要加强对赛事的有效管理。这一阶段，科学有效的管理能为城市带来大量的社会经济效益，也是树立城市品牌形象的最佳时机，但同时也给各项管理工作带来了挑战。在经济日益发展而忽视城市生态问题的今天，对城市生态问题重视与否，直接关系到能否提升城市自身的美誉度。当下，城市的生态问题已引起人们越来越多的关注。规模较大的体育比赛需要较好的自然环境作支撑，而且还会使城市的客流量大大增加。在吸引来足够的客流量之后，城市主体应通过对城市各方面的整治工作来调节城市自身的硬实力，例如，对环境污染方面的整治、在基础设施的改造和建设方面进一步加强，使城市在体育设施方面更加完善，使城市自然资源在城市主体的宣传下显示出特有的吸引力，以此提高城市在城外游客心中的地位，进一步影响不同地域的游客。也正是由于游客们对举办城市硬实力的肯定，才使城市品牌的美誉度得到提高。

（二）改善城市品牌软实力

规模较大的体育比赛要想正常运行，必须依靠本地相关政府机构的协调和支持。所以该类型比赛举办的成功与否，在一定程度上反映了该城市相关政府机构的执政效率，也反映了本地政府机构的整体实力。对城市品牌软实力的展示可以分为政府执政形象和居民亲和力两方面，政府的执政形象是指政府在城市发展的过程中充当什么样的角色。良好的执政形象会使城市居民或外来游客产生强烈的好感，因为在现阶段人们的意识中，政府是政策的制定者，是方案落实到具体方面的实施者，只有树立良好的执政形象才能在城市居民和游客中听到赞扬的声音，才能提高城市品牌的美誉度。居民亲和力也是提高城市品牌美誉度的重要途径。在游客来到举办城市的时候，不可避免地需要与城市居民进行沟通，这时城市居民所表现出来的形象是至关重要的，而且游客更希望看到和谐的社会环境，这样才能展现城市的人文环境。城市软实力所体现出来的态度往往是最深入人心的。总之，政府和市民在城市举办体育赛事阶段中所表现出来的形象比城市基础设施、场馆设施等所表现出来的形象更具有说服力和影响力。

在赛事举办过程中，从城市的硬实力到城市的软实力都会展现在观众面前，包括生态环境、生活环境、政府形象、城市居民素质到比赛场馆设计和精彩的比赛等，要强化观众的直接体验，培养顾客对城市体育赛事和城市的品牌美誉度。

四、赛事收尾阶段——提升中小型城市的忠诚度

随着体育赛事的落幕，参赛运动员、旅游者、部分赛事工作人员相继离开，但赛事的管理工作依然没有结束。赛后还存在赛事绩效评估、场馆的持续开发利用、城市品牌扩张以及后续市场开发等工作。

赛事收尾阶段是指在经过赛事申办阶段、推广阶段、举办阶段之后，对赛事进行有效的总结评估，使得赛事有良好的口碑效益。近年来，规模较大的体育比赛所产生的注意力功效变得越来越明显。很多对比赛感兴趣的游客就成了评价该城市的最佳人选，他们形成的口碑传播效应是很显著的。口碑效应较好的话，可以推动该城市自身的形象宣传。在赛事收尾阶段对赛事的总结与评估与忠诚度呈正相关关系。口碑效应比较好的话，能够通过网络或者电视等媒介对该城市形象进行更加广泛的宣传，如此一来，更能有效冲击广大观众的内心，促使他们进行二次消费。

体育赛事的后续阶段也是扩大城市品牌和提高城市品牌忠诚度的关键时期。成功的赛后管理，客观地总结赛事成功举办的经验，有利于提高赛事参与者、旅游者等重返城市参与其他体育赛事和城市其他工作，培养城市品牌的忠诚度，形成良好的口碑效应，并吸引潜在顾客前来消费和投资。赛后除了加强赛事绩效评估、场馆的持续开发利用外，还要加大城市品牌扩张以及后续市场开发等工作，通过观众对城市的传播吸引源源不断的客流。

总之，大型或品牌体育赛事都融入了大量的国家或地区文化，文化元素的打造体现出赛事的内涵和特色，彰显了赛事的档次。城市的品牌形象塑造与提升是一个十分漫长的过程，在借助了大型体育赛事的宣传与带动条件下，能够在很大程度上缩短城市品牌形象的塑造与提升所用的时间，能够在更短的时间内让世界了解并认识城市的品牌形象。英国的老工业城市谢菲尔德市

就是借助体育赛事而成功转型为文化旅游城市的典型代表。①

第七节　城市品牌建设对体育赛事发展的效应分析

一、经济发展催生赛事需求

体育赛事活动的产生需要一定的社会经济条件。从根本上说，大型体育赛事的出现是生产力和经济发展的结果。体育赛事活动是一种自我发展层次的需求，在经济水平落后的情况下，人们只能为生存去从事一些活动，没有闲暇时间进行体育赛事活动。只有当人们的经济生活条件达到了一定的水平之后，对于体育赛事的消费才应运而生。发展经济学认为："当人均 GDP 达到 3000 美元时，居民不再仅仅满足于娱乐性的旅游，开始追求更高层次的休闲生态旅游，此时旅游的主要目的则是休闲，目的地主要是自然山水风光、城市周边的生态旅游度假村等，甚至出现国际旅游的现象；当人均 GDP 达到 5000 美元时，居民开始追求成熟的度假旅游，旅游形态转变为一地滞留型和第二家园式的休闲度假日，注重旅游对生活品位的影响，更加注意旅游地人文地理环境和旅游基础设施的品位，单次旅游的时间也大大增加。"② 2012 年，我国 GDP 总量达到 6094 亿美元，现阶段我国居民主要以休闲旅游和度假旅游的形态为主。近年来，休闲旅游和度假旅游越来越多地采用了体育元素，以体育活动为主要内容的主题旅游变得越来越受欢迎。体育主题旅游包括赛事"观战旅游"和运动体验旅游。到目的地城市观看奥运会、各类世锦赛等属于赛事"观战旅游"；而亲身去体验体育赛事，如冬季去哈尔滨滑雪、到瑞士滑雪、到沙漠地区参加汽车越野比赛等都是运动体验旅游。因此，城市应在认定自身地理位置、文化底蕴、环境、气候、风土民情的基础上准确定位自己的发展规划，将体育赛事与休闲、生态旅游相结合，打造属于自己的城市品牌和形象以吸引更多游客的到来。这一城市发展形式也逐渐成为后工业

---

① 阮伟．体育赛事与城市发展关系研究［D］．北京体育大学博士学位论文，2012.

② 赖声伟．旅游产业与区域经济的耦合协调度研究——以江苏省为例［D］．曲阜师范大学硕士学位论文，2011.

化时代诸多城市的共同选择。

二、为体育赛事提供资金支持

一场大型体育赛事的举办需要城市的各个部分协作联动共同完成，更需要新的场馆、食宿交通等行业的支持，需要城市在原有基础上兴建新的基础服务设施。城市在体育赛事举办前期，必须投入大量资金建设各类公共基础设施。当然这需要城市自身已达到一定的发展阶段，有雄厚的经济实力支撑体育赛事的举办。以 2008 年北京奥运会为例，一般来说，主办奥运会的直接投资额及相关基础设施的建设费用会超过几百亿美元，由于基础设施建设的原因，经济发展水平越低的国家举办奥运会的投资越高。北京举办奥运会的直接投资额达到了 1323 亿元。[①] 因此，大型体育赛事的举办需要城市注入大量的资金，才能保证赛事顺利进行。

三、为体育赛事产业发展提供先进的科学技术

由于现代体育赛事遍布世界各个国家和地区，已成为一种跨越洲际的国际性活动。正因为这一跨越地域的特点，在开展体育赛事的经济活动时，需要利用各种现代科技手段对赛事需求进行调查预测、设计赛事产品、传递赛事信息、管理企业和营销服务等。先进的科技对提升体育赛事的公平性具有重要的作用，可以保障赛事服务工作在高质量的基础上大幅提高效率和赛事产业生产率，同时社会资源还能得到节约，最终达到提高赛事发展水平、提高宏观效益的目的。科技发展战略为体育赛事产业增长方式的转变和其长期发展战略提供了根本的保障，体育赛事当前发展和需求的新态势也呼吁体育赛事产业的高技术化。体育赛事中将越来越需要赛事信息系统（SIS）、地理信息系统（GIS）、遥感、全球定位系统、信息网络等高新技术。而这一切的发展和需求都有赖于一国或地区科技水平和科技成果转变率的提高，以及体育赛事产业与科技产业、产品的协调发展。科技水平的提高及其在体育赛事中的广泛运用，还将对体育赛事可进入性的加强、赛事产品质量和层次的提

① http：//jlcyfz. ccut. edu. cn/ReadNews.

升、赛事资源的合理开发和利用发挥重要的作用。

四、有助于确立赛事产业的优势地位

一般的体育赛事由于只关注体育赛事本身的发展，在赛事运作的过程中，不必考虑旅游的因素。体育赛事与城市品牌建设耦合除了关注体育赛事本身的发展，在打造体育赛事的同时，注入了城市品牌的元素，使体育赛事与城市有机结合起来，势必要追求赛事的品牌效应，为赛事增加城市文化要素，以吸引更多的赛事参与者和观赏者，从而提升赛事的层次，提升赛事的无形资产，培养参与者和观赏者的忠诚度。体育赛事活动的运作，必将增加政府、社会对体育的投入，兴建大量的现代化体育实施，培养专业的体育和旅游人才，吸引更多的人加入到体育赛事活动中来，从而推动体育赛事的发展。

体育赛事是体育产业的核心内容和重要组成部分，体育赛事的发展也对体育事业的发展有着重要的作用。搞好体育事业，发展体育产业，体育赛事的品质是一项重要的基础指标。应借助于体育赛事旅游发展的契机，打造品牌体育赛事活动，推动体育事业和体育产业的均衡发展。

体育赛事的成功举办需要举办城市提供多方面的支持，包括财政投资、政策扶持等。举办城市在为体育赛事提供支持的同时，也为当地赛事产业的发展提供了良好的环境。首先，大型体育赛事的举办需要相关配套产业的支持，从而产生了对赛事产品的需求，促进赛事产业的发展。其次，政府为举办体育赛事，需要提供相关的政策支持，包括税收优惠计划、减少审批项目数等措施，从而为当地的赛事产业营造更有利的发展环境。再次，赛事能够通过赞助体育赛事、提高赛事商品等形式宣传赛事产业，进而提升当地赛事产业的知名度。最后，城市经济社会的快速发展使城市拥有雄厚的财力、卓越的人才队伍等，这些都有利于体育赛事的举办。如果政府为赛事提供更多的资本支撑和政策扶植，就可以使体育赛事向产业化迈进并在此领域树立优势地位。城市的发展使政府能够拥有更多的资源为体育赛事提供支持，包括环境的治理、交通设施的改善等体育赛事成功举办的必备条件。有了更好的城市条件配合作为支撑，必将提高体育赛事的整体层次，形成赛事产业的区位竞争优势。

第三章
体育赛事与城市品牌的关系

第一节　体育赛事改善城市品牌形象

一、城市品牌形象的含义

（一）城市品牌的概念

国外学者基于不同的理论，从不同的角度对品牌理论体系和管理模式进行了研究。城市品牌源自营销学中的“品牌”概念。品牌一词最早出现在古斯堪的纳维亚语中，发音为“布兰多”，意思是“燃烧、烙印”，用于指代区分牲畜归属的标识。之后，品牌（Brand）的内涵不断深化，从区分牲畜归属的标记逐渐发展成为承载商品功能性价值、感情性价值、标签性价值等多重价值属性的伟大资产。发生这种演变归根结底是市场竞争不断升级的结果。根据美国市场营销协会的定义，品牌是一种名称、术语、标记、符号、图案，或是它们的组合，用以识别某个销售者或者某种产品或服务，并使之与竞争对手的产品或服务相区别。人们对品牌内涵的认识经历了一个纷繁复杂又此消彼长的辩证过程，并在这一过程中逐渐发现其具有不同的本质特征。在营销和市场经济领域深入发展之后，品牌的概念得到了拓展，开始在文化、政治、社会等领域焕发出新的活力。张锐、张燚、周敏在《论品牌的内涵与外延》中提出，凡是需要沟通并且可以沟通的事物都可以被品牌化。

我国城市化刚起步时，主要注重扩大城市规模，发展城市基础设施建设等硬件方面，城市之间的竞争也主要集中在经济建设领域。这一时期城市数量增多、规模扩大、城市经济得到发展，但资源浪费严重，生态环境遭到了持续破坏。随着城市化进程的加快以及世界城市竞争呈现出的新格局和新趋势，现在的城市发展在提高城市基础设施建设、经济发展的同时，要更加注重城市在世界城市中的竞争力，注重城市的品牌建设，切实提升城市的形象，注重城市生态环境的保护和城市的可持续发展，更加注重城市消费者的感受，营建和谐的城市生活空间和社会、经济发展空间。这一时期城市品牌的相关研究逐步增多。

城市品牌是借鉴商品经济的发展而逐步提出来的，城市发展长期存在着城市间的合作与竞争。在城市竞争的历史长河中，大致经历了粗放式发展竞争、同质化竞争以及现在的城市品牌化竞争几个历程。城市品牌是城市特征的选择性表现，是城市核心竞争力的呈现，是对城市的泛化和整体识别，是城市特有的自然、人文、经济等优势的一种体现。城市品牌是城市个性化的表现，是区别于竞争对手的标识。

关于城市品牌的概念，美国杜克大学富卡商学院凯文·凯勒（Kevin Lane Keller）教授在《战略品牌管理》中指出：像产品和人一样，地理位置或某一空间区域也可以拥有品牌，城市品牌的作用就是让人们了解和知道某一区域，并将某种形象和联想与这个城市的存在自然地联系在一起，让它的精神融入城市的每一座建筑之中，让竞争与生命和这座城市共存。因此，可以认为，城市品牌是品牌概念的泛化，是人为挑选出城市的某些极具吸引力的名称、历史、文化、景观等特征，从而使目标受众对城市产生清晰、明确的印象和美好的联想的载体。城市品牌是城市特征的选择性表现，是对城市的一种识别，是城市特有优势的一种体现。城市品牌既是区别于竞争对手的标识，也是城市个性化的表现。

品牌是一座城市提高形象和影响力的无形资产。城市品牌建设是城市发展的重要内容，是一项长期的、系统的、相对稳定的工程，是城市可持续发展的导向和动力。城市品牌的建设除了要具有自身的外部形象外，还需要建立顺应城市发展、能代表城市整体形象的名称、标识系统、口号、城市吉祥物等，需要从整体深度挖掘城市文化，提炼城市核心价值。

（二）城市品牌形象的概念

城市品牌形象概念最早由西方国家提出，美国专家凯文·莱恩·凯勒在《战略品牌管理》一文中提出“地理位置、空间区域就像一件产品，同样能够成为一个品牌。城市品牌化的力量在于能让人们了解这一区域，并自然而然地把某种形象和联想与这座城市联系在一起，让城市的每一座建筑都凝结了它的精神”。我国学者吉福林在《论打造城市品牌》一文中提出“所谓城市品牌形象是指展现一个城市丰厚的文化内涵、经济内涵以及精神底蕴，与其他城市相分别的独特标志”。

从城市品牌建设的长远发展来看，城市品牌形象的打造是其重要的内容，也是现代城市竞争和合作的基础，是一座城市区别于其他城市的显著特征的体现。

品牌形象本源含义是指某个品牌在市场上、在社会公众心中所表现出的个性特征，它体现公众特别是消费者对品牌的评价与认知。品牌是一个客观事物，而形象则是事物在人脑中的印象。品牌形象与品牌不可分割，品牌形象体现了品牌的实力与本质，因此形象是品牌的根基。品牌形象是消费者在与该品牌长期接触的过程中产生的，并通过消费者的品牌联想得以强化。品牌管理的最终目标，就是在目标消费群体心中建立其企业所希望的品牌形象。

在城市品牌战略中，品牌形象是指社会公众对城市品牌的印象和判断。一方面，这种印象和判断受到城市自身品牌的影响；另一方面，与社会公众对于城市品牌的感知程度和认同程度有关。如果公众对城市的整体感知与该城市所塑造的品牌具有较高的一致性，则可以形成共鸣，从而使得城市品牌获得公众的认同，建立起良好的城市品牌形象。树立城市品牌形象的最重要因素是人们对城市品牌的联想，或者能够根据城市品牌判断出是哪座城市，具有哪些特点。这种联想使城市品牌形象与众多事物联系起来，驱动品牌形象的建立与发展。

城市品牌形象主要包括两个方面：一是有形内容，二是无形内容。城市品牌形象的有形内容是指与城市的外观形象有关的特征，包括城市的地理位置、地形地貌、城市布局、建筑风格及色彩、标志设计、居民的穿着举止等可以通过视觉来呈现的内容。例如，西安关中八景、桂林山水甲天下、山城重庆等，都属于城市品牌形象的有形内容。城市品牌形象的有形内容是生成形象的基础，使人们一接触品牌，便可以马上将其视觉特征与品牌形象有机结合起来，形成感性的认识，从而在视觉上对该城市产生良好的印象，也是使这座城市区别于其他城市的重要途径。

城市品牌形象的无形内容主要指能够被公众感知，但不具有视觉特性的城市品牌形象，包括城市的经济特点、文化特点、行政特点、气候特点、饮食特点、民俗特点等。这些无形内容无法通过图形、图像加以概括，一般需要公众亲身感受或者采用语言文字加以描述。例如，政治中心北京、经济中心上海，都属于城市品牌形象的无形内容。

（三）城市品牌形象与城市形象的区别与联系

城市品牌形象是城市形象的提炼和升华。城市形象是城市长期发展过程中自然形成的综合特征在公众心中的呈现，而城市品牌形象则是从城市形象中提炼出的最具吸引力的特质，经过加工、包装、宣传、推广从而形成的社会公众对城市品牌的总体印象和判断。城市形象是对城市外在和内涵的总体性认识，具有不同的层次性。城市所处的区位、地形地貌等特征是这个城市形象最先体现出的一个方面，是第一自然特征。而城市的规划和空间扩展则是城市形象的第二自然特征。二者都属于城市形象的外在特征。城市精神、文化以及城市的经济、就业结构特征等作为城市形象的内在特征，同时也是城市生存和发展的基础。城市形象反映着城市自然地理形态、历史文化脉络、产业结构特点、城市功能和整体视觉的特色。在现代社会中，城市形象的优劣对于城市发展有着至关重要的作用。

城市形象可以看作城市长期发展过程中自然形成的综合特征，而城市品牌形象则是从城市形象中精心挑选出最具吸引力的特质，经过加工、包装、宣传、推广从而形成的社会公众对城市品牌的总体印象和判断。城市品牌形象是需要人为打造和经营的，对于城市来说是一种不可估量的无形资产。正因为城市品牌形象的建立与传播中体现了管理者的意志，才应当充分发挥主观能动性，利用传播学、营销学、城市管理学理论，在城市品牌战略初始期就进行合理的规划与设计，在城市品牌形象的定位、决策、塑造、传播过程中始终保持对受众的清晰认识与良好沟通，努力提高城市品牌形象传播的效果。考虑到城市品牌形象传播是一个可控制的过程，其核心任务和主要功能是建立体现城市独特核心价值的城市品牌形象，达到目标受众在与城市品牌的沟通中产生品牌认知进而认同的传播目的。本章中的城市品牌形象的传播主要涉及城市品牌传播形象的建立、认知，与受众沟通过程，用传播学方法提高城市品牌形象传播的效率和效果。一个城市的品牌形象是一个城市综合实力的体现，同时城市之间的品牌形象竞争也是城市综合实力的较量，因此城市的综合实力直接决定了城市品牌形象的价值和传播效力。

城市品牌形象与城市形象具有密切的关系。城市品牌形象是城市形象的核心组成部分，是城市形象给予受众的具有城市代表特征性的印记，是城市核心产品、服务、资源等给予外界的印记。城市品牌形象是建立在城市形象基础上的，良好的城市形象有利于打造城市品牌形象。同时，城市品牌形象又进一步提升了城市形象。二者相辅相成，是城市发展的重要组成部分，也是城市品牌建设的重要内容和发展目标。

二、城市品牌形象的特征

（一）独特性

每一座城市，如同单独的个体一样，都拥有自己与众不同的城市自然资源、人文资源，不同的发展历史，不同的社会、政治、经济发展状态等。城市品牌形象是城市为了在竞争中获得优势而努力创造的一种无形资产。随着城市化进程的加剧，城市之间对社会资源的竞争日趋激烈，在这种情况下诞生的城市品牌和城市品牌形象，自然只有体现出城市的特殊性，才能够在竞争中取得优势。也就是说，城市品牌形象塑造和传播的实施必须基于市场营销的角度，将城市品牌形象塑造和传播作为提高城市竞争力的重要手段，发掘和提炼出城市的独特吸引力，为城市创造出独特的品牌资产，使城市拥有一种独特性资源。城市品牌凝聚了本城市精神与物质文明建设的精华，体现了本城市的闪光点，其独特性是长期发展所提炼出来的。城市应不断深入研究其发展历程、特色人文、地质风采等，深度挖掘城市的特征，这也正是发掘城市吸引力之所在。

波士顿咨询公司的创始人布鲁斯·亨德森教授曾指出，竞争性战略的基点是一个组织或企业特有的属性，也就是独特性。城市品牌形象的独特性突出了城市鲜明的特征，凸显了该城市在实质上的超群之处。例如，昆明将“春城”作为其城市品牌，充分体现了该城市夏无酷暑、冬无严寒、四季如春的气候特征，而具备这种特征的城市全球少有，从而形成独一无二的城市品牌优势。

（二）客观性

形象是客观事物在人脑中的反映，是代表事物品质的重要因素。城市品牌形象虽然是城市品牌在人脑中的主观印象，是城市的无形资产，不具有独立的实体，不占有空间，但城市品牌形象的物质载体是客观存在的，这意味着城市品牌形象需要通过一系列的物质载体来表现。20 世纪 60 年代，美国人本主义城市规划理论学家凯文·林奇提出了影响深远的城市意象理论，在其研究成果《城市意象》中提到“人们对于城市的认知和形成的意象，是通过观察城市的环境形体来实现的”。可见，城市的各种独特的元素和标志都是城市具有识别性的符号。城市品牌形象的直接载体主要是文字、图案和符号，间接载体主要有城市景观、城市文化、民俗风情、产业特征等。没有物质载体，城市品牌形象就无法建立，更不可能达到品牌形象的整体传播效果。例如，东方明珠是上海的地标之一，同时也是上海城市品牌的重要组成部分，如果没有这一电视塔的客观存在，就不可能将其作为上海的城市品牌。孙湘明在《城市品牌的符号学解析》一文中分析了人文重庆标志、杭州市标、纽约申奥标志、北京申奥标志。这些标志是城市品牌形象的直接反映，也都是客观存在的。城市形象是城市发展的重要战略，应把城市形象打造为城市品牌加以推广。

（三）主观性

在城市发展中，城市自身的品牌形象有着越来越重要的作用，对城市品牌形象进行塑造，能够使更多的人了解城市。由于城市品牌形象是公众对城市品牌的看法和印象，是公众对品牌感知、理解和联想的总和，因而它具有主观性。没有大脑的意识活动，便不会有城市品牌形象。品牌形象的主观性还表现在，同一城市品牌在不同的人脑中可能会产生不同的品牌形象，这正是主观反映的结果。一方面，城市品牌形象的主观性对城市品牌的管理具有不利影响，它使得品牌管理者难以获得公众心中真实的品牌形象；另一方面，利用城市品牌形象的主观性可以激励公众积极地感知、联想和评价该城市，从而建立更加丰富的城市品牌形象。即使这样的品牌形象是有偏差的，但如果这种偏差偏向于好的方面，那么对提升城市品牌形象是有利的。

（四）相对稳定性

城市品牌形象的稳定性是指品牌形象一旦形成，不会轻易改变。但在城市发展的历史长河中，也呈现出变化的特征。一方面，由于城市品牌的塑造与传播是一个长期的过程，不可能一蹴而就，必须具备一定的持续性和稳定性；另一方面，由于社会公众对于城市品牌的接纳具有心理定式，意味着城市品牌形象会在受众心里存在一段时间。城市品牌一旦建立起良好的形象，就可能成为城市发展过程中源源不断的无形资产。

（五）动态发展性

城市品牌形象在一定时间内具有稳定性，但随着社会经济的发展和城市竞争的加剧，其品牌形象也要不断更新。城市品牌形象的发展性也可称为时代性，意思是城市品牌要随着时代的步伐和各种条件的变化而做出调整。在经济水平和人民生活质量迅速提升的时代，城市品牌也必须随着新的发展趋势和环境变革而改变。只有根据内外环境的不断变化对城市品牌做出调整，使之适应新变化，满足新要求，在时代发展的趋势下不断更新、完善，体现新时代的特点，城市品牌形象才能长盛不衰。

（六）广泛传播性

城市品牌的传播是通过各种媒介传播或公关活动来实现的。城市宣传画册、网站、形象广告片、专题图书、宣传展板、广告牌等都是常见的传播手段。城市品牌形象是传播和沟通的产物。城市品牌要想在公众心目中树立良好的形象，必须借助各种传播手段。所有的传播活动都要以受众为导向，创造受众满意的接触体验。离开了传播媒介，城市品牌信息就无法传达给社会公众。同时，为了保证城市品牌形象的传播是一个可控的过程，必须充分发挥传播媒介对城市品牌传播的引导和控制作用。正是由于城市品牌形象的传播性，使得运用传播学理论研究城市品牌形象传播成为一种可能。2010 年，上海第 41 届世界博览会的主题是“城市，让生活更美好”，就较好地提出了契合上海发展目标的口号，顺应了上海城市的发展战略，具有较好的传播价值。

三、体育赛事与城市品牌的关系

体育赛事主要由比赛参与者、比赛场馆、举办方和举办者等组成，体育赛事的参与者主要有运动员、裁判员、观众等。参与者对体育赛事的参加促进了城市人文环境的形成。在举办体育赛事的过程中，参与者的数量决定了赛事关注度的高低，关注度高的赛事有助于开展赞助活动，宣传城市品牌；环境优美、功能完善的体育场馆不仅可以提高赛事的观赏性和舒适性，同时还可以作为旅游景点带动城市的旅游，形成城市的品牌。1992 年巴塞罗那奥运会和伦敦马拉松赛等体育赛事对城市的复兴和发展做出了巨大的贡献。

举办体育赛事可以带动城市经济的发展。体育赛事的直接经济效益主要表现在赛事运动员和观众的即时消费、媒体的转播费、企业的直接赞助投资等方面。体育赛事的间接经济效益主要体现在对城市的营销、企业产品的营销、旅游市场、餐饮酒店业、交通运输业等方面。国内外一些学者对大型体育赛事促进城市经济发展进行了大量的论证。但不能认为大型体育赛事就一定是奥运会、亚运会等。相对于城市的每一个发展阶段，都有重要的、能级不同的体育赛事。① 这些赛事如果规划得好，都可以作为推动城市经济发展的强大的、持续的动力。体育赛事的举办对举办地经济效益的增长以及

① 吴志强．重大事件对城市规划学科发展的意义及启示［J］．城市规划学刊，2008（6）：16-19.

整个城市的经济发展有着积极的作用。通过赛事的举办可以为城市的进一步发展提供新型动力，开发出新的城市旅游节点，吸引大量的中外体育爱好者，为举办城市旅游开创出新的旅游市场。以北京、上海为例，北京奥运会的成功举办，带动了北京旅游业的发展，奥运会期间北京市的游人络绎不绝，而且许多游人是为了观看体育赛事。奥运会举办前后为北京的旅游、酒店、购物等产业发展提供了一个契机。根据上海市旅游部门统计，举办一级方程式锦标赛期间，上海市的旅游业收入比平时大幅增长，而且长三角地区也增加了大量观看比赛的游客。在举行比赛期间，附近大小宾馆、酒店的房间都早早被订空了，一房难求。郭国庆、李光明、钱明辉在《关于开展城市品牌管理的战略思考》一文中认为，营销城市品牌有助于强化顾客对于城市发展的信心，可以促进城市的经济建设、旅游业的发展及其他方面的发展。

举办体育赛事可以加快城市的基础设施建设，推动城市功能的发展完善。许多城市利用举办大型体育赛事的机会，大力推进机场、公路、铁路等基础设施建设，改造城市环境，改善各社区、街区的居住环境和城市设施，推进城市化进程。一项体育赛事的举办需要在举办前做充分的准备工作，对比赛场馆的设施和整体构造都要有明确的规定，而且需要完善场地设施、交通设施以及通信设施等城市基础设施，保证赛事的顺利完成，并且一旦遇到突发情况可以在最短时间内得到解决。周期性的大型综合体育赛事在举办时，需要保证城市交通和通信顺畅，所以通常在举办大型综合赛事时，举办城市的政府会对城市的道路交通安全和城市环境面貌的绿化进行完善和修建。例如，2008 年北京奥运会就是典型的例子，在申报和筹备期间，修建了著名的建筑，如鸟巢和水立方等。2001 年我国申奥成功后，在为举办北京奥运会做准备的七年里，北京市做了大量的工作，对北京市的道路交通、城市环境、市政建设等投入资金约 2507 亿元人民币，设计修建了一条地铁，全长 27.3 千米，是目前全国最快的地铁线路，通过整条路线只需 16 分钟。通过这个机会使北京的基础设施达到了一个新的高度。在广州举办的第九届全运会期间，广州市政府为保证全运会的顺利举办，对城市的基础设施建设投入资金约 120 亿元人民币，同时对广州城市环境的保护和绿化也做了大量的工作，广州全运会的成功举办是广州市的成功，令广州的市政建设大步向前迈进，为广州市的发展创造了机会。

大型或品牌体育赛事都融入了大量的国家或地区文化，文化元素的打造体现出赛事的内涵和特色，彰显了赛事的档次。传统的体育赛事发展方式受到了前所未有的挑战，人们在参与或观赏体育赛事的过程中，所带来的体验使人们对体育赛事和举办城市的特色人文有了更多的认识和需求。以城市品牌为导向的体育赛事，较之一般的体育赛事，需要注入更多的文化元素，增加体育赛事的文化属性。可对其他国家或城市的文化进行移植，同时构建本城市、本民族的体育赛事文化体系，使城市体育赛事在传播城市文化的同时，让体育文化、体育精神植根于受众之中。文化的移植或本地文化的继承传播都将繁荣文化的内容，推动文化的发展，形成独特的体育赛事文化和城市文化。另外，品牌文化是品牌的重要组成部分，是品牌内涵的深度体现。以城市品牌为导向的体育赛事品牌文化是体育赛事整合城市自然资源、人文资源、社会资源以及人的活动紧密结合、共同产生作用的产物。

举办体育赛事可以提升市民参与度，弘扬传统文化。体育运动既可以增强人的体魄，还可以培养人的内在品质。在体育赛事中能够激励人顽强拼搏和培养志愿精神，志愿精神会对人们的生活和工作产生积极的作用，是在遇到挫折后积极面对不怕困难的顽强拼搏精神。利用体育赛事的宣传效应将体育赛事作为载体并通过体育赛事把中华民族传统文化向世界传播，可增加社会居民体育参与度。例如，山东省举办的第十一届全运会将体育运动与山东省的传统文化完美结合在一起，在有力地弘扬中华民族传统文化的同时也借助传统文化将体育赛事进行了升华，提升了市民的体育参与度。传统文化与体育赛事的结合碰撞出了新的火花，形成具有自身特色的城市文化。

体育赛事改善了城市品牌的形象。体育赛事品牌的营销、维护等都要紧密联系城市品牌形象，每一步工作都要考虑到对城市品牌形象的影响，要有助于维护和提升城市品牌的形象，要有助于唤起人们对赛事产品和城市其他产品的联想。必须保持品牌传播在核心价值上的定力，不能因市场压力或短期利益诱惑而偏离品牌核心价值的轨道，尽量让品牌在消费者心中传播出一个清晰、统一的印象。[①] 上海市通过世界花样滑冰大奖赛、国际泳联世界锦标赛和一级方程式锦标赛而闻名世界。上海市的上海体育场可容纳八万人，是目前规模最大的综合性场馆之一。北京借助2008年奥运会的成功举办，把体育文化融入到城市品牌文化中，建设了许多体育场馆，著名的有“鸟巢”“水立方”“五棵松体育馆”，这些都已经成为国内有影响力的比赛场馆和旅游胜地。体育赛事的举办对城市形象有着积极的影响，推动了城市软环境建设，加快了城市基础建设和就业，使城市品牌形象和知名度得到了提升。

第二节　体育赛事扩大城市品牌影响力

特色鲜明、规划合理、组织得当的大型体育赛事，往往更能吸引人们的眼球，尤其能吸引外来的投资者、旅游者以及体育爱好者的眼球。在传播体育赛事竞技的过程中，往往可以添加一定的城市地理位置、交通、社会、经济等的发展现状和发展目标，把这些元素合理地融入体育赛事中，从而增加了外来投资者、旅游者对城市的了解和熟知，有力地营销了城市。这种以体育赛事的成功举办对城市的营销，往往是最直接、实效的方式，能够以较少的投入获取更大的收益。

通过体育赛事的场馆设施建设和地理旅游特色、体育赛事营销、举办地的人文特色来促进城市发展，城市的发展有助于城市品牌的形成，城市品牌效应的形成可以带动城市发展，增强城市品牌的影响力。城市的品牌效应包括宣传效应、带动效应、文化效应、聚合效应等，同时场馆设施和地理旅游特色也可以促进旅游业发展形成城市品牌效应，从而产生巨大的影响力。

(1) 利用体育赛事带动城市品牌的宣传效应。传统文化是城市的无形资产，当一项体育赛事落户当地城市后就会被打上这个城市的文化烙印。因此，可以将体育赛事的文化营销当成概念营销的主要手段。对赛事文化的营销，需要多角度思考有关赛事的活动，对体育赛事的市场进行营销，并通过广告、

① 朱雨童. 品牌，非诚勿扰［M］. 深圳. 海天出版社，2011.

赞助等宣传方法，带动城市品牌的宣传效应，让世界了解和认识举办城市，吸引大量的中外体育爱好者。例如，2008 年北京奥运会的主题歌《北京欢迎你》不仅成为有名的奥运主题曲，而且通过歌词将北京人民好客的传统文化向世界传播；广州是一个环境非常优美的城市，有着得天独厚的地理环境，通过广州全运会和“广州恒大”足球俱乐部让世人认识和了解了广州。除了国际规模的大型体育赛事外，举办一些具有地域影响力的体育赛事，也有利于城市形象的传播和宣传。

（2）利用体育赛事促进城市品牌的带动效应。比赛场馆设施的建设是体育赛事的一大特色，优美完善的赛事场馆不仅可以增加赛事举办的整体观赏性，同时也使赛事场馆成为城市的一大特色，可以带动城市旅游业以及相关的第三产业的发展，推动城市经济的发展，促进城市品牌形成带动效应。以北京为例：在举办北京奥运会时建设了许多具有特色的比赛场馆——“鸟巢”“水立方”“五棵松体育馆”，这些比赛场馆以优美的形象和高科技的建筑特色闻名，展示了我国的科技水平，弘扬了我国传统文化。在北京奥运会结束之后，这些比赛场馆不仅用于体育比赛，还作为北京市的新型旅游场所吸引着无数中外体育爱好者，带动了北京市旅游业的发展，促进了城市经济的快速发展。

（3）利用体育赛事带动城市品牌的文化效应。文化在体育赛事中的作用日益凸显，能否认识或习得当地城市的文化是赛事参与者或观赏者重要的抉择因素。体育赛事品牌文化的创建、传播与维护伴随着品牌的产生、发展和走向成熟，在品牌发展的各个阶段，品牌文化都起着非常重要的作用。优秀的、适合品牌发展的品牌文化能使消费者产生高度的认同，能使赛事参与者或观赏者产生渴望了解、探究的心理，从而抓住消费者的心理，最终使人们产生更高的品牌忠诚。体育赛事如今已经是当代体育中一个重要的环节，它可以反映出现代体育的一定的发展状况。因为体育竞赛本身是由人组成的，而人的生长环境必然伴随着当地的文化。体育赛事也代表举办地的文化，举办体育赛事可将举办城市的优秀文化向社会传播，有助于形成更加优秀的城市文化，从而助推城市精神文明建设，带动城市品牌的文化效应。例如，山东潍坊风筝节、千岛湖自行车赛、四川足球赛等体育赛事都主题鲜明，将赛事与当地城市的人文特色融合在一起。例如，北京文化一直强调海纳百川，吸收外来文化，在进行体育赛事时注重将这一特点凸显出来，从而使赛事既有北京的文化特色，又有国际化的视野。

（4）利用体育赛事带动城市品牌的聚合效应。成功举办的 2008 年北京奥运会、2010 年广州亚运会等赛事，直接推动了城市的体育场馆建设，为两座城市的发展提供了强劲的平台。体育赛事的举办可以获得城市居民很高的关注度和参与度，城市居民对于体育赛事的关注度提高，自然会提高参与运动的热情。利用体育赛事的高关注度，可以聚合更多的体育赛事的参与者，并通过体育赛事，将城市的社会资源进行聚合，带动城市品牌的聚合效应。通过城市的聚合效应可以提升城市品牌知名度，有利于城市品牌文化的形成，向市民传递正能量。

（5）利用体育赛事带动城市品牌的光环效应。举办体育赛事可以提高城市品牌的知名度，提升市民对城市的自豪感和荣誉感，还可以增强市民的自信心，培养市民的责任感，促进城市形成自身的品牌文化。如由于 2008 年奥运会的举办，北京市民心中就有一份优越感和自豪感，这种优越感和自豪感可以提升市民对城市的热爱和责任。同时，这种光环效应也会促进城市经济的发展。谢菲尔德通过举办大型体育赛事，从英国的传统工业城市转变为文化和旅游中心。

通过体育赛事所带动城市品牌的一系列效应，极大地推动了城市的发展，进一步提升了城市品牌的质量，扩大了城市品牌的影响力。体育赛事有助于创造和传达城市的品牌价值。体育赛事在没有媒体干预的情况下，其影响是有限的，这也有损城市形象的宣传。无论是报纸、电视、广播等传统媒体，还是新的网络媒体，甚至是社交媒体，都在推动体育文化在全球的传播中发挥着重要作用。

第三节　体育赛事增强城市品牌认知度

随着时代的发展，城市竞争日益加剧，城市品牌越来越受到关注和重视，被认为是城市珍贵的无形资产。1964 年东京奥运会赢得了世人对城市的认知，东京将与奥运会相关的城市规划与数十年的城市发展战略结合起来，修复了破损的城市基础设施，以有效地连接体育设施、城市遗产地，对当时的东京发展产生了显著的影响。城市品牌认知度是顾客对城市品牌内涵及价值的认识和理解程度。每一座城市都有其深刻的特色文化内涵及价值，城市外部顾客正是凭借着对某一城市品牌产生的某种感觉和体验，帮助其选择或识别该城市进行投资或旅游。城市品牌认知可通过在赛事推广阶段反复不断地宣传该城市，使城市外部顾客因体育赛事从知道该城市到不断熟悉该城市，进而提高城市品牌的认知度，如图 3-1 所示。

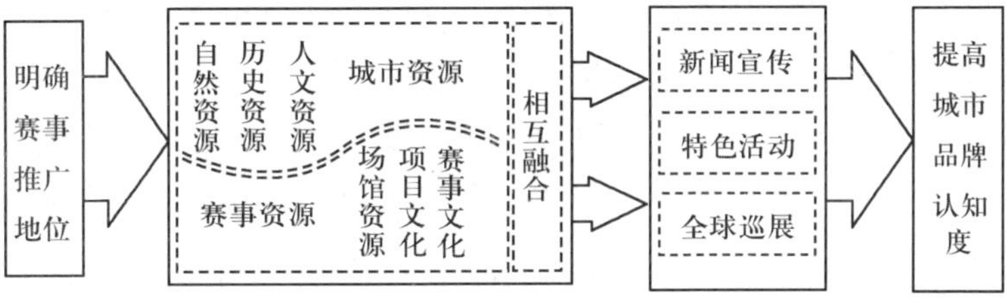

图 3-1 赛事推广阶段提高城市品牌认知度的路径

2008 年北京奥运会大部分场馆都建在北京中轴线以北的奥林匹克公园，为提升城市的全球知名度、改善城市环境、建设国际化的城市起到了促进作用。赛事推广阶段是城市对外宣传，提升城市品牌认知度的最佳时段。因此，在这一阶段的城市品牌塑造中，城市营销者应首先从思想上高度重视，提高赛事推广在整个城市品牌塑造中的战略地位。在赛事推广中必须以赛事推广为主，以城市品牌推广为辅，实现体育赛事与城市特色资源的完美整合。每一个城市都有自己独特的物产资源、自然景观、文化风俗、建筑特色、居住环境、城市魅力和优势所在。若能将城市自身特色与体育赛事自身所倡导的价值与主题相吻合，将城市特色与体育赛事相捆绑可以提高体育赛事的娱乐价值、拓宽体育赛事吸引力和延长赛事举办期，可为举办城市吸引更广泛的客源和“注意力”，极大地提升举办地城市品牌的认知度。因此，对于赛事举办地政府来说，要恰到好处地利用好这段有利时机，摒弃“酒香不怕巷子深”的观念，在赛事宣传推广中加入城市的名称、标志，深度挖掘城市自身的特色内涵，将城市形象理念及特色要素融入赛事宣传推广中。同时，在体育赛事营销的背景材料中，不断增加城市的曝光频率和时间，不断发出自己的声音，借着举办赛事的机会塑造出具有浓郁地方民族特色的城市形象与魅力，实现体育赛事与城市特色的完美结合。

在选择体育赛事时，应考虑到是否符合城市总体发展战略以及对实现这些目标的贡献，才能获得更多的政府服务和顾客的关注。举办各类赛事巡展活动吸引城市外部顾客的关注。从赛事申办成功到赛事举办阶段，对绝大多数城市外部顾客来说是一段心理空白期，他们都在这一期间关注着赛事举办地所发生的任何与赛事有关的事情，甚至希望能够积极主动地参与进来，了解赛事与举办城市的相关信息。举办城市可以利用这段时间在全球范围内举办各类赛事宣传活动，提高城市品牌的认知度。如 2010 年广州亚运会，通过海、陆两条丝绸之路，走访亚洲 45 个国家和地区，所到之处通过播放广州亚运宣传片和派发宣传册子，举办各种活动吸引当地居民，向世界传播岭南文化开放、兼容、务实、创新的精神，加深全世界对广州的了解。“亚洲之路”活动的开展，使广州实现了借助亚运会进行城市营销的目的，即明确广州经济发展的方向，传递城市发展的信心，扩展国内国际两个市场，激活国内国际两种资源，为广州的城市战略转型和城市形象重塑提供动力①。

第四节　体育赛事增进城市品牌资产积累

一、突出城市特色

城市特色是城市的历史文化、自然环境等凝聚起来的城市的灵魂，是城市形象的核心组成部分。城市特色是成功举办体育赛事的关键，明显的地域特征、历史文化特征等对某一城市的某些体育项目的发展具有重要的影响。大型体育赛事的举办可以全方位打造城市特色：地方文化的创造和推广可塑城市人文特色；提炼大型体育赛事主题作为城市营销口号可塑城市理念特色；经典体育比赛场馆、体育主题公园的建设可塑城市视觉特色；大型体育赛事

① 刘晓玲．广州亚运会的城市营销［J］．国际公关，2009（3）：40-41.

场景及其衍生的活动场景可塑城市行为特色；大型体育赛事及其相关的媒体宣传显示不同城市地域特征可塑城市地缘特色。这些特色极大地提升了城市品牌的质量。1960 年罗马奥运会主办城市的委员会利用两个历史文化遗址——马克森提乌斯大教堂和加拉卡拉作为场馆，有效地将奥林匹克和城市历史文化遗产结合起来，突出了城市特色。

二、提升城市品牌的资产

（一）体育赛事拓展城市品牌资源，促进城市产品和服务品牌化发展

城市资源是一个城市和地区旅游发展的基础，是城市吸引物的核心所在，是城市品牌的主要影响因素。城市资源是要靠挖掘的，建设城市品牌在发挥传统资源带动作用的同时，还要注重体育赛事这一种重要的社会活动，让体育赛事发挥推动作用，积极把一些资源真正利用起来。例如，一些丘陵山区，农作物种植收入有限，但地势特殊，就积极开展山地马拉松赛事、山地自行车赛事、户外露营等，在发展特色赛事的同时，更要积极利用一些看似不毛之地博得大众的眼球，在提升城市旅游产业发展的同时，也提升了城市的知名度。重庆武隆的发展就是一个较好的例子。

城市产品的开发和推广，直接影响城市品牌的渗透力。在城市发展过程中，体育赛事通过对消费者需求特征和消费行为的分析，结合当地的资源，打造具有独特体验的体育赛事产品。体育赛事参与者和旅游者的体验，最终体现在对城市产品和服务的消费环节。赛事参与者和旅游者可以通过体育赛事过程的体验，从赛事产品、服务等中感受到城市的管理水平、城市文化、民风民俗等，从而促进城市不断提升产品和服务的质量，打造品牌化产品和服务，也在很大程度上积累了城市品牌的资产。

（二）促进城市经济发展，优化相关产业布局

城市的经济实力、优势产业和发展前景，是构成城市品牌的经济要素。品牌资产有利于顾客对产品信息的清晰认知，对购买决策信心的增强以及提高顾客消费的满意水平，也有利于企业提高营销效率，增强溢价能力和提升

产品竞争优势。① 在品牌资产中，品牌美誉度、品牌忠诚度和品牌知名度对于城市品牌和体育赛事品牌都具有重要的意义。

体育赛事尤其是大型节事活动首先需要建设大量的基础设施，以及为体育比赛服务的场馆设施、通信设施、文化设施、环境设施等。这些设施的大规模建设除了能够为城市增加一定的设施服务优势外，更能在短期内产生巨大的需求市场，能够引发建筑规划设计行业、原材料行业、体育产品制造行业、交通设备制作行业、高新技术行业、文化传媒行业的发展，从而产生一定的经济效益，促进城市经济发展，培育经济发展优势。② 如图 3-2 所示。

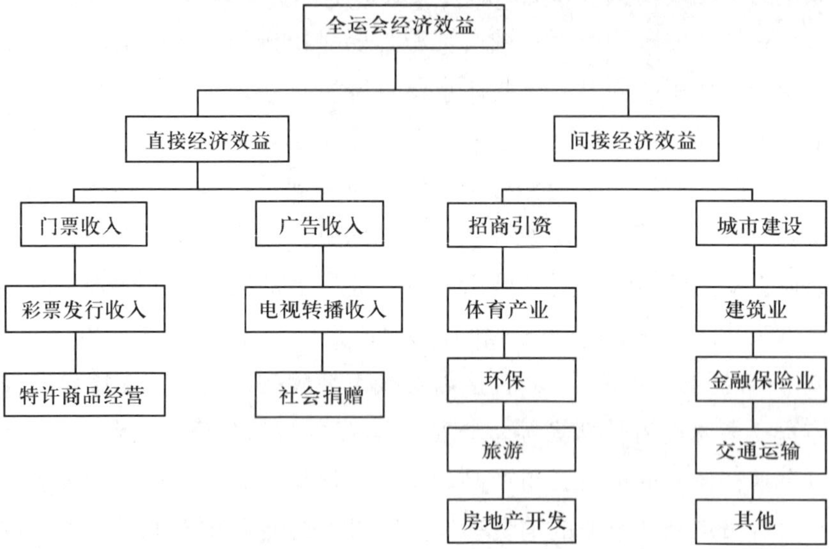

图 3-2　全运会经济收益构成

资料来源：戴文，马磊．试析第十一届全运会对济南市经济发展的影响［J］．东岳论丛，2009，30（8）：135-137.

巴塞罗那曾是老牌工业城市，随着竞争力的下降，城市发展陷入“瓶颈”。1992 年奥运会举办后不久，巴塞罗那从工业城市成功转型为以服务业为主的城市，体育与旅游业使城市焕发新机，给城市贴上了新的标签。举办大

① Yoo B. and Donthu N. Developing and Validating a Multidimensional Consumer-based Brand Equity Scale［J］. Journal of Business Research，2001，52（1）：1-14.

② 赵俊英．城市营销视野下体育节事活动发展研究［D］．武汉体育学院硕士学位论文，2012.

型体育赛事不仅对健身体育、休闲体育、体育保险、体育经纪、体育会展等相关体育服务产业的兴起与整体发展产生直接的促进作用，更重要的是对举办城市的房地产业、运输业、通信业、旅游业、服务业等城市相关产业的发展具有推动作用，从而推动城市整体经济的快速发展。以杨越对2008年北京奥运会新增投资带动各行业发展研究[①]（见表3-1）可见，大型体育赛事的举办能够对城市各行各业的发展产生积极的促进作用，尤其对城市经济的发展的促进作用更为显著。

表3-1 新增奥运投资的产业构成和带动增加值一览

行业分类	总投资（亿元）	比重（%）	带动增加值（亿元）
电力、蒸汽、水供应	238.19	17.6	239.17
运输业	199.00	14.8	154.30
邮电业	625.51	46.5	564.74
文化产业	45.00	3.3	39.87
体育产业	126.93	9.4	112.45
社会服务业	112.95	8.4	110.43
合计	1348.58	100	1220.96

大型体育赛事的举办对体育旅游业有着深远的影响。大型体育赛事的成功举办能吸引大量的游客前来旅游、观光，同时可以产生提高举办城市的知名度、改善举办城市的旅游基础设施、提高举办城市的旅游营销和管理水平、改善举办城市旅游市场的客源结构、促进举办城市的旅游文化交流等一系列的积极影响，极大地促进举办城市的旅游业的发展。2003年，体育旅游占全球旅游市场的10%，创造价值达510亿美元。体育旅游成为举办大型体育比赛，如奥运会、世界杯足球赛的核心策略。澳大利亚政府为举办悉尼奥运会花费了17亿美元，作为回报，预计体育旅游在随后10年将挣回43亿美元。赵立在《体育概论》中概括了体育旅游给举办城市带来效益的案例[②]，如表3-2所示。

① 杨越．2008年奥运会对北京经济的影响［J］．体育科学，2005，25（8）：3-8.

② 赵立．体育概论［M］．北京：人民体育出版社，2007.

表 3-2　体育旅游给举办城市带来的效益

年份和赛事类型	举办城市	因旅游带来的利润（亿美元）	备注
1984 年奥运会	洛杉矶	32	参加者 40 万人
1990 年亚运会	北京	13	—
2000 年奥运会	悉尼	42.7	本国 GDP 增长 87 亿美元，15 万就业机会
2002 年世界杯	韩国	47	占本国 GDP 的 1%
2002 年世界杯	日本	21	—

（三）丰富城市精神内涵

城市真正吸引人的地方还是文化，城市品牌建设最重要的是要依赖于城市的精神文明。城市精神是对城市传统优秀素质的萃取，既要体现出城市的地域特点、风土人情、历史脉络，又要注入新时代的特征，紧扣城市发展的大战略。在体育赛事的规划和运营过程中，要积极融入城市的地理文化，特别是本地区的民俗文化，能更好地呈现城市精神。通过体育赛事的宣传和传播，城市精神就能为更多的旅游者和城市居民所领会。城市精神能丰富体育赛事的内容，体育赛事又进一步丰富了城市精神的内涵。

第五节　体育赛事提升城市品牌美誉度和忠诚度

城市品牌形象塑造是获得城市美誉度的重要指标。城市品牌形象塑造是一项综合性的系统工程，需要专业品牌策划与执行机构同城市政府相关负责部门一起进行科学、策略性的整体战略规划及后续形象设计与推广活动。

城市品牌美誉度是人们对某一城市在功能及文化等方面亲身体验后，对城市品牌的好感和信任。赛事举办能提升城市品牌美誉度。赛事举办阶段指从比赛开始到比赛结束的整个过程阶段。在这一阶段观众进行了短暂的空间移位，几十万的游客、观众从居住地进入赛事举办地观看体育比赛。在观赛过程中，从城市的生态环境、生活环境、政府形象、城市居民素质到比赛场馆设计和精彩的比赛等都会直接呈现在观众面前。他们的所见所闻、所观所感，能够形成对举办地城市功能品牌及文化品牌的直接体验，良好的城市品牌体验能够显著提升城市品牌在观众心目中的美誉度，如图 3-3 所示。

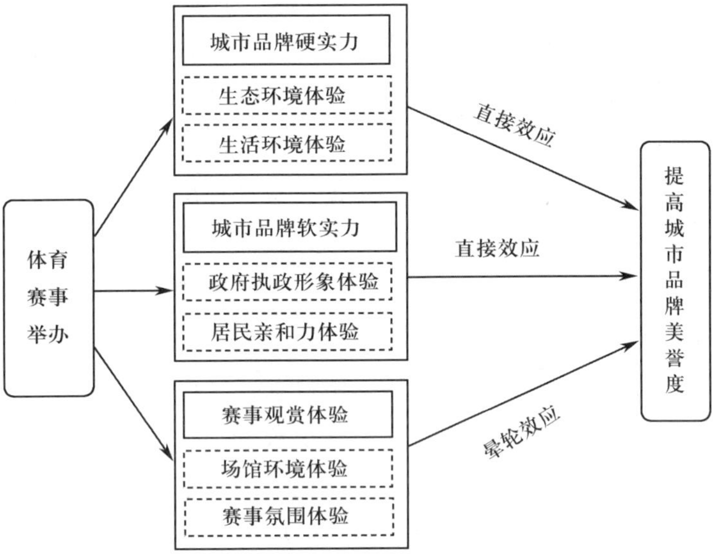

图 3-3　赛事举办阶段提高城市品牌美誉度的路径

城市品牌美誉度和忠诚度与城市品牌利益相关者有关。Fournier 和 Lee（2009）研究利益相关者间关系时提出了品牌治理过程中的利益相关者关系网络结构，并指出公司应当积极引入利益相关者加入品牌共建，通过发挥其在关系网络中的辐射作用，影响其他参与者，最终带动品牌价值的提升。大型体育赛事的举办可以增强城市品牌硬实力，提高城市品牌美誉度。大型体育赛事的举办能够从城市生态环境、生活环境等众多方面增强城市品牌硬实力。在城市生态环境污染日趋严重和“城市病”日益膨胀的今天，谁把城市生态质量的改善摆在重要的位置，谁就拥有提升城市品牌美誉度的优势。大型体育赛事的举办会对自然环境有较高的要求，且会带来巨大的客流量，这就要求举办地加强对城市生态环境的改善。如北京奥运会为确保前来观看比赛的观众创造具有良好的城市生态功能体验，对城市空气质量、污水处理、水资源保护和污水管理等水环境进行了全方位的整治。赛事举办过程中，从全球四面八方汇集而来的外部游客将直接感受因大型赛事而改善的优美城市生态环境和生活环境，并形成良好的城市品牌体验，提高了城市品牌美誉度。

大型体育赛事的举办可以展示城市品牌软实力，提高城市品牌美誉度。在体育赛事举办过程中，游客不仅会体验到城市生态和生活环境等功能环境，还为外部顾客近距离接触城市政府管理和体验城市居民亲和力提供难得的机遇。[①] 对城市政府管理、居民素质等城市品牌软实力的体验，能提高城市品牌在外来游客心目中的美誉度。

城市形象是城市在市民和外界心中的认识和标记，是城市展示文化、城市建设成果等的重要内容。体育赛事通过其影响力大、影响时间长等特点能充分提高城市品牌形象。体育赛事已被世界上越来越多的城市作为提高城市品牌形象的重要手段。体育赛事通过城市基础设施的改进、城市社会经济的发展、媒体高密度的报道、精彩纷呈的体育竞技以及让更多的体验者参与到赛事中来，提高城市的现代化水平，增强投资者、旅游者及城市居民对城市的美誉度。

大型体育大赛成功运作离不开当地政府的强有力的支持与协调。因此大型体育赛事的成功运作往往就成为举办地政府体现执政能力，展现政府实力的窗口。如北京奥运会全方位地展现了北京市政府出色的组织运作能力，提高了政府在前来观赛的各国游客心中的形象，展现了政府在组织管理方面的实力，为北京吸引外部顾客创造了良好的政府管理环境。居民对社区的关注程度、情感投入程度的强弱影响举办地城市品牌形象的提升[②]。大型体育赛事可以说是城市文化发展的隐形基石，它不仅能增加城市居民对自身语言和行为的自律性，有效激发全体市民的热情和信心，从而提高文明程度，还能增强城市居民自豪感和凝聚力，使广大居民心往一处想、劲儿往一处使，为外来游客塑造强大的亲和力形象[③]。2008 年北京奥运会期间，北京市民用最好的服务给外国客人留下了美好的回忆，且外来者到达目的地后在收集旅游信息时对当地居民的无偿建议很重视，认为是“专家性的建议”，当地居民的口

---

① 钱娅艳，张君，韩庆丽．北京奥运会对社会软环境的影响［J］．北京体育大学学报，2010，33（4）：20-26.

② 闻轩．奥运筹办七年来北京市民公共行为文明指数显著上升［J］．前线，2008（12）：22.

③ 石磊，刘蓉洁，朱庆伟．城市品牌的塑造［J］．城市问题，2007（5）：18-21.

碑作用不可忽视[1]。当地社区与居民的积极参与对外来者心目中北京城市形象的形成起着重要的潜移默化的作用。在影响举办地城市品牌形象提升的因素中，城市居民的支持越来越成为一种重要的力量。因为，这种支持很有可能将事件转化为一种有意义的重要的城市体验，从而提高城市文化品牌在外来游客心目中的美誉度。

要使体育赛事拥有较高的品牌忠诚度、美誉度和知名度，就要积极开展体育赛事的品牌体验活动。大型体育赛事的观赏增进城市品牌体验。大型体育赛事的举办吸引着数以万计的观众从四面八方汇集到举办城市。体育赛事品牌体验是个人与体育赛事所提供的服务、产品等进行深度接触、相互作用的过程。这种体验可以是体育赛事举办的某一个环节，也可以是整个过程，关键是要体验出体育赛事品牌的个性、品质等，获得心理上的满足，并具有较高的品牌满意度。在赛事举办期间，观众不仅能与城市的软硬环境进行零距离接触，体验城市品牌的软硬实力，还可以从赛事观赏中间接感受城市的品牌魅力，增进城市品牌体验。

品牌满意度是品牌忠诚的基础，强烈的满意度有利于塑造强势的品牌关系，而强势的品牌关系直接导致品牌忠诚，也进一步提升了品牌的知名度。体育赛事在一个城市的举办与该城市的文化息息相关，大型体育赛事本身汇集了城市物质、精神、社会等层面的元素，能够集中展示城市风貌[2]。赛事观赏不仅包括对体育比赛的欣赏，还包括对体育场馆建筑的欣赏。赛事观赏中，良好的赛风、赛纪，井然有序的赛场秩序和热情好客的庞大志愿者队伍及来自城市各方面的鼎力支持，是城市居民思想观念和道德水平最好的集中体现。大型体育场馆一般是举办城市的地标性建筑，其独有的风格和“视觉亮点”，相比其他建筑更具有文明、开放、充满活力的鲜明特征，反映了举办城市最高水平的设计和建筑技术，代表了大都市的风貌，能更充分表达城市的文明建设和文化意蕴，是城市精神文化的载体和灵魂。赛事观赏中体育场馆及比赛的欣赏都间接体现了城市的精神文化风貌。大型体育赛事与举办城市在各

① 杜青龙，袁光才．城市品牌定位理论与实证分析［J］．西南交通大学学报（社会科学版），2004，7（6）：105-108.

② 纪宁．体育赛事与城市品牌营销新时代［J］．体育学刊，2008，15（1）：22-26.

个方面有着千丝万缕的关系，依据心理学中的晕轮效应理论，观众在观赛期间产生的良好观赛体验会间接增进城市品牌体验，提升城市品牌在观众心目中的美誉度。

在传统的体育赛事品牌建设中，一般先利用推销的手段提升赛事的知名度，并以此来获得美誉度和品牌忠诚度。随着移动互联时代的到来，微博、微信、QQ 等现代媒介的快速发展，一些赛事开始从培养消费者的品牌忠诚度开始，在赛事的打造过程中通过注重赛事的特质、服务质量、基础设施建设等来培养消费者的品牌忠诚度。当消费者的品牌忠诚度得到提高后，就拥有比较稳定的消费群体，这些忠诚于这座城市体育赛事的消费者就很容易把相应的赛事特色、质量等信息通过现代化的交通工具迅速传播出去，就产生了品牌美誉度。当体育赛事拥有一定的忠诚度和美誉度后，就能吸引更多的消费者前来参赛、旅游、投资等，从而提升品牌的知名度，并推动城市品牌建设的良性发展。

第四章 体育赛事与城市品牌建设耦合发展的影响因素

第一节 城市经济①

举办一项大型体育赛事或是具有地域特色的体育赛事对城市的最直接影响在于它吸引公众注意的功能，发展城市的注意力经济。

城市的经济实力是决定体育赛事规模和发展的基础。它不仅决定着人们的生活环境和生活质量，而且也是城市品牌的基础力量。城市的优势产业是构成城市品牌的经济要素。城市在著名的城市品牌和知名品牌企业的基础上形成城市优势产业，这对城市发展、城市核心竞争力的形成以及对体育赛事的规模质量和发展起着决定性的作用。张家界开发出了一系列体育赛事旅游产品，如路跑、登山、骑行等，充分结合竞技、娱乐等多种属性，并考虑了旅游和体育产业在满足大众身心健康方面的一致性，通过现场观看比赛、亲身参与体验及参观游览等形式给参与者创造了有独特经历与感受的赛事体验，以促进城市旅游经济的发展。

① 谢耘耕．中国城市品牌认知调查报告（2015）［M］．北京：社会科学文献出版社，2015.

一、综合经济竞争力最强的城市

公民社会的不断发展成熟为国家政府与公民社会治理的形成奠定了坚实的基础。城市经济是城市发展的物质基础，也是居民生活的物质保障。城市经济形象的优劣会产生不同的晕轮效应，既影响城市的政治、文化，也会影响城市的规模效应、聚集效应和扩散效应。中国是驱动世界经济的发动机，那么驱动中国经济的发动机又是哪些城市呢？上海交通大学舆情研究实验室社会调查中心采用“随机电话号码拨号”（RDD）的抽样方法，邀请来自全国的3600名受访者，从综合经济竞争力、适合投资度、人才吸引力、理想工作状况、适合购物度五个维度切入，对我国36个城市的经济形象进行综合评价。调查结果显示：北京、上海、广州等一线城市的综合经济竞争力得到了受访者的普遍认可。

1. 半数以上的受访者认为上海的综合经济竞争力最强

调查结果显示，上海被评为综合经济竞争力最强的城市，得票率为51.7%。说到上海，人们通常会联想到张爱玲、王安忆、茅盾及新感觉派作家描摹的家居都会、现代化工业城市及摩登都市形象。[①] 近代以来，上海就被视为输入西方文明的“窗口”，同时也是经济发展程度很高的地区，被誉为“东方巴黎”。直到20世纪30年代，初到上海的林庚还说：“这个现代的都市予我以初次的惊奇，车过静安寺路时那百乐门舞场的灯火，是北方所从来看不见的。路的好、街的整洁，在一恍惚里，我只看到一个纯粹现代化的社会……”[②] 许多未曾留洋或长期寓居内地的文化人，是最先从上海得到对现代文明的初步印象的。[③] 经过百余年的发展，今日的上海人才云集、发展迅速。根据对调查数据的分析，发现随着受教育程度的提高，受访者更倾向于认同上海为综合经济竞争力最强的城市，如小学及以下学历者对上海的选择比例为36.7%，而研究生及以上学历者的选择比例高达68.2%。而上海这座“人才之都”为了吸引优秀人才，出台了一系列针对

① 黄玉蓉．深圳叙事及其城市形象［J］．深圳大学学报（人文社会科学版），2007（4）．

② 林庚．四大城市［J］．论语，1934（49）．

③ 张鸿声．现代书刊中的上海城市形象讨论与传布［J］．现代传播，2011（5）．

高学历人才的优惠政策，随之也使得越来越多的高学历人才选择上海作为施展才华的舞台，而来沪发展的人才既受惠于此地，同时也给上海的经济建设添砖加瓦。

2. 1/3的受访者认为北京的综合经济竞争力最强

关于综合经济竞争力最强城市的调查结果显示，北京的得票率为33.3%，次于上海，位居第二。在大专及以上学历的受访者群体中，北京的得票率达到了40%。北京是我国的政治中心，特殊的地位使其具有“首都优势”[①]，这种优势不但使北京经济发展得到中央政府的资金支持，同时也吸引了大量外来投资，带动了旅游产业的发展。此外，能源丰富的环渤海经济圈作为坚实的后盾，给北京经济的腾飞插上了一双翅膀。所以，无论是物质文明建设还是精神文明建设，首都北京都走在时代的前列。但是，北京的快速发展也带来了一系列的城市病，诸如生态环境恶化、基础设施消耗严重、资源短缺等，这些问题像一把把铁锁，制约着北京综合经济竞争力的提升。所以，在受访者的心目中，北京的综合经济竞争力位居上海之后。

3. 广州和深圳被评为第三、第四位综合经济竞争力最强的城市

广州、深圳分别以20.4%、18.8%的得票率居第三、第四位。在深圳你不会看到“古老的城门，陈旧的店铺，逼仄的小巷，颓圮的墙垣，爬满青藤的老屋，松柏森森的庙宇，无所事事的闲汉和步履悠闲的老人”，你能看到的只有“崭新的大道，高耸的楼房，川流不息的车辆和一张张年轻的脸。在这些年轻的脸上，你能读到自信和果敢，憧憬和向往，坚毅和执着，刚健和机灵，也可能读到疲惫和茫然，苦恼和艰辛，灰心和愤懑，但不会有老态龙钟”。[②] 可以说，深圳这座年轻的城市像朝气蓬勃的青年人一样，具有巨大的能量和广阔的发展空间。所以，若说北京因历史积淀而浑厚深沉，成为老一辈的创业归属，深圳则因新兴特区而年轻稚嫩，成为年轻一族的冒险天堂。

城市经济实力是考量城市综合经济竞争力的重要因素。结合2013年的地区生产总值数据来看，一个城市的GDP是评价其综合经济竞争力的重要参考

---

① 王树林．首都优势：北京发展经济的核心优势［J］．首都科学发展论坛，2009（5）．

② 易中天．读城记［M］．上海：上海文艺出版社，2006.

因素，上海、北京、广州、深圳的 GDP 在全国分列第一至第四位，与调查得到的综合经济竞争力的排名一致。除了北上广深，其他上榜城市的 GDP 也均在全国范围内名列前茅。可以说，城市的经济影响力、辐射力是考量城市综合经济竞争力的重要因素。

二、最适合投资的城市

投资、消费和出口通常被认为是拉动经济增长的“三驾马车”。西方经济学理论认为，经济增长情况主要是由投资决定，投资是经济增长的基本推动力，是经济增长的必要前提。随着我国经济的快速增长，投资作为国民经济运行的先行因素，也日益显示出其在社会经济增长中的重要性。对于城市经济建设而言，招商引资不仅可以增加就业、扩大内需，还可以直接带动地方经济增长，并为新一轮的经济增长奠定物质基础，是保持城市市场活力、促进长期发展的重要手段。

（一）上海是最适合投资的城市

调查结果显示，上海被评为最适合投资的城市，而且得票率（17.6%）远远超出排名第二的北京（10.3%）。作为中国首屈一指的经济、金融中心，上海成为众多城市中的翘楚，高居投资倾向排行榜首位，的确也是名副其实。例如，2013 年 8 月，国务院批准在上海设立大陆首个自贸区——“中国（上海）自由贸易试验区”，再一次彰显了上海作为国民经济排头兵对于商业项目和资金所具有的独特吸引力，更充分显示了其在政策、资源等投资要素上的优势地位。

（二）北上广深为最适合投资的四大城市

深圳和广州也受到了受访者的一致好评，得票率分别为 8.5%、8.1%，这样的调查结果基本符合实际情况。就广义的经济学角度而言，在同一地区内，不同投资聚集的最优规模可以产生规模经济。投资由于指向性相同和产业之间的纵横经济联系形成规模相当、结构合理的聚集体，聚集形成城市化经济。[①] 而对于投资者来说，投资是为了获取收益，由此所涉及的城市经济环境的各项指标也就自然会被格外重视。北上广深四个一线城市，集中代表了我国三个经济最活跃的热点区域，即以北京为核心的环渤海经济圈、以上海为核心的长三角经济圈、以广州为核心囊括深圳的珠三角经济圈。它们的市场经济更为发达，市场体制也更为成熟；它们拥有各种优势资源禀赋，拥有更优质的人力资本、更高水平的技术和管理、更高效率的资金利用率……结论就是它们能为投资者提供更好的投资环境。根据强者愈强的马太效应，未来北上广深将会吸引更多优势资源，产业集聚效应将愈加明显。

（三）经济圈效应和沿海城市效应明显

除了北上广深，进入榜单前十的其余6座城市得票差异并不十分明显，具体情况如下：川渝经济带“双子城市”之一成都排名第五（4.1%），“中国品牌之都”青岛排名第六（3.4%），长三角经济圈副中心城市杭州（3.1%）和“东北之窗”大连（3.1%），排名并列第七，中西部唯一直辖市重庆排名第九（3.0%），厦门排名第十（2.9%）。综观投资倾向排行总榜单，不难发现，本次入选城市绝大多数隶属于某一个，甚至是某几个区域性的经济圈，且各自在圈内发挥着中心城市的辐射、引领作用，为区域投资等商业活动创造了良好环境。此外，除成都、重庆为内陆城市外，其余城市均为东部沿海城市，像青岛等还曾是历史有名的商埠，航运交通发达，为物资集散、贸易往来重地。

三、人才吸引力最强的城市

当代国际国内经济技术的激烈竞争，说到底就是人才的竞争，尤其是高层次、复合型人才的竞争。谁拥有更多的高层次、复合型人才，执“争夺人才，强化人才素质”之牛耳，谁就会成为世界的强者。[②] 城市之间的竞争亦是

① 魏海涛．投资与城市化［D］．华东师范大学硕士学位论文，2005.

② 肖元真．二十一世纪上海人才资源开发战略［J］．云南科技管理，1994（3）．

如此。随着信息时代知识创新、科技创新、产业创新的不断加速，人才作为知识、技术的主要发明创造者和使用传播者，对于城市经济的发展和社会的进步影响越来越大，已然成为城市间竞争制胜的根本战略资源。

（一）北上广深被评为人才吸引力最强的四大城市

关于人才吸引力最强城市的调查数据显示，上海、北京、广州、深圳的得票率居于前列。这些城市如同巨大的磁场，凭借各种具有优势的社会资源，如经济、文化、医疗、教育、基础设施等，吸引众多的人才成为生活在其中的一员。即使是蚁族、蜗居，有些人也甘愿坚持着，似乎唯有这些城市才可以寄托他们的梦想。以北京来说，作为我国的政治、经济、文化、金融、科教中心，“这里有最大的党政军机关，最大的金融商业机构，最大的科研单位，最大的大专院校，最大的信息网络，最大的体育场、出版社、报社、电台、电视台和最大的国际机场。世界各国的大使馆都在这里，世界各国的精英人物和重要信息也都在这里出出进进”①。在每年获国家奖励的成果中，北京就占了全国总数的1/3。此外，北京还聚集了大部分国有大型企业总部。正因为北上广深拥有他处无法比拟的优势资源，所以对人才有强大的吸引力。于是在经过“逃离北上广”的风潮后，许多年轻人再次返回北上广，因为“‘北上广’能够按价论市，能够给有能力的人提供就业机会，能够让勤劳的人得到更多的报酬。在‘北上广’物质生活再艰难，平民子弟的前景却更加光明”②。相比靠人际关系和家庭背景的一些中小城市，在北上广深这些大城市，年轻人只要依靠自身的才华和努力，就可能拥有不可限量的发展前程与更为丰厚的薪酬待遇。

（二）受访者对杭州、成都、天津、重庆、厦门的人才吸引力评价较高

城市便利性理论认为，城市发展的原动力在于人力资本的不断积累与更新。现代社会中，劳动者往往更倾向于选择进入生活方式更多样、市民态度

① 易中天．读城记［M］．上海：上海文艺出版社，2006.

② 年轻人为什么又逃回“北上广”［EB/OL］．新京报网，http：//www.bjnews.com.cn/news/2011/07/17/137192.html.

更宽容、日常生活更便利的城市。虽然杭州、成都、天津、重庆、厦门等城市拥有的资源和提供的发展机会无法同北上广深相比，但这些城市因为生态环境、公共服务质量等优势，也仍然具有比较强的人才吸引力。

受访者评选出的 10 个人才吸引力最强的城市分别是上海、北京、广州、深圳、杭州、成都、天津、厦门、重庆、南京。

（三）受访者受教育程度越高、到达的城市数量越多，越认为北上广深的人才吸引力最强

受访者文化程度越高，越倾向于认为北上广深为人才吸引力最强的城市。究其原因，受过良好高等教育的受访者更倾向于选择竞争激烈的城市进行博弈。因为根据马斯洛需求层次理论，人的需要可分为生理需要、安全需要、友爱和归属的需要、尊重的需要以及自我实现的需要五个层次。按照人的需要等级逐渐递进规律，当人们低层次的需要获得相对满足之后，较高层次的需要就会上升为主导需要；相应地，一个人的受教育程度越高，其赢得社会尊重、要求自我实现的需求也会越强烈。所以，尽管大城市内高手云集，竞争更为激烈，但逐梦一族自我潜能挖掘亦更加充分，对自我成就感的需求亦更加强烈。何况北上广深可以提供多层次和高质量的就业岗位，因此也在一定程度上加强了就业安全感。此外，调查数据显示，到访城市越多，受访者对于北上广深四个城市的选择偏向越明显。或许搁置一线城市沉重的生存压力，受访者在对更多地方进行实地考察对比后，更认同北上广深的人才吸引力。

（四）受访者在评选人才吸引力最强城市时呈现出一定的“地缘效应”

调查数据显示，东部受访者偏爱天津、南京、厦门和大连；中部城市的受访者选择的是厦门、南京、武汉和长沙；西部受访者则喜欢成都、重庆、西安。由此可见，不同地域的受访者更倾向于认为自己所处地区的大城市对人才的吸引力较强。针对这一点，某种程度上可以借鉴国际资本市场所研究的“地缘效应”。相对于理论上的最优投资组合配置资产，实际生活中投资者更偏爱地理位置近的上市公司的现象被称为“地缘效应”。地缘效应被看作投

资者非理性行为的表现之一，其中信息优势理论是解释“地缘效应”的主要理论。相对于离自身更远、更陌生的城市，受访者更倾向于选择自己所熟悉的城市。与此相对，除了北上广深之外，一线、二线、三线城市的受访者在选择人才吸引力最强的城市时也呈现出一定的“地缘效应”：一线城市的受访者更喜欢天津、杭州、南京、大连；二线城市受访者对成都和重庆给予了较高评价；三线城市受访者对成都、西安、乌鲁木齐、重庆的评价高于天津和杭州。

四、最理想的工作城市

李白曾经发出过“光景不待人，须臾发成丝”的感慨，而陶渊明也留下过“盛年不重来，一日难再晨，及时当勉励，岁月不待人”的催人奋进的话语。时间是上天留给我们最慷慨的财富，也是最吝啬的条件，决定权在于我们有没有在正当青壮年的时候努力工作。

（一）上海和北京被评选为前两位最理想的工作城市

调查结果显示，在3538位受访者中，选择上海为最理想工作城市的受访者共有778人（得票率22.0%），选择北京为最理想工作城市的受访者共有482人（得票率13.6%）。人才和资源总是流向市场经济和商业文明更发达、治理更优的地区。以上海为例，它的优势是非常明显的，如工作机会多、生活配套设施完善、发展空间大等。因此，上海成为民众心目中最理想的工作城市。

（二）男性更青睐北方城市，女性更青睐南方城市

除北京、上海等大都市外，男性和女性在选择最理想的工作城市的问题上存在一定的差异性。不同城市处于不同的地理位置、呈现出不同的城市品格。南方的柔情在每每吹来的春风中荡漾开来，有“人面不知何处去，桃花依旧笑春风”的美景，也有“曾经沧海难为水，除却巫山不是云”的美景，因此，女性更偏爱选择南方城市为工作城市，特别是以东部沿海城市为主。与此相对，北方的豪迈又点燃了男性性情中那一抹挥之不去的男子气概，所

以，男性受访者在选择最理想的工作城市时就更青睐青岛、大连等北方城市。

（三）20岁以下和60岁及以上的受访者选择上海为最理想的工作城市的比重较大

通过分析调查数据可知，虽然各个年龄段的受访者都选择上海为最理想的工作城市，但有趣的是，20岁以下和60岁及以上的受访者选择上海为最理想的工作城市的比重较大，得票率分别为25.9%、31.0%。究其原因，上海是一座有魔力的城市（Magic City）。对于青年人来说，上海代表着巨大的演出市场、完善的娱乐生活服务体系、中西文化交流聚集中心，是一座魔幻的天堂；对于老年人而言，上海代表着完善的便民生活服务体系、全国顶尖的医疗团队以及技术设备、良好适宜的居住环境，也同样是一座充满魔力的城市。①

（四）大学本科学历受访者选择杭州和成都为第二和第三位最理想的工作城市

调查结果显示，大学本科学历以外的受访者心目中最理想工作城市的第二位和第三位均为北京和深圳，而大学本科学历的受访者认为最理想工作城市的第二位和第三位为杭州（得票率11.1%）和成都（得票率10.2%）。这是一个有意思的现象，或许在大学本科学历的受访者看来，北上广深四个一线城市的经济发展水平较高，但相对的竞争压力也较大，而二线城市的发展潜力巨大，特别是“上有天堂下有苏杭”的杭州和“来了就不想走”的成都，本身就蕴含着巨大的吸引力。②

五、最适合购物的城市

（一）上海被评为最适合购物的城市

在3538位受访者中，有1020人（得票率28.8%）选择上海为最适合购

① 上海素被称为“魔都”，20世纪初旅居上海的日本作家村松梢风在畅销小说《魔都》中第一次使用了这个词语来形容上海错综迷离的世相。

② 全球IT信息巨头环球资源旗下的商业管理杂志《世界经理人》，2010年公布了一项“中国最具发展潜力的二线城市”调查，越来越多的经理人计划将企业活动向二线城市迁移，最受欢迎的城市分别是苏州、杭州和成都，成都甚至在高校资源、交通枢纽、税收优惠、居住舒适等几个具体指标上排到了最领先的位置。见孟飞鸿．中国最具长大潜力二线城市［N］．成都日报，2010-09-19（1）．

物的城市。上海是人们熟知的经济中心，自20世纪90年代初上海出现首家购物中心以来，已经过了20多年，现在上海已经拥有了一大批成熟的、富有特色和个性的购物中心。2006年，上海一些中心城区就已经为争夺国际购物天堂地位摆开了阵势。2007年，上海强力打造南京西路铁三角、外滩和陆家嘴区域等年轻人的购物乐园。与此同时，为进一步促进上海零售行业的发展和打造上海购物环境优势，上海市每年举办购物节活动，用活动的方式打破上海各大购物中心的空间零散局面，让布局进一步扩大，覆盖“面、线、圈、点”，给消费者以新体验、新发现、新环境。所以，概括而言，上海之所以被评为最适合购物的城市，主要有两个原因：一是上海本来就有着“东方巴黎”的美称，以繁华、时尚、引领潮流而闻名，而且汇集了国内外众多知名不知名的商品，所以，无论是腰缠万贯的贵妇还是囊中羞涩的学生，都能买到称心如意的商品。二是上海地处华北和华南之间，身后又有广阔的华中腹地，上海对周边城市有着辐射、扩散、示范和带动的核心作用，方便了周围城市居民的生活需求。

（二）北京、广州、深圳被评为比较适合购物的城市

调查结果显示，北京、广州、深圳被评为比较适合购物的城市。北京购物中心发展稳中有序，开发商实力雄厚，理念先进，产权集中，统一管理，加上地理位置优越，并且处于北京传统的市级或者是区级的商业中心，北京的购物环境得到不断培育、优化和调整。① 广州身处劳动密集型产业集中的珠三角中心，是我国远近闻名的综合性商品批发市场。例如，盛名远播的广交会（中国进出口商品交易会）距今已经有50多年历史了，是我国历史最长、层次最高、规模最大、商品种类最全、到会客商最多、成交效果最好的综合性国际贸易盛会。

深圳凭借20世纪90年代发展起来的轻工纺织业和电子科技业，成为拥有我国最大工业园区之一的城市，也成为我国拥有最多出入境口岸的城市。所以，作为我国消费品生产和输出的地方，深圳吸引了很多城市和地区的商

① 徐倩．从“狼”来了到“猫”来了——北京购物中心十年变化［J］．观察，2008（1）．

家来此批发和购买货物。而且，深圳的零售产品物美价廉、品种繁多，也吸引了大量的消费者。

（三）男性和女性受访者均认为上海、北京、广州、深圳为前四位最适合购物的城市

调查结果显示，男性和女性受访者关于最适合购物的前四位城市的选择是一致的，均为上海、北京、广州和深圳。北上广深为一线城市，且经济发达，而人们常常认为购物和经济发展是密切相关的，所以受访者的选择是相同的。

（四）受访者文化程度越高，越认可北京的适合购物度

关于最适合购物城市的调查结果显示，北京在文化程度为小学及以下、初中、高中及中专、大专、大学本科、研究生及以上六组受访者中的得票率依次为9.4%、9.5%、10.0%、13.3%、16.1%、26.1%，由此可见，受访者文化程度越高，越认可北京的适合购物度。众所周知，北京历史文化底蕴丰厚，这种独具特色的魅力体现在商品上比较注重品位和价值，以及倾向追求内涵和意蕴。[①] 加之，北京名校云集，学历相对高些的受访者不免更钟情于历史文化，所以，北京仅次于上海，位居第二。

（五）受访者普遍偏爱购物环境、氛围较好的城市

调查数据显示，无论受访者到过多少个城市，均认为上海、北京、广州、深圳为前四位是最适合购物的城市。然而，去过城市数量在10个以下的受访者将杭州排在第五位，去过城市数量超过10个的受访者将成都排在第五位；去过城市数量在5个及以下的受访者将成都排在第六位，去过城市数量在6~10个的受访者将厦门排在第六位，去过城市数量在10个以上的受访者将杭州排在第六位。但是不管排名怎样，杭州、成都和厦门都是受访者比较偏爱的购物城市。由此可见，受访者选择最适合购物的城市时不单单看重商品

① 田春风．历史文化内涵是城市文化形象的根之所在［J］．河北建筑工程学院学报，2011（3）．

本身，也非常注重购物环境以及氛围。

总之，受访者对上海的经济形象综合评价最高。综观受访者对城市的综合经济竞争力、适合投资度、人才吸引力、理想工作状况、适合购物度等方面的评价，上海都位居第一。上海作为我国的经济、金融中心，拥有中国大陆首个自贸区——“中国（上海）自由贸易试验区”，是我国经济发展的龙头。同时，上海是一个享誉全球的国际性大都市，会聚了最充裕的资金和最先进的科技，也吸纳了大量的高端人才。所以，在城市经济形象的调查中，上海得到最高评价，也是实至名归。

北上广的经济形象受到好评。北上广一直是中国现代化大都市的代名词，是年轻人向往的工作、生活、购物圣地。调查结果也证实了这一点，无论是综合经济竞争力、适合投资度，还是人才吸引力、理想工作状况、适合购物度，北京、上海、广州均傲居前三甲的位置。当然，北上广经济形象之所以会受到好评，原因是多方面的，例如从地理位置及城市特性而言，北京位于环渤海经济圈，又是我国首都；上海位于长三角经济开发区，是我国第一大城市；广州身处珠三角都市圈，是我国对外交流的门户。

城市经济形象对城市总体形象具有“马太效应”。“马太效应”是指强者愈强、弱者愈弱的连带影响。城市经济形象的优劣对城市总体形象具有类似“马太效应”的连带影响。在我国2014年上半年的GDP排名中，上海、北京、广州为GDP总量最高的三个城市，此次城市经济形象的调查结果也显示，上海、北京、广州被受访者评为经济形象最好的城市。究其原因，上海、北京、广州具有雄厚的经济实力和良好的经济形象，使得大量高素质人才、众多知名企业以及各种高端科技竞相涌入，结果经济实力不断增强，城市形象也不断提升。

正所谓经济基础决定上层建筑，城市经济不仅直接影响着城市品牌的构建，而且对体育赛事的“着陆”和发展、质量和规模起着决定性的作用。反过来，体育赛事对城市经济发展具有极大的推动作用。很多城市的发展实践证明，体育赛事在增强城市经济的内驱力、增加城市就业和对其他商业发展的联动效应方面的作用是毋庸置疑的，举办体育赛事将提供更多的就业机会和商机。而且体育赛事在举办的过程中能吸引众多的游客以及参赛者来到城市进行旅游消费，这也极大地拉动了举办城市旅游产业的发展。体育场馆的建设，交通设施的完善以及酒店通信设施的建设在一项大型体育赛事中是必不可少的，因此需要大量的各行业人才，特别是在城市基础设施、体育场馆建设上会吸纳更多的从业人员。

第二节 城市文化

创新是城市走向兴旺发达的不竭动力，而文化的根本价值正在于创新。体育赛事具有融合文化的功能，它能将城市的历史文化、地域文化与先进的外来文化相融合。同时，城市文化又能更好地提升体育赛事的内涵，二者具有紧密的关系。文化被誉为城市的灵魂与名片，是城市自内散发出的气息与气质，也是城市的内涵与精神的重要表现。城市的文化形象涉及城市生活的方方面面，由丰富多元的元素构成。不同于城市的经济、生态等可以看得见的直观形象，文化形象是一种无形的、内在的力量，表述着城市的内涵与特色，体现着城市的灵魂与精髓。城市的文化既是丰富多元的，大到历史底蕴、整体风貌，小到吃穿住行、习俗风土，无一不是文化的体现，至少也内蕴了文化的因子；又是历久弥新的，城市的建设和发展是代代相传的智慧结晶，是古老悠久的，又是与时俱进的；更是独一无二的，不同的城市沉淀着不同的历史，也展望着不同的未来，展现着属于自己的魅力与特色。所以，无论城市怎样发展，文化这种独具魅力的无形资产，都是其不可或缺的重要组成部分。城市的文化遗产、文化氛围、文化名人、文化习俗、文体活动和居民的文化素质是形成城市品牌的重要文化元素。文化的价值取向、伦理道德、精神面貌和人的行为方式等方面都对城市的经济发展和社会变革有重大影响。很多城市都以其独特的城市文化作为塑造城市品牌的重要内容。例如，山东曲阜市是孔子故乡、儒家文化的发源地，它利用孔子故里和历史文化名城的特色优势，培植城市个性。

品牌的竞争力在于满足消费者情感和心理的诉求，文化有利于提高品牌认知度与强化品牌直觉质量，有利于培养消费者的品牌忠诚，有助于形成消费者正面而丰富的品牌联想，建立品牌心理优势，能有效地承载企业的价值观。[①]城市文化主要涉及城市历史文化底蕴、城市教育状况、城市的国际化水平、城市与现代社会结合的时代感、城市的娱乐业和美食餐饮业等。

用文化充实拓展体育赛事的丰富内涵，对于形成城市独特的文化核心竞争力具有重要的意义。历史文化底蕴是城市的灵魂，同孕育和积淀的时间有密切的关联，一般而言，文化沉积时间越久，历史文化底蕴越为深厚。一般我国居民都认为北京、西安、南京是最具历史文化底蕴的城市。北京既是我国政治、经济、文化、教育以及国际交流的中心，又具有悠久的历史。北京作为城市的历史可以追溯到3000多年前，[②]尤其是作为元明清三朝的都城，一度是当时世界上最大的城市。在诸多仁人志士的努力下，北京最终将众多历史文化古迹（天安门、紫禁城、鼓楼、钟楼、颐和园、四合院、胡同等）有效地保留了下来。所以，人们今天仍然可以瞻仰北京城的历史古迹，领略北京城的文化气韵。

从奴隶制到封建社会巅峰状态的唐王朝，西安留有十三个王朝的历史印记，是我国历史上建都朝代最多、历史最悠久的城市，同时，它也是人类文明的发祥地之一。在漫漫的历史岁月中，汉武帝、唐太宗等彪炳史册的帝王，曾以西安为舞台，施展政治抱负，为安邦定国、社会进步做出了巨大贡献，杜甫曾慨叹“秦中自古帝王州”。今天，纵然黯淡了刀光剑影，远去了鼓角铮鸣，但悠久的历史给古城西安遗存了极其丰富的文物古迹，村落遗址、皇城宫殿、帝王陵墓、寺观专塔、园林别墅、石雕碑刻等数不胜数。所以，“五千年的历史看西安”绝非虚妄之言。

早在6000多年前，在南京就出现了原始村落。后来，南京也曾享有无限辉煌，被誉为“六朝金粉地”和“十朝都会洲”，既栽植过吴宫花草、流行过晋代衣冠，也筑造过明祖殿堂、燃烧过天国烽火。[③]特别是六朝时期的建康城，是当时世界上最大的城市，人口达百万，是世界上第一个人口超过百万的城市[④]，经济发达、文化繁盛。如今的南京，中山陵、明孝陵掩映在郁郁葱

① 周云．品牌管理学科化发展研究［M］．北京：企业管理出版社，2013.

② 维基百科．http：//zh. wikipedia. org/wiki/北京历史．

③ 吴宫花草晋衣冠 六朝金粉南京城［N］．浙江老年报，2007-03-30.

④ 百度百科．http：//baike. baidu. com/subview/4026/6958452. htm? fr：aladdin#2.

葱的紫金山中，布局宏伟。太平天国遗址巍峨耸立。数十处南朝陵墓刻，堪称一代巨制，国之瑰宝。总统府、雨花台烈士陵园、侵华日军南京大屠杀遇难同胞纪念馆、梅园新村纪念馆、渡江胜利纪念碑则是我国民主革命的历史见证。而秦淮河可谓是一条见证了中国古代繁华的河流，潺潺的流水，斑斓的灯光，静静的画舫，不禁让人联想到1700多年来，那些曾经漫步过秦淮河畔的脚步。总之，南京的历史文化铸就了其独有的精彩纷呈。

教育是立国之本，是一个国家的精神财富。对于一个城市来说，良好的教育资源是吸引优秀人才的基础，也是这个城市得以发展的重要保障，北京和上海被评为前两位最理想的受教育城市。

从我国的高等教育资源的分配来看，北京共有8所“985”院校、26所“211”院校，分别占全国“985”“211”类院校的20.5%和23.1%，教育资源雄厚，当之无愧成为受访者心目中最理想的受教育城市。上海有4所“985”高校，9所“211”院校，仅次于北京，位居全国第二，加之上海是我国的经济中心，就业前景广阔，人才吸引能力强。

城市的国际化与其经济发展程度、地理环境、资源设施、文化特质以及历史状况密不可分。上海、北京这样的一线城市，其综合经济实力与竞争力是其他城市无法比拟的。这样的城市有较高的国际化水准、雄厚的城市经济实力、高度发展的生产力，主导产业在国际的产业中占有一席之地，其产品与服务拥有广阔的国际市场，并在国际市场中有较大的影响力，城市中汇聚了众多国际机构与跨国公司，更加有助于城市的经济发展。完善的城市基础设施让城市的功能趋于多样化与综合化，历史人文和自然资源丰富，吸引世界各国的人们进行政治访问、经贸洽谈、文化交流、旅游观光等活动。同时，多元与包容性的文化让这样的城市拥有包容、接纳与吸引众多外来文化的气质，城市中的人们也就自然而然地确立了国际化城市的观念，对外来文化有较强的认同感，并融入这样的文化中。

对于时尚的理解，每个人都有自己的定义，说一个人是时尚的，首先便想到的是这个人紧随潮流，着装等方面贴合时尚的品位与特色；而说一个城市是时尚的，则会想到这个城市是充满活力的、年轻的、朝气蓬勃的，生活在这个城市中的人们也正体验着时尚、高品位的生活。人们一般认为，上海、广州、深圳等城市更为时尚。

一个城市的娱乐生活同经济发展水平、娱乐设施状况、政府对文化生活的支持引导以及市民对娱乐生活的需求密切相关。随着城市中人们生活水平的提升、城市娱乐设施的改善以及政府相关部门对于文化娱乐生活的宣传和引导，越来越多的人开始注重提升生活品质，不再止于在工作和家庭两点一线间奔波，城市的娱乐生活也随之成了人们评价城市形象的重要标准。

现今娱乐生活已成为一种文化产业，深刻地影响着城市经济产业的发展。尤其是经济较发达的城市，更加注重城市娱乐休闲设施的建设，如开放的休闲公园、免费的艺术场馆、完善的体育设施、丰富的社区活动等，都为人们的娱乐休闲生活提供了有效的基础保障。

饮食在人们日常生活中的重要性，远不止于填饱肚子、维系生命，古语曾曰“民以食为天”，即言饮食在黎民百姓的生活中占据着最重要的位置。虽然较之古人，现代人的日常生活丰富了许多，但饮食在人们的日常生活中仍然占有相当重要的比重，并且不限于“果腹”的效用，已然成为一种内蕴滋味、情韵的文化。无论是饕餮盛宴还是路边小食，都带给人们味觉上的享受，同时也渗入了一个城市的特色。所以，人们对一个城市的记忆常常同独特的滋味相关，而一个城市总会有别具风味的美食令人难忘、让人回味。

城市文化形象既有着深厚的历史文化底蕴，又牵涉生活的方方面面，对城市的发展与进步具有重要的影响。在城镇化进程快速推进的今天，体育赛事与城市品牌建设耦合发展对于塑造城市文化形象具有重要的意义。建立赛事消费者认同、能产生共鸣的赛事文化和城市文化价值观，是消费者高层次的心理满足、精神寄托最有效的手段。目前，一些大中城市的体育赛事已初具规模，但存在文化底蕴缺乏、资源浪费严重等问题。应深入挖掘城市的历史和文化传统，让体育赛事产品富有更多的文化特色，运用现代科技复原城市的历史文化，将城市特色体育赛事文化与地域文化、旅游文化相融合，彰显民族民俗风情和体育赛事的特色。

在推进城镇化的过程中，人们往往为了追求发展速度而遗弃甚至毁坏城市中的历史文化遗产。但问题是，若只有高耸入云的摩天大楼、纵横交错的高速公路、灯火通明的闹市社区等极其现代化的建筑设施来装点城市外在的繁华，而缺乏历久沉淀的历史文化底蕴、丰富多彩的文化活动、典雅蕴藉的人文艺术等涵养城市文化精神的源泉，那么，城市便丧失了内在的韵味，也难以呈现出独特的魅力。所以，在打造城市生态、经济等形象的同时，也应当保护、传承和塑造独具特色的城市文化形象。

城市是人们生活的家园，若文化传统与人们的日常生活互相隔绝，那么城市仍然是没有生机和情趣的。所以，在进行城市文化形象建设时，我们应该考虑如何切实满足和丰富人们的生活需求，换言之，在保护、传承、展现城市的历史文化风采的同时，更应该注意将城市的特色文化融入人们的日常生活中，如通过建造特色公园、公共图书馆、特色体育馆、艺术展览馆、公共娱乐设施等，方便在城市中生活的人们体会独特的城市文化精神。只有通过细微点滴的接触、熏染，人们才会理解、领悟到城市文化精神的深刻内涵，才能自觉地尊重、保护、传承城市文化精神。

现代城市往往“千城一面”、缺乏特色，与此相对，特色文化建设在城市发展中的重要性越来越突出。因为正如研究者所指出的那样，“城市是文化的物质表现，文化是城市的灵魂，与其说世界上的城市千差万别，倒不如说是城市文化的差异所致”①。所以，今天在进行城市经济建设的同时，更应当注意发展城市特色文化，凸显城市的历史、城市的故事、城市的独特风情，将城市经济发展和特色文化建设有机地协调起来，打造新型现代化、特色化城市形象。树立独一无二的城市品牌，充分彰显城市的独特魅力，为体育赛事的“落地生花”和发展提升开辟广阔的路径。

新的社会思潮、新的文化、新的时尚等融入到赛事活动中，能拉近与人们的心理距离。城市的历史文化、地域文化等更能让消费者感受到城市的独特和神奇。为品牌塑造一种恰当的文化，为品牌塑造的文化是否合适，一是这种文化要适合产品特征，二是这种文化要符合目标市场消费群体的特征。②不同的赛事品牌，应针对不同的消费群体，注入不同的文化元素。融入时尚文化，引导消费者将这种时尚转化为日常生活的一部分。融入民族传统文化，

---

① 孙湘明．城市品牌形象系统研究［M］．北京：人民出版社，2012.

② 朱雨童．品牌，非诚勿扰！［M］．深圳：海天出版社，2011.

使消费者在金钱至上观念中得到心灵的洗涤。在塑造品牌文化的过程中，要学会挖掘故事。本地的传奇故事较多，也有通过挖掘故事获得品牌文化提升的事例。例如，张家界大型实景剧天门狐仙通过挖掘故事，把故事与天门山夜晚的美景惟妙惟肖地结合起来，演绎了天门山的新传奇，文化塑造独到，观看人数众多，经济效益明显。

第三节　城市生态环境

城市作为人类密集居住并赖以生存的家园，随着经济的发展和科技的进步，也需要相应地加快现代化建设的步伐。但是，迅猛推进的城市化进程使得生态环境问题日益凸显，而城市生态形象不仅关系到城市居民的生活质量，也影响着城市本身的长远发展。城市生态形象是城市化进程中必须关注的重要问题，它既关系到城市居民的日常生活，也关系到城市经济、社会等方方面面的长远发展。城市生态环境主要包括城市气候、环境保护工作、市容卫生、城市基础设施、交通拥堵状况等。

在我国，西南部分城市、海边部分城市一般被认为是气候最好的城市。例如，昆明地处云贵高原中部，纬度低，海拔高，雨量充沛，霜冻期短，阳光照射强，花卉常年不谢，草木四季常青，加之近郊有高原湖泊滇池、阳宗海，能够帮助调节温度与湿度，因而形成了“夏无酷暑、冬无严寒”的宜人气候，所以，素被称为“春城”。明代诗人杨慎就曾用“天气常如二三月，花枝不断四时春”①来描述昆明四季如春的气候特点。青岛和厦门等沿海城市的气候受到受访者的高度评价。青岛是独具特色的海滨城市，冬季气温偏高，春季回暖缓慢，夏季炎热天气少，秋季降温迟缓，总体上来说，空气湿润，降水适中，雨热同季，气候宜人。梁实秋就曾这样描述青岛的气候：“青岛的天气属于大陆气候，但是有海湾的潮流调剂，四季的变化相当温和。称得上是春有百花秋有月，夏有凉风冬有雪的好地方。”除了梁实秋外，老舍、吴伯箫等也曾表达过对青岛气候的赞美。厦门和青岛一样同为海滨城市，但纬度

① （明）杨慎：《滇海曲（其六）》。

更低，属于亚热带，夏无酷暑，冬无严寒，温和湿润，极其宜人。

随着社会经济的快速发展和城镇化进程的迅猛推进，环境保护问题越来越受到社会各界的普遍关注，因为自然环境是人们健康居住、快乐生活的重要前提条件。城市的环境保护工作被提上日程，并且成为人们评价城市形象的一项重要考察指标。张家界、上海、杭州的环保工作最近做得较好。例如，上海着力进行旧城改造、污染企业迁移、绿化景观建设等方面的工作，极大地改善了上海的生态环境。2010 年的世博会集中凸显了上海对环境保护工作的高度重视，贯穿整个盛会的主题是“低碳世博”，与此同时，世博会也被视作强化可持续发展的一个契机，注重让人们重新体会绿色理念创造的美好生活。世博会之后，上海继续推进环境保护工作，努力展现环境保护的新成效。正因为上海在环境保护方面的持续努力，所以当之无愧地被评为环境保护工作做得最好的城市。

对于来到一个陌生城市的人来说，城市的街道是否整洁、卫生会给这个人带来最为直观的感受与印象。整洁的街道市容就像一件华丽的外衣，为城市本身的形象增添了几分亮丽的色彩。大到城市绿化、环卫设施设备，小到门牌门匾，都影响着这个城市的街道市容的管理与建设。北京、上海、大连等城市也更容易被认可。

北京是我国的首都，也是我国最为重要的名片。五个环状的街道构成了北京的“城市网”。长安街将北京划分为南北区，曾被认为是世界上最长、最宽的街道，整洁而无尘染。天安门、人民大会堂、中南海等重要的建筑都矗立在这里。每一天，升旗仪式让这条街显得越发庄重肃穆，人们到了天安门，看了升旗仪式，就能真切地感受到北京这个现代化都市的容貌与风采。

城市基础设施则是城市建设的实际成效。一般而言，城市的基础设施包含了城市生存和发展最基本和必须具备的条件与保障。不仅包括城市的能源系统、给排水系统、交通系统、通信系统、环境系统、防灾系统等的建设，还包括行政管理、文化教育、医疗卫生、商业服务、金融保险、社会福利等设施①。城市的基础设施关系到城市的发展进程，更加关系到这个城市是否人

① 朱珊，刘艳，陈爱英．我国城市基础设施建设资金来源分析［J］．理论导刊，2004（8）．

性化地为当地城市的居民着想，从而能提高人们的生活质量与水平，让人们过得快乐、幸福。例如，北京作为多朝都会，留存有极其丰富的历史文化遗产，同时，北京作为中华人民共和国的首都，也负载着必备的城市功能。鉴于此，北京将城市的基础设施建设有机地融合在了历史文化环境中，无论是历史文化景观区域内部及周边区域的基础设施的建设，还是老城区及特色街区的基础设施的设计，都在不破坏历史文化遗产的基础上，增加惠民、利民的基础设施建设。像故宫已进行了无障碍设计的改造。北京将城市街道基础设施与历史文化遗产和景观更加紧密地结合在一起。

城市居民的生态环境意识与城市生态形象有着密不可分的关联，“城市是我家，清洁靠大家”。如果人们没有保护生态环境的意识，则不但会破坏环境，还会给他人带来不良的示范影响。所以，应当通过多种渠道的广泛宣传来促使广大公众增强城市生态环境保护意识，促使大家以城市为家，自觉维护城市生态环境。此外，也可以制定明确而有效的奖惩措施，帮助公众养成和增强保护城市生态环境的责任感。

合理地进行现代城市交通的规划和布局。随着城镇化程度的提高，城市规模迅速扩大，城市人口数量急剧膨胀，城市交通日渐拥堵。而传统的城市交通规划并没有充分考虑到城市的快速扩展，也没有为城市发展留下足够的空间。因此，在进行现代城市建设和发展时，首要的问题就是必须合理地规划城市交通设施，即需要在综合考虑城市道路供给、路网流量、交通系统构成等交通信息以及经济、人口、用地等社会经济信息的基础上进行科学的布局。例如，武汉被称为“九省通衢”，就是由城市的地理位置决定的。

总之，城市的生态环境直接影响到城市体育赛事与城市品牌建设耦合发展的可持续性。城市的地理位置、气候、自然景观等自然状况是构成城市品牌的先天要素。要在充分利用城市先天因素的基础上，着力提升城市的交通规划与布局、城市居民的环境保护意识、城市体育赛事基础设施的建设等。所以，城市生态环境是构建城市品牌的基础，影响着城市品牌的走向和定调，也决定着体育赛事的规模和方向，对体育赛事与城市品牌建设耦合发展起着决定性的作用。

第五章
体育赛事与城市品牌建设耦合机理分析

第一节　体育赛事与城市耦合的概念与机制创新

一、体育赛事与举办城市耦合的概念和内涵

体育赛事与城市品牌建设具有密切的关系，这一命题已为学术界和社会实践所认可。二者的关系到底怎样，学术界已展开了积极的研究。耦合是物理学中的概念，是指两个或两个以上的电路元件，或者网络的输入与输出之间，存在着紧密配合并且相互影响，通过相互作用能够从一侧向另一侧传输能量的现象。[①] 总而言之，耦合就是指两个或两个以上的实体相互依赖于彼此的一个量度。耦合的概念被大气科学、水科学、生态学、经济学或农业科学等系统学科引用之后，进而提出了一个系统耦合的概念。系统耦合就是指两个以上具有同质的系统具有相互亲和的趋势。当条件成熟的时候，它们可以融合成一个高一级的、新的结构功能体，即产生一个新的系统。[②] 这个系统的耦合概念对本书中的两个主体（体育赛事、城市

① 周宏．现代汉语辞海［M］．北京：光明日报出版社，2003.
② 马俊杰，程金香等．生态工业园区建设中的耦合问题及其实施途径研究［J］．地理科学进展，2004（6）：482-486.

发展）的关系研究同样适用。体育赛事与城市发展两者之间是相互作用、相互影响的系统，当达到某个层次时，它们通过物质的循环、要素的交换及能量的流动等交互耦合，进而形成一个复合系统。

体育赛事与主办城市的耦合概念可以定义为：在一定区域内，体育赛事与主办城市互促共进、协调发展，同时这两个系统的组成要素之间相互作用、相互影响，共同对资源和要素进行合理配置，并促进产业结构与赛事组织结构、城市空间结构及功能结构的优化，从而在区域经济体系中形成体育赛事空间布局与城市空间布局一体化的过程。此外，与耦合概念相关的是耦合度，本书将对体育赛事与主办城市两个系统之间及各构成要素之间的耦合程度进行研究，这也是本书的研究重点。体育赛事与举办城市的耦合度，是指这两大系统及其构成要素之间相互匹配程度、支撑程度、协同程度。体育赛事与举办城市的耦合程度高，则意味着可以促进体育赛事与主办城市的一体化发展，进而推动区域竞争力的提高和综合实力的增强，以获得更多的溢出效应；反之，体育赛事与举办城市的耦合程度低，则表明体育赛事与举办城市的发展相关性不大，呈现各自发展的状态且发展缓慢，体育赛事与城市共同发展的溢出效应低甚至会对区域的发展产生负面作用。

体育赛事与举办城市耦合的概念主要是从地域的综合性、一体化概括的。从耦合的内涵上看，体育赛事与举办城市这两个系统的耦合不仅是指这两大系统的耦合，而且也是指这两个系统的构成要素之间的耦合。通过体育赛事与城市发展的分工协作、优势互补，以促进资源优化配置、赛事的产业结构升级、城市的合理布局。随着耦合程度的提高，两大系统的构成要素将有机融合成一个地域性的动态开放平台。体育赛事与举办城市的耦合，能够构成由体育赛事产业链和城市链交叉融合的立体网络。这一网络由体育赛事网络、举办城市网络及网络资源组成。通过这个立体网络，可以促进城市空间布局分散化、产业布局集中化及城市效率最大化。另外，使不同的城市承担不同的城市功能和经济功能，能够在更大的区域范围内配置更多资源和要素，获得单个赛事和单个城市之间无法达到的溢出效应。在一定区域内，赛事发展与城市扩张的时空协调性与协同性是体育赛事与举办城市的耦合所强调的。而影响体育赛事与举办城市耦合发展的因素包括自然资源与社会资源，如政府政策、人文凝聚力、地方的社会习惯或者地方文化等因素。

二、体育赛事与城市耦合的机制创新

系统在相变点处的内部变量可分为两类，即快弛豫变量、慢弛豫变量。慢弛豫变量是决定系统相变进程的根本变量，也就是系统的序参量。[①] 系统能够由无序转为有序机理的关键就在于系统内部序参变量之间的协同作用，它控制着系统相变的规律与特征，耦合度就是这种协同作用的度量。因此，可以将体育赛事与举办城市空间这两大系统通过各自构成要素相互影响的程度定义为体育赛事与城市发展耦合度，耦合度的大小代表着对区域经济系统的贡献程度与作用强度。

体育赛事与城市发展的耦合关联，就是体育赛事在准备、举办的过程中，体育赛事与城市发展间相互作用、相互影响的非线性关系总和。在体育赛事与城市发展相互影响的过程中，既包括两大系统之间的信息交换，还包括两大系统内部要素之间的相互影响。本书根据耦合发展的概念，将整个区域运动系统分为体育赛事与城市发展两大系统，根据两大系统的内涵及发展特点，体育赛事评价系统主要包括经济、生活、人口、生态环境四个方面。城市发展评价系统主要包括综合经济实力、基础服务设施、对外开放程度、人力资源与市民素质、政府管理水平五个方面。二者要素之间相互交叉，例如，体育赛事系统中的经济要素的发展将对城市发展系统中的要素起到刺激的作用。另外，城市发展评价系统内的要素，例如对外开放程度、政府管理水平的发展又将进一步促进体育赛事系统内要素的发展。从实践的发展过程来看，其耦合关联作用主要表现在：一方面，举办体育赛事能使得城市在增加基础设施投资、生态环境保护、增加就业促进经济增长的过程中促进城市的发展；另一方面，城市通过资源与区位的结合、结构与网络系统的互动、政策与环境相辅相成等为体育赛事的举办提

① 王琦．产业集群与区域经济空间耦合机理研究［D］．东北师范大学硕士学位论文，2008.

供必要的条件，也对体育赛事的举办进行约束。因此，笔者尝试构建图 5-1 以说明城市发展与赛事系统的相互关系。城市发展系统（下文用 U 表示）和赛事系统（下文用 G 表示）作为对立统一的两个矛盾体，二者相互影响：从积极方面看，城市为赛事的举办和发展提供了重要的物质、文化等保障，赛事对于提升城市品牌、促进社会和谐、改善产业结构等方面有重要作用。从消极方面看，举办赛事要消耗大量资源，“寅吃卯粮”、不惜代价地举办赛事将最终阻碍城市的可持续发展，城市发展陷入困境，也就无法为赛事提供平台。因此，赛事和城市之间的耦合作用尤为必要。只有二者之间协调共存，才能相互促进，进而推动整个系统向利好的方向发展。城市赛事协调发展就是要充分利用并促进二者之间的积极作用关系，实现良性循环。

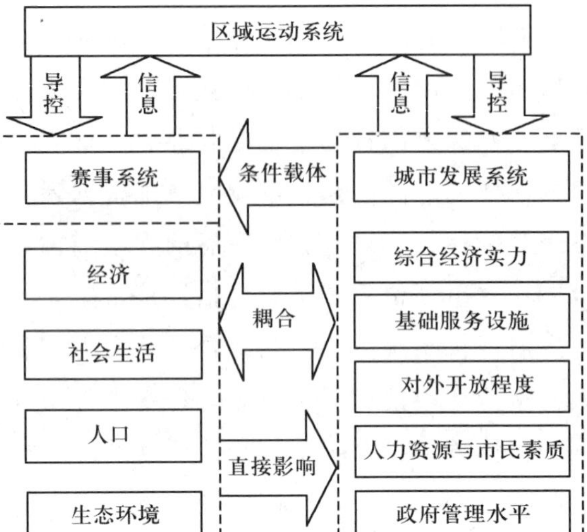

图 5-1 赛事与城市发展耦合模型

第二节　体育赛事与城市发展耦合协调发展的动力机制

一、体育赛事促进城市发展

1. 促进城市运行系统升级

体育赛事与城市发展耦合在加速城市基础设施建设，推动城市信息通信、交通道路建设的同时，能够全面加强智慧城市的功能升级，有利于优化城市空间，拓展城市地域，特别是促进市郊区域开发，并营造良好的人居环境，通过合理布局、建设、改造比赛场馆及相关设施，以及大规模的城市景观品位提升和环境治理。

2. 促进城市经济增长

体育赛事的举办对城市经济收入起到巨大的推动作用。大量的游客在赛事的举办期间进入城市，必然带来食宿、交通、文化等方面的需求，必然为各行业带来巨大的利润。这些利润的一部分发生乘数效应，形成资金流动的链条，为城市的经济增收做出贡献。

美国的夏洛特市有一处赛车运动产业集聚地，是美国赛车联合会（NASCAR）的发源地，被称为“纳斯卡山谷”。目前此山谷已风靡美国赛车界，这里经常举办各类重大赛事，是众多赛车手向往的重要赛事基地，聚集了几乎覆盖全美的赛车队，因而也逐渐发展成为一个赛车业集聚区。在赛事的拉动下，当地的相关产业发展速度突飞猛进，从赛车的设计、研发、改进，零部件的生产、加工、改造，到赛前车辆的检修、检测、维护，赛车手的衣食住行乃至车队的队服、标志性物品、纪念品等领域无一不齐备。

以北卡罗来纳州立大学夏洛特分校的著名教授约翰·康诺顿为代表的研究团队专门对此地的赛车产业进行了调查研究，发现赛车业为北卡罗来纳州的发展做出了令人难以置信的贡献，如在 2005 年为全州提供了 27 万多个就业机会，使员工总薪酬增加了 17 亿美元，为全州 GDP 做出了 58 亿美元的贡献。

3. 增加外汇收入

体育赛事与城市发展耦合为城市打开了展现城市品牌软实力的窗口。体育赛事通过将城市传统文化、个性气质有机融入赛会筹备、举办、赛后维护等各个阶段，可以让赛事参与者和赛事观众等获得更好的赛事体验，从而加深对城市文化风俗、政府形象与民风民情的了解和认同，使城市在获得美誉度的同时积累城市资产。体育赛事尤其能够吸引国外的人群对本国的地域风情、自然风貌等产生兴趣和向往。一个国家拥有充足的外汇储备说明它经济实力不容小觑，经济发展水平处于领先地位，国际支付能力较强。在国际上，通常是通过国际贸易来获取外汇收入，但国与国居民之间发生的旅游、保险等也为国家产生外汇收入，这种外汇收入称为无形贸易外汇收入或非贸易外汇收入。现在大型体育赛事已经越来越国际化，同时大型赛事的举办会吸引来自世界各地的赛车爱好者来当地观赛、旅游及消费等。北卡罗来纳州赛车产业对该州的经济影响：58 亿美元生产总值、27 万个就业岗位、17 亿美元提高雇员薪酬、28 亿美元增加值。大型国际体育赛事观众在举办城市的各种支出包括衣食住行、购买纪念品、门票等行为，都可以为城市所在国带来丰厚的外汇收入，也就是上文中所说的无形外汇收入。对于发展中国家而言，因为商品在国际市场上竞争力较低，所以旅游出口相比贸易出口来说，对提高创汇率有更大的作用。因为，旅游业本身具有无污染或者污染较小的特征，且无须目的地国家支付运输等费用，更不受进出口税收等政策的制约，因此大力发展国际赛事无形中为赛事所在国的旅游业发展起到了巨大的推动作用，进而对国家的外汇收入、贸易逆顺差都产生重大的影响。由此可见，体育赛事与旅游业有着天然的联系，体育赛事的发展，必然为城市的发展带来重要益处。

2001~2007 年，北京市体育赛事外汇收入迅猛增长，2001 年体育赛事外汇收入为 8.22 亿美元，同时期的贸易出口额为 288.78 亿美元。2004 年，北京体育赛事的旅游外汇收入较 2001 年增长了 1 倍至 17.63 亿美元，同时期的贸易出口额达到 874.98 亿美元。2008 年，北京体育赛事的旅游外汇收入较 2004 年又增长了 1 倍至 38.80 亿美元。[①] 由此分析可知，体育赛事对于增加外

① 《北京统计年鉴》（2001~2010）。

汇收入，繁荣我国经济具有积极的贡献。

4. 拉动城市就业

居民劳动权利的实现是衡量国家经济发展水平的重要指标，更直接影响着社会的稳定和各阶层的和谐相处，是维持个人生存和国家稳定的重要因素。根据市场经济发展特征，人才、资本等生产资本必然发生流动，因此各国都允许一定的失业率存在，但过高的失业率会导致社会动荡不安，居民无法安居乐业、社会进步受阻，因此体育赛事由于能为举办城市带来众多就业岗位而越来越受到重视。体育赛事属于服务业，对劳动力的需求量大。体育赛事的举办既需要普通的劳动力如北京奥运会赛场中从事简单工作的工作人员，更需要具有高技术高水平的劳动力以支撑体育赛事的顺利开展。另外，体育赛事还可以带动其他行业的发展，使其他行业对劳动力的需求量增大，如上文所述可带动当地旅游业的发展，则从事旅游业工作的劳动力必然增加。我国学者顾海兵等对北京奥运会对北京城市经济影响进行了研究，认为 2001～2008 年的 7 年时间里，北京市的人均 GDP 增长了 5%，就业增长了 0.87%，其中，2008 年的经济影响最大。[①] 事实上，体育赛事已成为北京市乃至全国吸收社会就业的一个重要渠道。

5. 提升城市品牌影响力

随着各国间交流的增加和居民文化娱乐交流需求的剧增，大型国际体育赛事的举办日益增多，国际上各大城市也争相举办国际赛事，四年一度的奥运会举办就是最好的实例。城市通过奥运会的举办可以向全世界充分展示自己的优势和魅力，提升城市的国际知名度和产生一定的品牌效应，其他国际体育赛事同样有此功能，使全世界对举办城市有了全新的认识，国际影响力迅速扩大，城市的文化价值也得到提升。同时各个城市之间为了向全世界展示最完美的自己，必然会对城市进行整改修缮，如改善城市的交通条件、完善城市的公共基础服务设施、大力宣扬城市的文化底蕴、加大对城市古建筑和历史文化遗产的保护和管理、提高城市居民的整体素质等。城市在逐渐完善自我的同时也为争取其他国际赛事的举办权增添了筹码，城市发展和国际

---

① 顾海兵等. 奥运会直接投资对北京经济的拉动作用［M］. 北京：北京出版社，2003.

体育赛事的举办相互促进共同发展。

6. 增强城市产业发展

体育赛事产业与超过30个行业相关，作为综合性的产业具有很强的关联带动作用。体育赛事的发展对其他产业的发展也有一定的推动作用，同时还能够优化城市产业结构。①体育赛事产业能够直接促进旅游住宿业及餐饮业的发展。②体育赛事产业还可以促进交通运输业的发展，通过刺激旅游业的兴起，进而增加了交通运输业的需求量，也对交通运输业的技术提出了更高的要求。③体育赛事产业对建筑工程及其相关行业具有促进作用。举办体育赛事的前期准备工作包括兴建体育场馆、扩建道路或者机场等配套工程，这些对建筑业及其相关产业的发展提供了大量的机会。④体育赛事产业对城市艺术品生产工艺、博物馆等展览业、农副业等的发展具有带动作用。体育赛事需要大量的消费活动，包括农副业，如食品、果品及饮料等的消费；另外，观众对当地特产及纪念品的需求，可以促进工艺、美术及商业的发展。

二、体育赛事—城市发展耦合系统运行机制

“机制”指有机体的比较稳定的构成方式及其相互作用规律。本书中主要指研究耦合系统中的各种主要因素以及这些因素之间是如何互动影响共同发展，进而对整个体育赛事—城市发展耦合系统的发展运行产生影响以及产生怎样的体育赛事—城市发展影响。对此机制的研究是为了探究城市与体育赛事之间的发展推进过程，进而对此系统运行的本质进行分析。本书的研究主要是明确城市与体育赛事互动的推动力及这些推动力产生的原因、方法、途径，并明确这些动力之间的相互作用关系，这些相互作用关系又是如何对耦合系统的运行产生新的动力和作用。

1. 耦合运行机制理论基本假设：体育赛事—城市发展

（1）耦合系统可以假设为一个大系统，其中又包含众多相互影响并对大系统产生影响的子系统，不仅这些子系统之间存在相互影响关系，它们与整个大系统外部也有一定的关系，可以进行信息、物质等交换活动。

（2）耦合系统内部的各个子系统之间的关系并不具有规律性，呈非线性关联，同时系统内外部之间也存在着一定的非线性关系。

2. 耦合运行的一般规律

系统科学中将耦合熵作为系统无序性的度量，一般认为高熵对应着无序程度的增加，低熵对应着有序程度的增加。[①] 在耦合系统中，其实质也是耦合熵越大，系统的非耦合性（无序状态）越强，耦合熵越小系统的耦合性（有序状态）越强。

普里戈金的耗散结构理论认为，一个大系统的总熵由系统在完全封闭状态下的自发运动导致的熵和在系统与外界进行物质、能量和信息交流的过程中所产生的熵流构成，前者是一个始终单调递增的值，而后者可正可负抑或为零。[②] 本书使用 dS 表示耦合大系统总的熵增加，deS 表示耦合大系统内与外界存在的熵流所带来的耦合熵的增加或减少，diS 表示耦合大系统内不可逆过程导致的熵变量，因此恒有 $diS \geqslant 0$。根据普里戈金的系统熵的平衡方程，可以得到：

$$dS = diS + deS$$

即耦合熵的总增量等于耦合系统不可逆的熵增加和熵流带来的熵增或熵减的算术和。

从系统论的角度来看，在耦合系统发展的形成阶段，它的内部的无序程度很高，大系统的耦合程度很低甚至处于无耦合的状态，两系统之间进入艰难的适应过程。也就是说此时耦合熵 S 处于一个高熵的状态。如果这一时期耦合系统所属的区域处于一个相对封闭系统，那么根据熵的性质，就知道熵在系统内是一个不可逆的过程，也就是始终有 $diS \geqslant 0$ 存在，另外，由于系统的封闭性，这时不会有熵流的存在，而根据 $dS = diS + deS$ 可知，当 deS 不存在时，有 $dS = diS \geqslant 0$，随着熵的不断增加，系统会越来越无序，最终形成完全无序的定态。但正如耗散结构理论所言，由于系统的开放性，它在熵增的同时，会通过与外界的物质、能量和信息的交流，形成负熵流，当 $diS < deS$ 时，会出现 $dS < 0$，也就是说总的熵增加为负，这样就会使得耦合熵 S 开始减小，使系统由无序状态趋向于新的有序状态，并最终在远离平衡态的区域形成动态稳定的有序结构，这实际上也就是自组织的过程。系统耦合发展有着其自身的

① 成思危．复杂性科学探索［M］．北京：民主与建设出版社，1999.

② 沈小峰等．耗散结构论［M］．上海：上海人民出版社，1987.

发展规律，具体如图 5-2 所示。

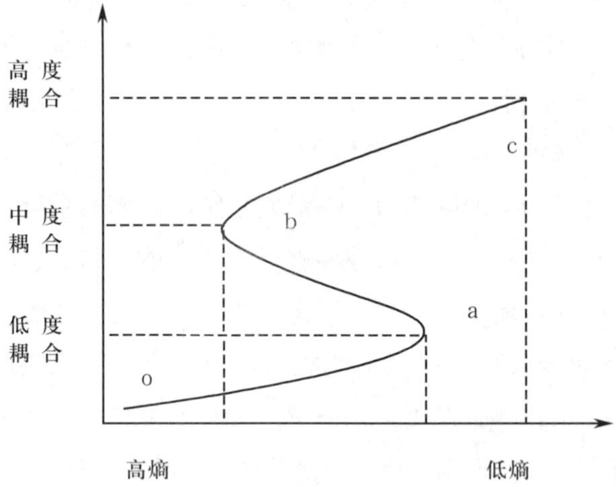

图 5-2　系统耦合运行轨迹

从图 5-2 中可知，系统从 o 点移动到 a 点之前虽然并未进入有序状态，但是开始出现有序的结构，即形成真正的远离平衡的有序状态，图中的 a 点是这一变化的一个重要的临界点。系统的演变在 o 推移到 a 附近时进入了耗散理论中的阈值区域，也称为临界值，对系统性质的发展变化起根本性作用。在阈值附近，系统内部的关联作用产生相干运动，此时的非线性方程具有多重解的可能性。当 oa 向前继续推移直至超过 a 时，尽管系统在熵减机制的作用下能够趋于一个新的有序状态，但同时可以发现，在阈值附近，一个微小的涨落则可能导致原有有序的系统失稳，进入新的无序状态。当 oa 向前推进越过 a 后，系统未必由于这一微小的涨落而进入无序的平衡态，系统在这一微小涨落被放大的情形下会突跃到 b，并从 b 点开始进入一个新的演化过程。正是在阈值附近的这一突变过程使得耦合系统得以继续存在，并借由 b 点的突跃进入到新一轮的发展演化。在现实中，真正意义上的耦合系统也正是缘于系统的这一突变，也即城市由于系统实现的高度耦合进入到可持续发展轨道。

这一突变导致了耦合系统的状态变量出现了间断性的跳跃，这一间断性过程实际也是质变的过程，从前面的分析可知，耦合系统的形成初期其系统的状态变化主要是量上的变化，但耦合系统的运行过程则是一个质变的过程。

在这一质变过程中，系统内由低度耦合实现了高度耦合，并使这一耦合系统实现了涌现。这充分证明，耦合系统的演化不是简单的连续性演化过程，而是连续性和间断性相结合的演化过程，其演化的大部分时间是一个连续性的渐进过程，但在每个关键点又会出现间断性的突变演化过程。

从以上推论可以得知：理论上说耦合系统的运行路径是可以被主观引导的，即在图 5-2 系统运行到阈值附近时加入适当的外部力量干预，人为触发突变的产生。但应该注意的是，这一外部力量干预的结果并不唯一，由于这一微涨落被放大后，其结果具有多重解的可能性，而且以目前的水平而言很难控制这一选择机制的结果。

三、体育赛事—城市发展耦合系统运行过程分析

按照上述系统论的观点，可以将体育赛事—城市发展耦合系统分为形成阶段（萌芽阶段）及发展阶段（低度耦合阶段、中度耦合阶段、高度耦合阶段）。在形成阶段，体育赛事—城市发展耦合大系统处于一个远离平衡的无序状态，即此时这一系统内各耦合因子及其子系统与外界环境正处于一种无序的混乱状态。由于这一时期系统内部尚未建立起有序的耦合组织，且在这一阶段与外界环境的有利交互作用也尚未形成，体育赛事与城市发展处于一种相互适应的艰难阶段。体育赛事—城市发展耦合系统发展到一定时期后，随着系统内要素之间的作用增强，系统内部开始出现有序的组织形式。随着大系统耦合程度的不断提高，体育赛事与城市发展的相互作用逐步增强，由几乎没有相互作用到体育赛事与城市发展相互促进、互为支撑。

1. 形成阶段

在形成阶段，体育赛事—城市发展耦合大系统处于一个远离平衡的无序状态，即此时这一系统内各耦合因子及其子系统与外界环境正处于一种无序的混乱状态。由于这一时期系统内部尚未建立起有序的耦合组织，且在这一阶段与外界环境的有利交互作用也尚未形成，因此这一状态下的耦合熵 S 相当高，而且此时系统总的熵是增加的，即 $dS>0$。这主要是由于此时的熵流 deS 为正，正值说明了体育赛事—城市发展耦合系统所在区域的各种外界影响因素对系统不仅没有产生有利影响，甚至还产生了不利的影响，主要体现在

体育赛事市场体系的不完善和市场开放度较低上。因此，由于不规范的竞争行为和缺乏相应的政府行为规制，过度竞争现象难免发生，此时两个外在环境影响因素——市场需求和政府支持则带来了正的熵流，即 deS>0，从上文分析可知大系统自身带来熵增加，即 diS≥0，根据普里戈金平衡方程综合可知，此时 dS>0，即意味着系统此时处于一个高熵的状态。

2. 发展阶段

随着系统耦合度的不断提高，耦合系统开始与外界形成有利的互动关系，产生了负熵流，即有 deS<0，此时各种外部影响因素开始对体育赛事—城市发展耦合系统产生积极影响，但在初期来讲，这种影响的力量还很小，一般不足以抵消系统内部的熵产生，所以此时的 dS>0 仍然存在，即总熵 S 还在增加，只是增长放慢。随着负熵流的不断增大，也就是说与外界的有利交换作用的强化，开始出现了 diS<deS，此时的总熵增加变为负增长，所以总熵 S 开始缓慢减小，这样就进入了体育赛事—城市发展耦合系统耦合运行的突变过程。

体育赛事—城市发展耦合系统发展到一定时期后，随着系统内耦合因子的作用增强，系统内部开始出现有序的组织形式，此时，体育赛事与城市发展的耦合值不断上升，二者之间开始相互促进发展。当然如果出现无序的组织形式，则耦合系统在形成初期就会终结，在实践中表现为耦合过程没有完成，也就是体育赛事与城市发展不匹配，无法与城市发展形成耦合系统。具体过程如图 5-3 所示。

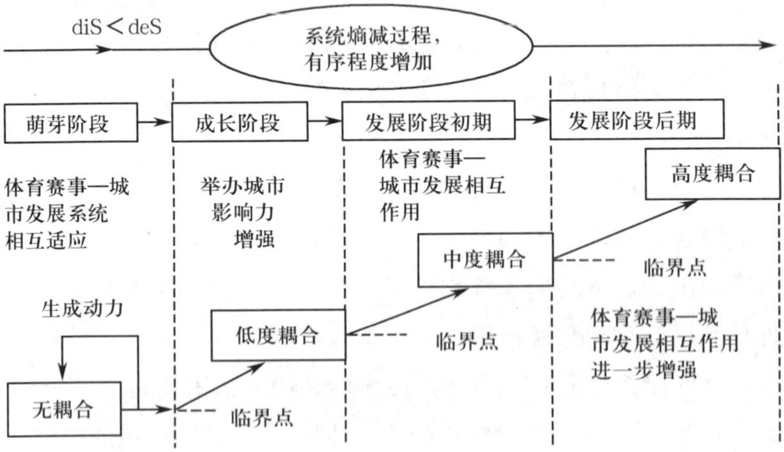

图 5-3 体育赛事—城市发展耦合系统运行过程

第三节 体育赛事对促进城市品牌建设的作用机理

一、推动城市品牌战略性规划

体育是世界各民族共同的语言，凭借体育赛事在世界范围内的高认可度可以让世界产生共鸣，体育赛事较之其他大型或是特色事件更容易跨越地区、跨越市场界限进行传播。大型体育赛事可推动城市品牌战略性规划，包括利用品牌策略全力塑造品牌化的大型体育赛事、进行整合营销实现大型体育赛事与城市品牌联合发展、实施宣传性公关全力打造大型体育赛事事件营销策略、进行对内营销增强城市居民对大型体育赛事举办的支持力度、实现大型体育赛事筹备相关部门之间的合作发展、体育明星品牌代言人策略、体育赞助营销策略和体育网络营销策略。

城市营销的主体是环境，其核心是政策环境和投资环境等软环境。城市营销的目的是获取城市消费、城市投资、出口等资源。仅就城市消费和城市投资而言都与城市环境息息相关。所以城市营销的主体是环境营销，即使是城市品牌塑造也是基于城市环境优势出发的，最终提升到城市品牌战略营销的层面来宣传。

城市品牌塑造是城市营销的产物，然而城市品牌定位是城市品牌塑造的核心价值所在。准确的市场定位和不可替代的独特个性是城市品牌存在的价值。在市场经济的大背景下，城市不仅是一个行政区域的代名词，更是一件巨大的无形商品。就商品本身而言，要提高商品的市场竞争力，体现商品的核心价值，确定商品在整个价值链中所处的位置是至关重要的。国内外著名品牌长盛不衰的最主要原因正是准确的市场定位和对市场信息的敏锐洞察以及对自身品牌特色的始终坚持。城市也同样如此，要不断发展自己，不断树立自己的品牌形象，就需要明确服务于哪一类群体。当然，首先要满足市民的需求，同时对游客、会议和投资者的类型及基本信息有明确的掌握从而更好地吸引对方。因此，城市品牌定位的真正目的就是要展现城市的独有个性，并给人以准确、清晰、全面的整体形象。换言之，即为城市确定一个满足目标受众需求的品牌形象，其结果是获取目标受众认可从而消费城市产品。因此，城市品牌是城市核心价值的高度概括和提炼①。

（一）品牌策略——打造品牌化大型体育赛事

品牌化的大型体育赛事是指具有一定规模，拥有较高市场知名度、美誉度和顾客满意度、忠诚度，并能产生较高的经济效益和社会效益的体育比赛。品牌化的大型体育赛事对塑造城市发展理念、塑造城市视觉特色、塑造城市行为特色、塑造城市地缘特色有着直接的推动作用。

1. 提炼体育赛事主题作为城市营销口号，塑造城市发展理念

城市发展理念就是指如何经营和管理城市，确定城市发展方向的基本观念和指导思想。对于城市而言，城市发展理念对城市的影响非常大，其指引着城市的定位和发展方向。对于大型体育赛事的举办城市而言，以 1984 年以来历届奥运会为例（见表 5-1），不同城市由于历史、人文、地理环境的不同，不同举办城市要有不同的城市发展理念和城市定位。因此，各举办城市提出与各自城市理念相匹配的赛事主题口号，以此达到促进城市发展的目的。

表 5-1　1984 年以来历届奥运会主题口号

年份	城市	主题口号
1984	洛杉矶	参与历史
1988	汉城	和谐、进步
1992	巴塞罗那	永远的朋友
1996	亚特兰大	世纪庆典
2000	悉尼	分享奥林匹克精神
2004	雅典	欢迎回家
2008	北京	同一个世界　同一个梦想
2012	伦敦	激励下一代
2016	里约热内卢	点燃你的激情

2. 建造经典体育场馆、体育主题公园，塑造城市视觉特色

大型体育赛事是城市完善基础设施和改善城市环境面貌的催化剂。在大型体育赛事的筹办过程中，良好的交通状况、完善的通信设施、优质的环境

① 王钊．城市品牌定位研究——基于上海城市品牌定位的实证分析［D］．上海财经大学硕士学位论文，2005.

卫生是确保赛事顺利进行的基础条件，更重要的是要建设经典且完善的大型体育场馆及相应配套设施才能确保体育比赛顺利、高质进行。如1964年东京奥运会的代代木体育馆、1976年蒙特利尔奥运会外形像金字塔的奥林匹克村、1984年洛杉矶纪念体育馆、1988年汉城奥林匹克运动场、1992年巴塞罗那蒙锥克体育场、1996年亚特兰大奥林匹克体育场、2000年悉尼奥林匹克运动场（奥运历史上最大的赛场）、2004年雅典综合体育场、2008年北京鸟巢、2012年伦敦碗，这些大型体育场馆的建设使城市的空间与环境得以优化，城市形象得以更新，并在赛后成为城市的特色标志。赛后许多经典的体育场馆设施都成为这座城市的地标性建筑而受世人所关注。80亿元建造的北京奥林匹克公园渗透着“绿色奥运、科技奥运、人文奥运”三大主题，包括760平方千米的森林绿地、50平方千米的中华民族博物馆以及405平方千米的国际展览体育中心①。这些气势宏伟、美轮美奂的奥运景观成为令人难以忘怀的人文图景，给人以强烈的视觉冲击，同时也成为塑造城市品牌的“活名片”。

3. 体育赛事及其衍生的活动场景，塑造城市行为特色

城市行为特色是指城市中的群体和个体的行为规范、行为准则、行为模式、行为取向和行为方式等。它是城市理念的具体表现形式。城市行为特色是一个城市动态的表现，它规范着社会活动，实质上是城市运作模式的统一。它包括城市经济与社会各项事业发展的组织者、管理者——政府行为特色；城市对外交流的直接窗口，如餐饮、住宿、商场等——窗口行为特色；为城市市民提供基本的消费保障，也是城市经济中重要的组成部分——企业行为特色；以及一个城市中最广泛、最具代表性的城市主体——市民行为特色。

以2008年北京奥运会为例，举办2008年北京奥运会促进了北京城市文明的发展，它是北京城市文明发展的里程碑；北京奥运会净化了社会风气，极大地促进了市民思想、道德水平的提高；北京奥运会促使市民社会公德意识、遵纪守法意识得到进一步加强，城市社会秩序、犯罪率及交通事故得到有效控制，同时北京市环境卫生也得到进一步改善。最重要的是2008年奥运会的举办，使北京政府部门整体形象、城市社会服务整体水平、北京城市窗

---

① 李鹏，邹玉玲．体育赛事型塑城市特色［J］．首都体育学院学报，2009，3（2）：158-163.

口行业的服务意识和服务质量得到了极大提升。因此，举办大型体育赛事对塑造城市行为特色有着深远的影响。

（二）整合营销——实施大型体育赛事与城市品牌营销联合战略

整合营销是一种对各种营销工具和手段的系统化结合，根据环境进行即时性的动态修正，以使交换双方在交互中实现价值增值的营销理念与方法。整合就是把各个独立的营销综合成一个整体，以产生协同效应。这些独立的营销工作包括广告、直接营销、销售促进、人员推销、包装、事件、赞助和客户服务等。城市营销是一项复杂工程，要从大系统角度对城市的发展资源进行整合，采用多层次、多功能、多结构、多目标的手段对城市元素结构，产业、功能、投资、布局、人口、生态进行量化分析，从而进行针对性营销，这样可以减少城市发展中不必要的浪费。

将大型体育赛事这一事件营销手段与城市品牌营销进行系统化结合与管理以促使两者价值增值，达到互帮互助，产生协同发展的效应。F1 方程式赛车让上海滩再次火爆，广州亚运会使广州面貌焕然一新，环青海湖自行车赛使青海不再默默无闻，十运会让南京旅游及文化再次举世瞩目，北京奥运会使北京再添光彩。因此，体育赛事是城市的重要组成部分，举办大型体育赛事是塑造城市品牌形象的有效途径和重要要素，它是一种宣传手段，同时也是城市的特殊产品。大型体育赛事既是塑造城市外部形象的法宝，更是提供城市内在动力的加油站。因此，在大型体育赛事的组织、策划、宣传及营销过程中，如果能将赛事本身与城市品牌形象合理地融合在一起，必将促进城市体育事业的长久发展和城市品牌形象的广泛宣传。

（三）宣传性公关策略——大型体育赛事事件营销策略

宣传性公关即运用各种有效的宣传手段传递城市信息，影响公众舆论，迅速扩大社会影响的公关方式。事件营销是比较典型的宣传性公关策略，就是通过策划和举办比较有影响力的事件来宣传城市品牌形象。举办大型体育赛事能够吸引各种城市顾客的注意力，同时赛事举办城市将赛前、赛中、赛后发生的能够展现该城市品牌形象的一系列相关事件通过电视、报纸、杂志、广播、互联网等相关媒体进行大量报道，从而引起社会关注，塑造城市品牌形象。

（四）体育明星品牌代言人策略

体育明星品牌代言人是指那些参与企业及城市品牌提升，且充分利用自身形象、公众形象宣传企业及城市品牌的优秀运动员及教练员。人是城市中最具有活力的元素，是体育赛事得以存在及延续的基本载体，也是体育赛事发生的前提。大型体育赛事是体育明星的摇篮，体育明星的魅力已成为非常具有时代特征的现象。体育明星所在城市或者国家级训练基地所在地区，其城市居民对某项体育运动通常表现出更加明显的关注度和热情度。

从 NBA 走出的姚明以及从雅典奥运会走出的刘翔，前者代表上海的“高度”，后者代表上海的“速度”，二人作为上海的形象大使，激励着全市人民为高速发展的大上海团结奋进。人们在体育运动上投入的时间和精力、热情和体力、永不言弃和超越自我的毅力汇聚成为一种体育精神。这种体育精神一旦融入城市便成为一种难能可贵的品质，促使整个城市面貌焕发出更加积极的、健康向上的精神气息，从而形成一种具有朝气和活力的团结奋进的城市品牌形象。因具有强烈的视觉冲击力和感染力，已促使体育明星成为时代的偶像，毋庸置疑，体育明星内在所拥有的文化价值和精神价值，必将成为塑造城市品牌形象，推介城市全面发展的绝佳选择。

（五）体育赞助营销策略

所谓体育赞助是指以体育为题材，以支持和回报为内容，以利益交换为形式，以达成各自组织目标为目的的一种特殊的商业行为①。体育赛事赞助是指企业或个人为体育赛事提供现金、实物或相关服务等支持，而体育赛事组织者以允许赞助企业或个人享有某些属于他的权利（如冠名权、标志使用权及特许销售权等）或为赞助商进行商业宣传（如广告）作为回报，以利益交换为形式，以达到各自组织目标为目的的一项商业行为②。

① 黄晓灵．体育经济学［M］．重庆：西南师范大学出版社，2005.

② 刘勇．体育市场营销［M］．北京：高等教育出版社，2007.

体育运动是公众兴趣的热点，是新闻媒介热衷报道的对象。体育赞助营销是当今赞助营销类型的主流，1999 年全球赞助类型分配中，体育赞助占到 88%，体育赞助营销因其具有可信度高；效果自然、易于接受；沟通对象面广量大、有针对性；明星效应强，社会反响大；与其他营销手段相结合，易于形成沟通高潮等优点，最全面、最强烈地体现赞助营销的所有优越性，因而也最具魄力、最受投资商的青睐。其中，对大型体育赛事的赞助，占据了体育赞助的大部分资金（超过 65%），奥运会、世界杯足球赛、亚运会，乃至各国职业联赛都可以进行体育赞助。利用体育赞助营销的优势，塑造及推广大型体育赛事举办城市的品牌形象已成为世界范围的热点话题。

（六）体育网络营销策略

网络营销是企业整体营销战略的一个组成部分，是建立在互联网基础之上，借助于互联网更有效地满足顾客的需求和欲望，从而实现企业营销目标的一种手段[①]。体育网络营销就是以国际互联网络为基础，利用数字化的信息和网络媒体的交互性来辅助体育服务商品营销目标实现的一种新型的市场营销方式[②]。21 世纪是信息社会，在信息经济时代，互联网作为“信息超导体”越来越多地融入到人们的生活，越来越受到各行各业和全社会的青睐[③]。利用博客营销、微博营销、播客广告营销、SNS 营销、RSS 营销、创意广告营销、口碑营销、体验营销、趣味营销、整合营销、知识营销、事件营销等网络营销模式，对大型体育赛事进行宣传，传递城市的信息，影响公众舆论，从而进行城市形象的广告宣传，推广城市品牌。建立大型体育赛事相关专题网站及赛事举办城市网站，利用网络对比赛过程及城市动态进行各种宣传性、征询性的公关活动，策划网络关注的大型体育赛事相关焦点事件，以及制作参赛运动员、观众、游客对举办城市印象的专题报道，政府部门和政府领导开通博客、微博，在赛事期间利用相关网络社区、论坛等与外来运动员、游客进行互动，从而塑造良好的城市品牌形象。

---

① 戴敬东. 关于裁判员“自由裁量权”的若干问题分析［J］. 北京体育大学学报，2008（1）：330-332.

② 刘勇. 体育市场营销［M］. 北京：高等教育出版社，2007.

③ 付强. 基于 Web 2.0 的体育赛事网络营销研究［D］. 江西师范大学硕士学位论文，2011.

（七）规划合作，协同发展策略

大型体育赛事含有一定的公益性和公共产品属性。强大的人力资源、充足的物力、足够的资金是举办大型体育赛事的基础，同时各个部门的协调配合是大型体育赛事成功举办的关键。大型体育赛事的策划、赛事组织、赛事运作、赛事营销等各项内容是一项系统工程，只有各相关部门相互配合、协调工作才能达到理想的效果；同时大型体育赛事作为一种产业具有极强的综合性，从赛事申办、赛事策划、赛事组织、赛事正式举办到赛事圆满完成，整个过程不仅需要有关部门的统筹规划更需要大量辅助部门的合理配合，单独的企事业单位是无法完成这一系列工作的。与此同时，各个部门之间的自律制度和协调制度是大型体育赛事顺利进行的内在条件。城市交通、饮食与住宿、通信、资金、文化等各项领域是否具有在赛事举办期间为大规模的游客、观众、志愿者、运动员、裁判员及政府官员提供服务的能力，需要赛事有关部门和政府提前进行统筹规划，以确保整个城市供应链环环相扣和畅通无阻，从而确保大型体育赛事各项工作的顺利开展和运营。

为达到城市各类资源的优势互补，在大型体育赛事的举办过程中，大型体育赛事与其有一定利益关系的旅游公司、酒店、政府机构、社会组织、旅游景点等各行各业借助某些可以彼此利用的市场契合点规划合作，以此达到共同开发和利用市场获取利益的目的。大型体育赛事是展示城市形象、提升城市品牌、扩大城市知名度的窗口。在赛事举办过程中，一些企业运用一些商业手段，如赞助、承办、提供商品及服务等不同方式直接或间接参与到大型体育赛事活动中从而获取相应利益。同时这些企业的参与又加快了大型体育赛事的市场化进程，不仅为城市带来了社会效应更带来了巨大的经济效应。因此，政府机构、企事业单位、各类社会团体必须全力配合，各司其职、各尽所能，把大型体育赛事当作一项产业来运营，从而达到大型体育赛事利益最大化并全面打造城市品牌。

（八）内部营销——提高城市居民的支持程度

赛事举办城市居民的支持力度对大型体育赛事的举办及城市发展有着积

极的影响并且至关重要。城市居民不仅是赛事举办城市的主人更是城市的重要“客人”，内部营销是对城市品牌塑造最根本的重要环节。大型体育赛事能够重复吸引民众的注意力，并对举办城市旅游知名度的提高有着重要影响。然而大型体育赛事能否成功取决于能否唤起城市居民的注意力，能否创造更具吸引力的影响及人气支持度的长久不衰。大型体育赛事想要得到持续、健康、稳定的发展必须首先满足城市居民的需要，城市居民的需要是产生城市吸引力和开拓城市品牌价值的前提。与此同时，城市体育特别是社区体育的发展对培养城市居民的城市认同感和城市责任感有着至关重要的作用。社区体育的不断发展掀起了全民健身的热潮，因此国内众多城市都应加大社区体育的发展。此举不仅对城市体育人口的增加有着积极的促进作用，同时也为城市大型体育赛事的举办夯实基础，更重要的是能为大型体育赛事的举办创造良好的运动氛围，并为城市品牌的塑造提供条件。

获得城市居民的大力支持和广泛认可是大型体育赛事圆满成功的关键。如果赛事举办城市居民对大型体育赛事持消极和反对的态度，必将导致与赛事有关的外来人口降低对大型体育赛事的评价，从而影响大型体育赛事的顺利开展并减少游客参与到赛事活动中来。因而，全力争取城市居民对大型体育赛事的支持力度，已经成为大型体育赛事顺利开展的热点话题，其原因是城市市民的支持有可能将大型体育赛事这一事件合理转化成有意义的城市体验。因此，政府部门及有关大型体育赛事的组织与策划者在赛事筹备阶段是否与当地城市居民进行良好沟通至关重要，应第一时间掌握赛事举办城市居民对举办大型体育赛事的态度和需求。在调查及统计有关大型体育赛事市场信息的过程中，首先要做到以人为本，尊重城市居民所提出的各项建议。金杯银杯不如老百姓的口碑，城市居民良好的口碑效应是不容忽视的，所以作为大型体育赛事的主体利益者城市居民的态度至关重要。倘若城市居民对大型体育赛事的举办具有极强的责任感并将自身当作这一活动的主人，同时充分认识到自身态度与城市品牌塑造息息相关，其结果将对大型体育赛事的举办和城市品牌形象塑造产生难以估量的效果。总之，城市政府部门及与赛事有关的企事业单位，在举办大型体育赛事之前应详细了解城市居民的需求，从而增强城市居民对大型体育赛事的支持度与参与度。城市居民是城市系统的主要组成部分，是城市发展的既得利益者，也是城市发展的生力军。人也是一种品牌，城市居民的形象在很大程度上能反映城市形象。在城市品牌建设过程中，要在居民中积极宣传城市发展的战略，引导城市居民树立品牌意识。城市社区和社会组织要深入居民中间，积极宣传，深入引导。

二、推动城市品牌资产积累

（一）城市品牌资产衰退的内在机理

城市品牌资产衰退是指由于城市自身、竞争城市、城市顾客或其他外部环境等因素的突变以及城市品牌管理的失误，而对城市品牌整体形象造成不良影响并导致社会公众对城市品牌产生信任危机，从而使品牌乃至城市本身信誉大为减损，进而使城市处于衰退的状态。城市品牌资产衰退主要表现为城市的形象受到损害、城市消费者产生信任危机，光临城市的顾客减少，城市的发展开始受到限制等。城市品牌确立以后，由于环境及品牌运营因素发生变化，其发展状况呈现出很大不同。适应市场环境，策略运用得当，资源配置合理，其发展速度就快，否则就慢或者出现品牌衰退。从城市品牌发展过程来看，其衰退可以出现在品牌发展的不同阶段，从城市开始规划品牌开始，在品牌创立阶段、品牌的成长阶段以及品牌的成熟阶段都有可能出现品牌衰退现象。因此，需要采取措施对城市品牌进行适当的维护和管理，防止品牌资产受到侵蚀，使城市品牌资产继续保值和增值。对城市品牌资产进行维护的原因主要有以下几个方面：

1. 城市品牌的生命周期机理

外部市场环境和城市内部环境是不断变化发展的，特定时期、特定地点的品牌，如果在以后的管理中毫无创新，那么将会出现品牌衰退或消亡。城市品牌所外显的是一系列标识符号，这是城市顾客所能感知的实体部分，而城市品牌真正的意义在于其内在的核心价值和文化，而这是通过长期的营销传播所累积起来的。城市品牌最初所确定的核心价值和观念，有可能由于时代的发展而不合时宜，从而被日渐淘汰：城市品牌与企业品牌、产品品牌一样，也存在生命周期，只不过城市品牌的生命周期相对较为长久，但是它也要经历初创期、成长期、成熟期和衰退期这四个阶段。如果维护得当，可以使城市品牌的衰退延缓，重新进入恢复期或成长期。但是城市品牌并不总是按照顺序依次发展的，有时要跨越一个或几个阶段。例如，有的城市品牌刚经历初创期就进入了衰退期，有的城市因为一次危机事件便使品牌一直处于衰退期而无法重塑。因此，从城市品牌的生命周期定理来看，不仅城市品牌进入衰退期需要维护，而且在城市品牌的各个发展阶段都需要对品牌进行精心维护和管理，以便延长其生命周期。

2. 城市品牌所内生的“公地悲剧”

“公地悲剧”理论来源于哈丁教授的《公地的悲剧》一文，指所有开放的公共牧场必然会遭到过度放牧，从而造成巨大的损失。这种普遍的现象表明，无论是有形资产还是无形资产，只要它带有某种程度的“公地”性质，就不可避免地会遭遇到无休止地蚕食和侵害。因为产权不明晰使得个体在决策时，只考虑个人的边际收益是否大于其边际成本，而不考虑他们的行动所造成的社会成本，最终由于无限制地“放牧”而造成经济系统的瓦解和崩溃。一旦追求自身利益的行为无限制地进行下去而得不到应有的制度约束，集体及其个体的利益最终会遭到损害。

城市品牌就是城市所属区域内人人可以享有的公地，谁都可以从中受益并且受益者不需要进行品牌推广，就能靠品牌获得丰厚的收益。在这样的情况下，“公地悲剧”就很容易产生，它主要发生在现有企业和产业的“公共牧地”之上。产权关系的不明晰造成各企业或产业责、权、利的不一致和不具体，都把城市品牌看作一块公地，想最大限度地利用这一公共资源，以致某些企业或产业为了谋取最大利润而进行非法经营。

3. 城市品牌产生的“搭便车行为”

“搭便车行为”通俗地讲就是指某些人或团体在不付出代价或付出极小代价的情况下从他人或社会获得收益的行为。“搭便车行为”存在的主要原因在于公共产品的存在、产权不清以及经济活动的外部性。城市品牌作为城市的公共产品，存在着事实上的产权不清以及经济活动带有的外部性特征，特别是在法制建设相对落后的中国，一些城市内的企业经常会利用城市品牌强烈的正外部性特征而滥用这一无形资产生产许多假冒伪劣产品。同时，由于产权的界定不清，法律又难以有效制裁。因此，要防范城市品牌“搭便车行为”

的发生，关键要做到“产权明晰”。那么，城市品牌的产权属于谁呢？

企业在使用城市品牌时往往最大限度地节省私人成本，不顾及自己的行为对社会所产生的不利影响，这无形中增大了城市品牌使用的社会成本。所以，在明晰产权方面，不能把城市品牌划给某一企业。由于政府决定着城市品牌的优先发展权，城市品牌作为一种公共产品，其塑造和管理也主要是以政府为主导的，所以，将城市品牌的产权交予政府可以有效减少这种搭便车行为。产权属于政府并不意味着政府控制城市品牌的使用权、收益权，而是在更大程度上体现了政府在维护与管理品牌、保证品牌品质方面发挥的重要作用。

4. 城市品牌系统的木桶原理

城市品牌是城市长期塑造和维护的结果，它的塑造、维系和发展是一个系统的社会工程，其中涉及很多影响因素，只有每个因素都运作良好不出纰漏，才能保证城市品牌的正常生存和发展。就像木桶原理一样，由于整只木桶的盛水能力取决于最短的木条，因而必须关注整个系统中最薄弱的环节。如果城市品牌系统中的一个重要因素出现问题，则会影响到整个品牌系统的功能发挥，长此以往就可能会出现品牌衰退。随着城市的发展，一些城市品牌在激烈的市场中发展起来，而另一些城市品牌则由于维护不善，最终销声匿迹，被大众所遗忘，因此品牌维护必不可少。

（二）城市品牌资产衰退的外因

1. 片面追求广告宣传的短期效应

目前，国内许多城市在品牌形象塑造中仍然存在误区，认为只要加大广告投入，进行铺天盖地的媒体轰炸，便可塑造城市的形象，建立起一个城市的品牌。城市的知名度可以在短期内确立，而城市品牌联想却是品牌建设的一个长期过程，是在品牌长期的营销活动中建立起来的资产。城市品牌的忠诚度更不是短期广告所能实现的，除了以完善的品牌规划设计和优良的产品品质获得顾客满意外，更有品牌长期一致的营销传播在城市消费者心中建立起来的心理依赖。同时，城市消费者对产品品质的认同更是广告所无法做到的，它不仅需要品质恒定如一，而且还需要不断对品牌进行创新。

2. 缺乏品牌经营的长效机制

城市品牌的形成不是一蹴而就的，它需要长期精心的策划，持续不断的投入。一些城市习惯于追求时尚，企图凭借制造轰动效应来迅速提高城市知名度，但都以不理想结局而告终。现在国内不少城市在参与品牌竞争中，缺乏广告、包装方面的技巧、整体营销运作不够协调，缺乏长远的战略规划。而这种整体的、长远的运作方式体现了发展长期顾客关系的需求，正是现阶段我国城市所欠缺的。

3. 缺乏科学、系统、成熟的品牌战略决策

城市品牌塑造是一个蕴含科学和艺术的过程，我国城市的品牌运作对决策的科学性重视不够。有些城市由于决策没有科学的流程和制约机制，常常导致政府官员的“三拍”（拍脑袋、拍胸脯、拍屁股），造成了城市的损失。1999 年 11 月 11 日，国家历史文化名城襄樊千年古城墙一夜惨遭摧毁，郑孝业、罗哲文等专家称之为 20 世纪末恶劣破坏历史文化名城的事件。之前，还有福州三坊七巷的建设性破坏、贵州遵义和浙江舟山市定海的老街区被拆。

4. 缺乏品牌保护意识

国内一些假冒伪劣商品的泛滥，使得一些原产地的城市也缺乏信誉，顾客对城市也产生了不信任。因此，对产品品牌的保护也是对城市品牌保护的一种方式。产品都有可能被人假冒，有的城市主动运用高科技手段和法律武器，对产品品牌进行自我保护，使自己的品牌能够健康发展。遗憾的是，目前有些城市却忽略了这一点，对于随意假冒伪造本地产品的侵权行为熟视无睹，不愿意采取措施通过法律途径阻止，以至于出现了大量的假冒产品，既殃及了自己的产品品牌，也殃及了自身的城市形象，使城市品牌在顾客心目中的形象受到了损害。

（三）城市品牌资产维护的措施

城市品牌具有很强的外部性，特别是良好城市品牌形象的外部经济效应，容易导致许多企业的“搭便车行为”，企业只想在不付出任何代价的情况下占用良好城市形象带来的收益。当然，也缺乏一种内在的机制去刺激企业塑造、提升城市形象，于是便产生了“商场失灵”。为此，政府应该加强城市品牌形

象的维护，制定和完善城市品牌维护制度，从制度层面入手，杜绝“搭便车行为”，奖励提升城市品牌形象的企业或产业，惩罚损害城市品牌的行为，使企业行为外部效应内部化，形成一种机制促使企业或产业自觉维护城市品牌资产。

1. 政府层面的维护策略

彼得斯（B. G. Peters）指出治理与政治、民主具有相关性，治理的民主功能可提高政府进行有效管理的能力。[①] 政府和相关部门的支持是城市发展的基础和保障。城市政府要由过去的集中管理体制过渡到民主集中制，要从过去的管理时代迈入治理时代，要建立具有服务能力、反思能力的服务型高效政府。服务型政府的建立，已为大多数城市政府所认可和实施。公众的满意度是衡量政府服务能力和服务态度的一项重要指标。服务型政府反映了一个城市或是一个国家从下至上治理社会的态度和决心。服务型政府要求建立公民社会，公民社会是一个公众的个体意识强烈、富有公平的责权利意识的社会。政府所提供的服务要能够满足公众多样化、多元化的需求，且要具有一定的满意度。政府作为城市公共产品的提供者，具有一定的权威性，可以提供许多私人部门不愿意或不能提供的产品。从政府层面来讲，可以从以下几个方面着手维护城市品牌资产。

（1）创造维护城市品牌的制度环境。尽管政府治理体制要增强政府的服务职能，建立服务型政府，要求把一些属于政府的职权赋予其他管理主体，但政府在城市品牌建设中的地位和作用是难以取代的。城市品牌建设涉及城市建设和发展的诸多方面，政府必须直接参与进来。对于城市品牌资产的维护而言，一个良好的制度环境会激励企业或其他部门采取措施维护这一公共产品。没有制度的约束，企业在生产过程中便不会考虑损害城市品牌所带给自己的利益损失，因而也不可能采取措施避免所造成的损失。政府可以通过制定法律法规，控制企业的生产活动，防止损害城市品牌形象的行为发生。对于提升城市品牌形象的企业予以财政补贴或奖励，对违规者则要征税或惩

---

① B. G. Peters. Governance and Comparative Politics ［M］ //J. Pierre ［M］. Debating Governance, New York: Oxford University Press, 2000.

罚，情节严重的还要追究当事人的法律责任。

提升政府的品牌形象。城市的健康发展离不开良好的城市环境，这不仅包括城市的经济实力、基础设施，而且包括城市政府的办事效率与廉洁程度等内容。城市品牌可能会吸引更多的资金、劳动力、信息、技术等生产要素向城市内聚集，但是如果城市政府办事效率低下，办事过程中存在“创阻”等腐败行为，就会人为增加企业的生产成本，造成企业或产业的出走。因此，创造良好的城市环境，就要转变政府职能、提高政府的办事效率，塑造公正、廉洁的城市政府形象。

（2）建立信息监控系统。维护城市品牌资产要建立高效的信息监控系统，随时收集损害城市品牌的信息，进行事前控制，把隐患消灭在萌芽状态。因此，政府需要做好以下工作：首先，要与公众保持及时有效的沟通，通过有效的沟通让公众了解真实情况，随时收集公众的反馈信息，一旦出现问题立即跟踪调查、解决；其次，要了解公众对城市管理水平、人员素质和服务质量的评价，密切关注市场动态，分析竞争对手的现状、潜力及发展趋势，对其优点加以借鉴和吸收；最后，要研究城市内部顾客的信息，找出服务的薄弱环节，采取相应措施予以补救。

（3）设立城市品牌危机处理常设机构。品牌危机的出现虽然是不可预测的，但城市必须为品牌危机的出现做好准备，如建立应对危机的常设机构，配备专职人员，确立预警机制和反应机制，制订相关的行动计划、应急方案并进行相关模拟演练，建立重要的关系等。未雨绸缪，以便及时处理出现的品牌危机。

（4）构建城市品牌的法律保护。一个品牌如果不享有专用权，就不能享有法律的保护，因此取得专用权是品牌受法律保护的前提。在这种制度下，注册是取得品牌专用权的唯一途径，为避免其他城市利用同一品牌，城市品牌也应该尽快注册商标。城市注册商标是为城市品牌寻找一个最适合、最深入人心的文字或形象标识，从而为打造城市品牌提供更有效的形象策划与推广。

城市品牌是否注册商标不应该一概而论，资源特色唯一或存在与竞争城市雷同的资源特色的城市品牌应该积极注册商标，以防止被其他的城市盗用。大连最早对城市品牌进行了商标注册，2003 年，大连在国家工商总局为“浪漫之都”进行了注册，用法律将“浪漫之都，中国·大连”城市形象保护起来。由于大连“浪漫之都”形象定位有效地实现了与其他城市形象定位的差异化，并得到注册商标的法律保护，不易被模仿，从而深入人心，大大促进了大连城市形象的提升及旅游业的发展。

（5）行业协会层面的维护策略。现代社会的组织分为政府组织、营利组织和非营利组织三大类型。它们分别是政治领域、经济领域和社会领域的主要组织形式，非营利组织的发展已经成为现代社会经济发展的重要趋势。非营利组织包括各类基金会、研究会、联谊会、行业协会、慈善组织、社交俱乐部等。行业协会是为维护共同的经济利益和社会利益而组成的行业自律性、非营利性的社会团体法人，属于政府、企业之间、商品生产者与经营者之间的社会中介组织。行业协会在城市品牌的维护方面虽然不及政府机构具有权威性，但它作为行业自律性组织以及政府与企业之间的中介组织，管理上具有相当的灵活性。

1）行业协会监管。在城市品牌的维护中，要重视行业协会监管作用的发挥，它们可以协助政府加强和完善行业管理，加强协会对企业的监管，建立行业管理体系，维护产业竞争秩序和市场环境。同时还可以经常组织行业质量监察，打击损害城市品牌形象的生产活动和投机行为，加强行业的监管力度，杜绝破坏城市形象的违法活动。

2）制定产业标准。产业集群中的企业是独立的经济主体，它们可以根据自身的偏好进行生产，这就容易形成集群企业杂乱无章的发展。城市行业协会可以根据产业集群的发展状况，制定相应的产业标准，引导产业集群健康发展。同时这些产业标准还可能成为整个产业发展的标准，有利于城市产业领导地位的树立以及城市产业品牌的维护。

3）注册城市的产业品牌。城市政府的法规可以在城市内惩罚那些损害城市产业品牌的行为，但是对于城市外部行为主体的侵害行为，城市的法规则不具有约束力，因此进行品牌注册，寻求法律保护是必要的。城市行业协会具有城市企业的代表者与管理者的双重身份，由行业协会出面，进行城市产业品牌的注册，能够兼顾政府与企业的作用。城市产业品牌的注册主要是防止城市外经济主体损害城市产业形象的行为发生，城市产业品牌的注册包括城市产业品牌的名称、城市产业的宣传片、城市产业的网络域名等内容。

2. 企业层面的维护策略

（1）提高企业的产品质量和产品品牌的美誉度。企业产品质量是城市品牌维护的前提，没有好的产品质量，就意味着城市内生产的产品不能被广大消费者所接受，也就难以形成关于城市的美誉度。因此，不断提高企业的产品质量，满足消费者的需求，才能使消费者对城市的产品产生认同。

（2）树立城市产业品牌，加强企业间的协同效应。企业的发展离不开所在产业集群的发展，企业品牌与产业品牌相互依赖和影响。因此，企业应该以城市产业品牌为根本出发点，将城市产业品牌看作自身发展的关键要素。同时，企业之间要加强互利合作。对其他城市的同类企业的竞争，产业集群企业应该彼此合作，协作起来共同参与竞争。

（3）壮大产业集群的规模，增强城市产业的影响力。规模经常与实力联系在一起，城市产业品牌能否持久，依赖于产业集群的发展规模。城市产业集群的发展壮大，是扩大城市产业影响力的根本途径，也为城市品牌资产的维护创造了条件。

三、促进城市品牌传播

城市的品牌形象塑造与提升是一个十分漫长的过程，在借助大型体育赛事的宣传与带动条件下，加强了城市品牌宣传的力度，能够在很大程度上节省城市品牌形象的塑造与提升所用的时间，能够在更短的时间内让世界了解并认识城市的品牌形象。可以通过对体育赛事的宣传加强对城市品牌的推广。例如，媒介是对外宣传的重要窗口，可以通过对往届赛事的图片、视频的整理宣传体育赛事，吸引更多的人去参与。在明星效益日益增长的今天，可以邀请明星充当城市的形象大使，以提升城市知名度，加深外界对举办城市的印象。把城市品牌更加广泛地宣扬出去是宣传工作的重点，让人们在了解的基础上更加深入地挖掘举办城市的优势。

（一）城市品牌传播概述

在经济全球化和区域一体化的时代背景下，城市数量的激增和规模的不断扩大，使城市之间对于各种要素、资源的争夺日趋激烈。城市想要在这样的竞争中取得优势，提高城市核心竞争力，以获得更高的经济效益及更大增长潜力，就需要探寻城市品牌的发展道路。这也成为每一个城市政府所面临的难题，各城市纷纷开始进行城市品牌构建以传播良好的城市形象。在这一过程中，自然会有许多成功的例子，但同时也会引起品牌建构趋同、理念认知和实践操作单纯模仿等混乱现象。

城市品牌作为城市形象的集中体现，如何塑造、传播一个城市品牌从而使城市增值，是城市品牌化实践中亟待解决的难题。因此，对城市品牌的传播力提升的研究和讨论，已经成为一个极富理论和现实意义的课题。

1. 城市品牌传播理论

在近几年对城市品牌的研究中，国内学者们已经开始意识到城市品牌化在城市营销中的重要地位和关键作用，尽管研究还不够深入，但也已取得了初步的成果。刘彦平发表了一系列有关城市品牌战略的文章，总结了城市品牌战略实施的成功因素和注意事项。他认为，城市品牌战略不是一蹴而就的，它需要一个持续性的过程。在这一过程中有很多步骤，他将其分为城市品牌定位、城市品牌决策和城市品牌传播三个过程，并将这三个方面称为城市品牌化的核心任务。其中，品牌定位是品牌战略最基础性的工作，而品牌决策是对城市无形资产的战略管理模式，在前两者的基础上，还要进行针对性的品牌传播与沟通。① 于宁则将城市品牌提升到品牌资产的高度，将城市品牌战略的四个步骤定义为品牌的定位、塑造、传播与维护，并指出城市品牌整合营销传播的重要性，从信息学和传播学的角度对城市品牌的信息传播过程进行了梳理。总的来说，国内外有关城市品牌的研究尚处在探索阶段，有些研究仍然停留在概念的探讨与品牌定位、塑造等方面，论述城市品牌传播的文献相当少。但这些理论成果为进一步深入、系统和多学科视角的理论研究奠定了基石。

2. 城市品牌传播的必要性与内核要素

（1）城市品牌传播的必要性。首先，有效的城市品牌传播是激烈的城市竞争的需要。企业的强势品牌能够决定自身在市场中的地位，城市也是如此。

① 刘彦平．城市品牌建设系列［J］．国际公关，2006（5）：75-76.

一个城市拥有强势的品牌，就等于拥有一种直接影响外来投资者、消费者、游客的决策力量。一些名气不大的城市，可以通过大力宣传城市良好的形象，展示出城市的魅力和吸引力，以形成强大的凝聚力、辐射力，使其成为吸引投资、扩大对外交往的“金字招牌”，从而把无形的精神财富转化为有形的物质财富。目前，全国已有众多城市通过各种传播手段开展城市品牌形象宣传，其中大连、昆明、杭州等城市的品牌传播已经取得了显著成效。

其次，城市品牌传播是社会经济发展的需要。城市品牌传播能间接地推动交通运输、商贸物流等第三产业的发展，提高具有地方和区域特色的市场竞争力和经济效益。通过地方经济政策的对外宣传，有利于加大招商力度，使更多大型的重点企业落户当地，带动本土经济的发展，也是实现城市工业经济快速增长的有力保障。

最后，城市品牌传播是群众文化发展的需要。有效的城市品牌传播能增强全体市民对城市的归属感，激发市民的荣誉感和使命感，形成团结一致、齐心协力建设城市的良好氛围，增强全体市民对城市发展的信心。文化搭台，经济唱戏，通过商贸交流、主题晚会、新闻发布会等形式，架起一座经济文化交流与合作的桥梁，不仅能打响城市文化品牌，而且能促进当地文化事业的发展。①

从城市品牌的研究现状分析可知，国内外对于城市营销和城市品牌的研究较多，但缺乏专门而系统的城市品牌传播研究。笔者认为，从传播学的角度分析，城市形象的有效传播是城市品牌战略的出发点和落脚点，因此品牌的传播应该作为一个重要的因素考虑进城市品牌战略中。城市品牌战略应当在“以人为本”“有效传播”的理念引导下展开，城市品牌的定位、塑造等各个步骤都要基于对“传播”的考量进行决策。

对城市品牌传播提升策略的研究具有营销学、传播学的意义，怎样树立并传播城市形象是城市品牌战略的重要内容，也是城市品牌化的重要目标。

（2）城市品牌传播的内核要素。城市从某种意义上说可以等同于产品，它所代表的这一空间区域也可以成为品牌。城市品牌化的力量，就是让某一区域为受众所了解、认知，让该地区的精神与文化融入这一城市当中，使城

① 沈易娟．孝感城市品牌整合营销传播模式探讨［J］．湖北职业技术学院学报，2010（3）：89.

市与某种好的、固有的形象和联想自然联系在一起。城市品牌传播连接了城市、城市管理者和其他利益相关者，是它们之间的沟通桥梁。城市品牌的核心价值与单一产品和服务不同，它既包含了看得见摸得着的东西，同时还有众多复杂多元的无形价值渗透其中。

一个城市想要塑造出成功的城市品牌形象，除了要抓好城市形象的内部规划与建设，更要规划好城市品牌的传播工作。如果单纯注重内部建设，而忽视了凸显城市精神、文化的城市品牌传播，那么也不可能塑造出理想的城市品牌形象。没有有效的传播活动，没有受众的信息反馈，这样的城市形象仅是传播主体单方面的、主观的形象，并不是城市在公众心目中的总体印象及实际的评价。要通过城市品牌的传播，让城市富于凝聚力和吸引力，在广大受众面前大放异彩，进一步彰显城市个性，扩大城市知名度和美誉度，从而达到提升城市竞争力的目的。因此，富有特色的城市品牌传播对城市品牌的塑造具有十分重要的意义和作用，塑造、提升城市品牌形象，就必须做好城市品牌传播工作。

城市品牌的塑造与提升，是在城市品牌战略指导下的一项长期的系统工程，不可能一蹴而就。目前，有些城市的品牌传播内容和传播口径与城市的整体品牌规划并不十分一致，这样的传播反而会成为城市品牌建设的阻力。因此，在城市品牌传播的过程中，既要注重外部宣传，也要注重城市内部的认同，在品牌传播的过程中必须体现城市品牌体验的独特性，通过何种媒体及其组合向受众传递品牌个性的信息，用何种方式演绎和表达品牌个性，都必须注意品牌个性与传播媒介的统一，并要与品牌的塑造保持整体的一致性。①

（二）城市品牌传播中存在的问题

1. 传播主体单一

品牌传播的主体指的是品牌传播活动的发起人和传播内容的发出者，是传播活动的第一要素。现在大多城市的品牌传播主体以政府的相关职能部门为主。相对而言，政府对于传播的主动意识比较薄弱，而且有较为明显的政

① 孙琳琳，霍泓．论城市品牌形象传播中的几个误区［J］．理论界，2005（3）：111.

治化倾向性。在某些城市品牌形象宣传片中，受众接收到的是灌输式和说教式的视觉感受和文字体验。其中，很多作品的问世是为了配合当时国家的一些主题活动，而后再兼做城市宣传之用。

社会公众是城市品牌传播的基础力量。市民在日常生活中表现出的基本素质和道德修养，会给城市的外来消费者留下深刻的印象，这个印象在一定程度上代表了城市的整体印象，并将城市这种形象通过各种途径传播到城市之外，形成影响力。政府与市民间的良性沟通，对城市品牌传播有着至关重要的意义。城市的居民通常被设定为城市品牌的“受众”，以至于他们参与城市品牌塑造的思考能力和意愿没有受到应有的重视，造成的后果就是城市品牌设定后引来群众的争议和质疑。

2. 传播内容雷同，个性特色不鲜明

缺乏市场细分是目前国内城市品牌传播过程中普遍存在的一个问题，城市品牌个性塑造不足，各个城市的品牌形象塑造大多以表现城市规划、发展旅游资源为出发点和落脚点，动辄打出“数字”“绿色”“精品”等品牌概念，品牌形象的内涵则大多集中在“生活娱乐、历史文化、旅游标志、发展新景”这四大主题。现在几乎每个城市都争先恐后要打造城市品牌，由于城市与城市之间经验的取舍和模式的效仿，造成了品牌形象趋于雷同。

城市品牌的塑造具有多层次和多样性，不仅包括口号、标识符号等，同时包含了城市品牌建设。但从目前现状可以发现，各个城市的旅游纪念品千篇一律，沿海地区城市多是一些以贝壳、海类产品为制作原料的简单手工艺品，内陆地区城市的旅游纪念品则以石雕、泥塑为主；城市富有特色的食品，在全国流通中失去了原有的当地特色；城市宣传片的细节处理中，放飞的风筝、绽放的烟花、嬉戏的儿童等几乎成为了必备的视觉元素；城市品牌传播的窗口相似性高，如政府官方网站、公交车站牌、城市商业街区等。

3. 缺乏稳定的受众群体

建构主义理论认为，并不存在一种特定的被所有人同时体验到的“现实”，不同社会和不同的文化对世界有着各自独特的理解，这种理解对人们在他们的社会范围内的活动是很有用的。[①] 明确传播对象等同于细分了这个城市的市场，也只有明确了目标受众，才能让受众更好地感受品牌形象的真正内涵，才能更有针对性地塑造并传播城市的品牌形象。

根据不同的分类标准，城市品牌的传播受众可以有不同的划分方法。目前，从国内的城市品牌传播中，我们难以辨别其主要的传播受众，在内容和形式上存在老少通吃、中外兼并的通病。优秀的广告作品讲求的是"对什么人说什么话"，要认识到品牌传播的最终目的是在受众心里形成所需的品牌影响力。如果没有明确的目标受众，那么一支冗长的城市形象宣传片究竟有何作为？

4. 传播渠道过于广泛，资源整合力度不大

不单是城市品牌的传播内容趋于雷同，在品牌传播媒介上同样也存在着雷同的现象。品牌个性的传播途径和手段往往要通过媒体或能代表该精神行为的活动来进行，而大众媒介是品牌信息传播的主渠道，但大众媒体很难凸显品牌个性。品牌传播有三条主要的传播途径：大众媒介的品牌共性信息传播、小众媒介的品牌个性信息传播、专项的品牌传播活动。在这三种主要的品种传播路径中，由于媒介的中性特征，使得传播本身很难成为品牌个性的一部分。[②]关于这一点，城市的经营者们也已经认识到了，转而对专项的品牌传播活动逐渐重视起来。然而原本能够与品牌紧密联系的专项活动由于没有很好地体现城市品牌的核心价值，又流于跟风而陷入雷同的误区。

现阶段中国城市品牌传播的渠道以"大众媒体、节事活动、新闻发言人"为主，其中又以"国内大众媒体"选择占绝对优势。城市品牌传播中固然要注意传播渠道与其本身形象的匹配性，但集中出现往往只会造成适得其反的效果。对于这一点，我国城市品牌传播在节事活动这一渠道上的尝试相对比较成功。以"北京奥运""上海世博"和"广州亚运"为例，都从一定程度上推进了城市品牌形象发展，但也因此引发了国内一批中小型城市的"节事热"，即在没有明确"节文化"对"本地文化"内在支持点时就已经如火如荼，其后果引人深思。一些城市的经营者和管理者认为，只要宣传到位，城

①② 孙琳琳，霍泓．论城市品牌形象传播中的几个误区［J］．理论界，2005（3）：112.

市的品牌形象自然就能树立起来。许多城市忽视城市品牌的基础建设和长期规划，而仅仅依赖于大型的城市促销和推广活动，以为短暂的宣传和一时的效应就是在做城市品牌了。城市品牌传播本来就是一项长期系统工程，仅仅依靠大众传媒或是单纯依靠专题推广都是不行的。应通过管理城市与传播受众接触的每一个环节，形成整体的品牌体验，在潜移默化中提高城市在受众心目中的知名度和美誉度。

5. 后期维护工作不到位

在现有的城市品牌研究中，往往会忽略城市品牌资产的维护，导致城市品牌"重开发而轻维护"的现象。不仅在理论层面忽视品牌维护，在实践层面同样是对城市品牌的后续维护工作不重视。国内城市在城市品牌塑造过程中，大都注重前期的形象创建，花大手笔进行品牌形象的正面宣传，但却忽视城市品牌的风险防范与长效管理机制的建立。在遇到形象危机时应对不当，从而严重损害了经过长期经营而树立起来的品牌形象和品牌资产。形象危机遗留的不利影响还会制约城市的可持续发展。

四、城市品牌文化的延续和发展

每一个城市都有自己的特征和文化，就是所谓的地域文化。地域文化应该是指在一定的地域条件下，如海洋、山脉、河流以及气候特点，乃至独有的人文精神等，相互交叉产生的对于文化独特的、不可变更的诸多影响，使这种文化突出了地域的特点；在文化空间坐标里，地域文化在大范围讲有其独特性，在小范围讲有其主导性；表现在文化内涵上，地域文化既是地域性的，又超越地域性；体现在文化属性上，地域文化既是客观的实体存在，也是地域群体的主观文化认同所形成的"想象的共同体"。"地域文化不是传统意义上的文化概念，也不是特指某种经济状况下的物质层面，而是直接受制于地域限制（和已经具有的人文精神）下的，并通过多种形式表现出来的文化的状况。地域文化也不是一个简单的地理概念，而是一个文化时空概念，一般是指具有相似文化特征的某个区域及其文化生成的历史空间。因此，我们在判断地域文化时，不能简单持有地理决定论，对地域性文化的思考也不仅来源于历史和传统，而且未来的指向也是影响判断的重要因素。"

地域文化具有四个基本特征：一是文化的普遍性。每个地域都有其独特的文化标记，如行为方式、语言系统、经济体系、文化典籍、文化代表人物和一定的宗教信仰、价值观念等。二是文化的群体性。地域文化是地域群体的创造，其成员认同这种高度一致的群体文化，并对其有一种归属感。三是文化的继承性。每个文化圈内的文化都在代代相传，如文化典籍、古代建筑、民风民俗等。四是文化的渗透性。各个文化圈的文化都在历史的发展中不断接触、交流、相互影响和转化，所以各个文化圈的文化既有其独具的地域特色，又具有中华民族传统文化的统一性。

（一）地域文化在城市品牌形象塑造中的价值

地域文化的重要性体现在它的当代价值。各具特色的地域文化，是源远流长、博大精深的民族文化的有机组成部分，是文化多样化发展的重要载体和具体体现。地域性是全球化成为一种趋势后才出现的问题，在经济全球化过程中，某一种文化由于经济地位的优势而具有相对强势地位，这个现实是不容回避的。如今，市场上的产品、销售无不借着文化的标记与影响，大众纷纷趋向具有文化意义的消费。地域文化已成为区域经济和文化发展的重要源泉，为城市的发展提供了精神动力和文化氛围。地域文化是一种资源，在发展自身的同时，挖掘其资源优势，打造文化品牌，充分发挥地域文化优势，既是带动和促进区域经济、政治和社会发展的有效途径，同时也塑造和培育了新的民族精神。

地域文化的形成经过了很长的历史时期，每个地方都有其鲜明的地域文化，这样的文化也必然是个性和多元化的，不同地域文化影响下的城市也就呈现出不一样的个性特色。城市品牌形象中反映出来的地域性是地域文化外部现象的一种表现形式，它是品牌形象设计的源泉，离开了地域文化，形象设计就没有了素材与元素，也就无法体现出这个城市的本质，即城市的性质和职能，就会给城市的发展和品牌形象的建立带来负面影响。人是文化的创造者，人类的生存和文化的发展又是在一定的空间进行的，必然存在着地域性和差异性。因而，产生于这一差异之上的地域文化对于民族精神的形成和发展也必然产生重要影响。在实践层面，我们对城市进行品牌形象塑造过程中的一个重要目的，也正是通过城市中视觉形象信息的表达间接传播地域文化与民族精神。

地域文化是中华民族精神得以不断塑造培育的不竭源泉。民族文化的发展与民族精神的传承，是对地域文化先进因素和优秀成分的吸纳荟萃与凝结升华，对于地域文化又具有导向、凝聚和规范作用，促使其融合扩展、认同主流和趋同一体；地域文化在趋同过程中凭借地域优势创造和积蓄着自身的个性风格与接纳新的内容，从而赋予民族文化与民族精神再造和扬弃的充足养料与能量。文化是一个过程，是一个开放的体系，要随着时代发展和社会进步，不断进行调整、更新和重塑，使一个民族的文化永葆与时俱进的生机与活力，这就是文化的发展与创新。

（二）社会历史文化影响下的城市品牌视觉形象

历史文化资源是一个城市文化品位的重要表现，是一个城市文化个性的生动体现，也是一个城市（特别是中国城市）成为文化名城的一种独特的文化优势。世界文化名城意大利的佛罗伦萨就是一个先例，曲阜也是靠历史文化资源而蜚声国内外的。一个城市的历史文化价值源于这个城市的地缘、环境、历史和传统，是城市过去和现在的浓缩，是物质实体和社会文化的提炼。可以说，人文历史景观与文化是城市极具活力的视觉要素的源泉，是构成城市视觉形象的精神和灵魂。因此，在城市品牌视觉形象塑造过程中，除地缘识别外，应当将一座城市的历史、文化、风俗、民族等人文状况作为城市品牌视觉形象识别系统中最重要的人文识别因素。城市是文化的载体，它必然沉积了丰厚的历史文化遗存与结晶，综合反映在城市视觉形象系统中，就形成了一个城市最持久、最具资源潜力和最有文化人类学意义的识别系统与独特的城市特色。

当我们谈到城市品牌视觉形象系统中人文识别因素的时候，必须注意历时性和共时性两个方面。城市的历史、文化、风俗、民族等是长期沉积的结果，是一种历时性的遗产，而当代城市人的现实生活必须与历时性的人文遗产并存，这就是城市的一种共时性状况。当我们推广城市视觉形象人文识别时，则以历时性的人文特征为主。也就是要正确处理和妥善协调城市传统文化的传承和新文化发展之间的关系。怎样在城市品牌视觉形象建设中对待城市中的传统文化呢？一方面，我们不能离开传统，空谈文化创新。任何时代的文化，都离不开对传统文化的传承，任何城市的文化，都不可能摒弃传统而从头开始。对于一座城市而言，如果漠视对传统文化的批判性继承，那么其文化创新就会失去根基。另一方面，城市文化发展与品牌视觉形象塑造的关键是实现文化创新，这是社会实践的必然要求，是一个城市文化与品牌形象经久不衰的内在动力。要在文化交流、借鉴与融合的过程中，吸收其他文化的营养和有益成果，以我为主，为我所用，正确处理当代与传统、本土与外来文化的关系，反对任何形式的“守旧主义”“封闭主义”“民族虚无主义”和“历史虚无主义”。

“文化复归现象在设计中表现为一种回归意识、寻根意识、民族意识与设计意识的结合，体现了民族心理的延续与发展，同时也体现了民族审美特征的强化。”人文历史文化是一种无法再生的文化与资源，一个无视历史文脉的继承和发展，文化含量和文化品位不高的城市是注定没有生命力的。

（三）城市品牌视觉形象设计激化地域文化的传承

当今，很多城市的建设表现为现代化的同时，城市自身的“人文情结”却在慢慢消失，“千城一面”的建设使城市越来越趋同，缺乏生命力，没有个性。个性化的城市文化特征，往往表现为某些方面的超前性。独特城市视觉形象设计的表现不仅对于城市品牌形象的塑造，而且对于城市文化的宣传和地域性文化的传承与创新都具有一定的渗透作用。城市品牌视觉形象的设计从历史传统文化中提取其精华，就是让传统文化的生命得以延续，保留城市的“历史记忆”，让更多的人真正认识和了解城市的历史，使城市的传统文化价值真正在人们的心中生成情结、情怀，把城市创造为市民心里的“家”。如城市的标志设计，城市建筑的整体色彩规划以及城市道路的标识导向指示设计等，其所带来的美好体验与享受，能够构成城市可持续发展的一种资源。

地域文化体现的核心是强调与国际城市发展的接轨，促使城市的发展走向一个新的舞台，机遇与挑战同在。“越是民族的就越是世界的”，地域文化特色的视觉符号表征及形象，作为城市发展的象征、历史文脉的体现和文化特色的反映，对观赏者、游览者具有独特的艺术魅力和审美作用。

“事实上，一个好的视觉环境，不仅是为了满足公众日常的出行需求，或是承担已经拥有的意蕴和感情，而且更重要的是在新的探索中充当文化的导向和促进作用。”毕竟，文化的意义也不仅在于传承历史，而更多的是一种在未来的指向性。

（四）综合地域文化特色的城市大型活动

在城市品牌形象的塑造中，注重在盘整城市文化资源的基础上，创造出与大众市民文化和社会发展相适应的交流活动，并且在活动的城市内与城市之间区域的宣传中，视觉信息的传递上要注重突出表现地域性的文化特色，从整体上提升城市品牌的形象，争取创造一种城市独特的品牌文化。城市举办的大型活动如经济交流活动、体育、文艺活动等，是城市进行经济、文化等对外交流的绝好机遇。通过举办大型活动来大力提高城市知名度，提升城市形象，美化城市环境和氛围，促进城市发展的国际化，对加快城市自身品牌的发展具有重要的意义。

举办大型活动，正面推广、营销城市，是一个城市形象和城市文化水平、城市文化特色及城市文化整体性的体现和象征，但凡世界上一流城市都有世界一流的城市文化活动或者通过举办大型的国际活动而名声远扬，如戛纳电影节是世界上规模最大的电影盛会之一，它使戛纳这个法国南部的海滨小城被视作影坛圣地。

体育赛事更是推广和传播城市品牌的有效途径。例如，2008 年的北京奥运会，不仅使北京市城市面貌焕然一新，而且使北京走进了世界人民的心中。青岛市在成为 2008 年北京奥运会帆船赛的唯一合作伙伴之后，借着奥运会的东风，青岛市政府除了为以海尔为代表的明星企业注入活力之外，还在《青岛奥运行动规划》中提出“利用青岛海、城一体，人和自然和谐共处的城市特点，做足海上运动的文章，高标准、高起点地规划、设计奥运场馆和配套设施，以使青岛成为帆船之都，成为中国乃至世界知名的海上运动教育、科研、运动、休闲中心”。为此政府成立了帆船之都品牌设计推广办公室，全力打造青岛的城市形象，青岛“帆船之都”的形象标志也就在此背景下诞生了。

在之后城市形象的推广中，通过国际帆船比赛等活动的举办，加强了城市品牌形象的宣传；同时，青岛城市凭借本身所拥有的优秀资源与巨大魅力，在海尔、海信、澳柯玛、双星、青岛啤酒等工业品牌与旅游品牌的基础上成功经营整个城市，极大地提高了青岛市城市品牌形象，使青岛市城市品牌更加深入人心。

第四节 城市品牌促进张家界体育赛事发展的动力机制

张家界是在旅游发展的基础上而建市的，其城市形成的主要目标就是更有效地保护和充分利用资源，促进旅游业的健康、有序发展。张家界体育赛事的发展，充分依托其丰富独特的体育赛事自然条件、政策支持和基础条件等优势，紧紧抓住国家新时期体育产业政策支持、旅游城市提质升级、体育产业政策倾斜等机遇，不断提升张家界市国际化水平，打造张家界市城市品牌，改善配套场馆设施、培养赛事人才队伍、培育市场赛事组织、增强赛事核心竞争力，打造独具特色的赛事品牌。张家界是世界旅游名城，除了继续开发观光旅游、打造观光旅游新产品外，近几年来一直致力于打造户外旅游，把张家界建设成户外运动的天堂。让体育赛事与旅游相结合，打造极具特色、富有影响力的体育赛事，吸引人们的眼球，借以营销户外旅游和传统观光旅游。为实现这个目标，当地政府和相关旅游企业大力发展体育赛事，提升了张家界的旅游品牌，积累了一些体育赛事营销旅游的实践和经验。

一、政府强力支持

各项体育赛事在张家界的成功举办，进一步提升了张家界的知名度，宣传和促销了张家界传统旅游产业，并带动了张家界体育赛事旅游、民族民俗体育旅游以及红色体育旅游的发展。为充分发挥规划引领的作用，张家界市政府及职能部门高起点、高标准制定体育赛事发展规划，制定赛事发展的近期和中长期目标，并将其与张家界社会经济发展、旅游经济发展、体育产业发展等规划衔接与融合。加大政府对体育赛事活动的财政支持，不断改善体育赛事发展条件，为体育赛事，特别是为大型、高水平、影响大的赛事提供支持和保障。

统筹推进赛事所需体育场馆设施建设、户外运动基地建设、人才队伍建设、专业市场主体建设以及体育赛事配套基础建设。建立举办体育赛事的一系列机制，配套出台鼓励、引导体育赛事举办的政策、法规与措施，在不断加大政府财政支持和保障力度的同时，建立体育赛事运营市场化机制，积极运用市场化手段，充分发挥市场主体作用，鼓励市场资本参与体育赛事的举办，明晰权责，共担风险，调动各方的积极性，实现赛事运营资本支持的多元化，为体育赛事的发展提供强大的经济保障，促进张家界体育赛事的健康可持续发展。

二、重视户外运动、旅游人才的培养

张家界是著名的旅游城市和户外运动城市。经过多年的发展实践，张家界全市拥有几万名旅游或户外运动从业人员，这些人员长期活动在张家界市的旅游发展或户外运动实践中。在体育产业化进程中，除了要拥有大量体育爱好者、参与者外，还要有一支举办赛事的专业化人才队伍。尽管与体育赛事的专业人需求有一定的差异，但这些人才也在旅游策划、大型活动策划及组织中积累了丰富的经验。而张家界也一直是旅游和事件营销学术界研究的典型城市，所以在体育赛事的发展理论上也具有一定的研究。这些都为张家界举办体育赛事提供了支撑。为此要建立体育赛事专业化人才培养和输送机制，培育一批专业经纪公司、体育中介组织和赛事主办机构，实现体育赛事管理、运作、评估的专业化、科学化，促进体育赛事发展壮大。在选择体育赛事项目的过程中，建立科学的决策机制、赛事风险评估机制，确保赛事实现预期的社会效益和经济效益。举办体育赛事必须懂得取舍，树立精品意识，走精品化道路；要优先选择那些竞技水平高、观赏性强、群众基础好、国际化程度广、社会关注度高、本土化效果好、极具发展潜力的体育竞赛项目，以确保赛事的质量和效果。厚植体育赛事发展基础，打造系列体育赛事的精品，提升赛事的知名度和美誉度，便于培育和形成一个良好稳定的市场环境和氛围。

三、打造差异化体育赛事品牌

部分体育赛事和旅游活动融入了本地丰富的少数民族传统文化、地域文化以及由旅游、人口迁移等所带来的外来文化。如前几年在端午节举行的澧水河龙舟赛，很好地传播了张家界的民俗文化。在调研中发现，部分旅游者是为体验张家界的文化来参加体育赛事的，说明张家界特有的文化已经在体育赛事中对旅游者产生了吸引力。文化内涵不仅是城市品牌的灵魂，也是赛事品牌的灵魂，是赛事魅力和韵味的生动体现。为此，要充分展现张家界市城市品牌的文化内涵，展现城市品牌的文化特色，就要对赛事的每个环节均融入文化元素和符号，体现文化价值，展示文化魅力，强化文化功能，形成持久的赛事品牌生命力。张家界在民族文化、旅游文化方面具有十分丰富的文化资源，可打造内涵化的城市品牌，举办特色化、差异化的体育赛事。

特色就是优势，特色就是品牌。“张家界地貌”是对张家界旅游资源的定位，也是对张家界旅游产业发展的市场定位。应围绕“张家界地貌”全面整合体育赛事资源、实现全域旅游产品打造和旅游营销，不断地将“张家界地貌”的特点和优势整合成旅游市场中的热点和焦点。张家界的自然资源堪称喀斯特地貌的绝版，在体育赛事旅游打造中，要根据这种稀少的地形地貌，制造稀缺型发展方式。如天门山景区一般的体育赛事旅游活动不再接纳，开展一些对环境破坏程度小、品质高、特色鲜明的赛事活动。那么，要制造稀缺，就可以在价格上做文章，提高体育赛事旅游的价格，使赛事旅游以最小的经济成本创造最大的经济收益。另外，可使参加者产生巨大的荣耀，“挑战天门”将为之带来巨大的心理满足，从而有效地提高口碑营销的传播效果。张家界市最大的特色就是旅游，体育赛事的开展就是围绕张家界的奇峰异山、险滩激流、山地湖泊等自然资源，利用张家界拥有的世界自然、世界地质公园等超一流金字招牌，紧紧抓住丰富的中高端国内外游客资源，走独具特色的体育赛事差异化发展道路，以此打造不可复制、不可替代、不可超越的赛事品牌，实现体育与旅游的高度、深度融合发展，确保体育赛事市场的长盛不衰。

四、科学有效的品牌传播

张家界体育赛事开发方向逐步明确，开发的部分体育赛事已形成一定规模，如世界翼状飞行锦标赛、自行车极限挑战赛等。在2010~2011年度“中国最具影响力的十大旅游营销事件”评选中，张家界“翼装飞行穿越天门”顺利入选。

城市品牌的形象影响着体育赛事品牌形象，而体育赛事品牌的建立并非一朝一夕的事，同时也取决于品牌传播的有效化程度。赛事品牌的推广形式包括了媒体、人际、公关、营销等传播方式，需要在品牌识别的整体框架下进行有效选择。体育赛事品牌的推广贯穿于赛事筹备、举办和赛后的全过程，其推广效果取决于竞技水平、组织保障、氛围营造，更取决于媒体宣传报道的质量。所以要尽可能选择国内外传播面广、收视率高的主流媒体合作，以确保传播效果的有效化。

利用各种媒体传播张家界体育赛事的新形象。张家界开展的系列体育赛事，都邀请了电视广播、互联网、报社等媒体进行宣传，同时，还在每次比赛时印发各种画册、多媒体光盘等宣传品，共同传播张家界体育赛事和旅游。翼装飞行世界锦标赛每年举办都能产生不小的轰动，多家电视台、网站、新闻报纸等都对其进行了报道。如2015年张家界翼装飞行世锦赛在开赛前几个月就利用张家界天门山旅游股份有限公司门户网站、企业微信公众号等进行宣传。在赛事举办的过程中，湖南都市频道、江西都市频道、北京新闻频道等十余家电视台对比赛进行了现场直播。中央电视台新闻频道、体育频道等对比赛进行了新闻报道。

有效的品牌传播能使体育赛事品牌形象更加立体化。体育赛事形象是体育运动发展的生命力所在，尤其是在信息化时代的今天，体育赛事形象的建立与否，已成为赛事能否长盛不衰的重要因素，很大程度上决定了赛事生存与发展的方向和前途。体育赛事形象的建立，除了通过媒体广告、赛事商标和图案等宣传途径，还要从比赛的组织、社会公关、相关人员的言行举止等各种角度、各个方面进行全方位、立体化的打造，传递品牌的价值所在。体育赛事品牌建设和打造，更要贯穿赛事筹办、举办过程的始终，并统筹赛事品牌形象建立三个时期（品牌塑造期、品牌巩固期、品牌维系期）的不同策略。而这一过程也是城市品牌塑造和传播的有效过程。

五、赛事战略全球化，赛事内涵本土特色

张家界的一些资源是世界上所独有的，在定位城市旅游品牌时，还需要找准张家界的独特性。张家界以城市旅游品牌为导向的体育赛事主要打造成刺激惊险、健康向上，并充分融合旅游元素的文化、休闲体育赛事。张家界市的发展定位是世界著名风景旅游城市、国际山岳风景旅游会展中心和区域性国际旅游交通枢纽，这是全球化的战略思维。同样，张家界市的体育赛事发展也要围绕“奇峰秀水运动天堂”“秀美张家界时尚运动城”的全球化方向来统筹推进。总之，就是要利用好张家界旅游的世界顶级金字招牌，瞄准世界顶级体育赛事的高度来谋划、实施、发展体育赛事，从而实现世界先进水平与本土地域特色的高度融合发展。

城市体育赛事的持久健康发展，必须根植于本土地域，融入本土历史、文化、地域特色文化。张家界市发展体育赛事，打造赛事品牌，就是要充分利用好自己的自然资源、文化资源，与自身的特点和优势相结合，办成独具特色的、不可复制的品牌赛事。近年来张家界市重点打造的翼装飞行世界锦标赛、天梯速降锦标赛、全国激流回旋锦标赛、中国张家界天门山“天路”自行车挑战赛、武陵源峰林穿越赛等都是较成功的案例，值得进一步总结、推广。

加强区域旅游宣传和合作，利用新媒体、网络技术、电视、报刊等方式对张家界体育旅游的系列产品进行宣传和推广，要求打造体育赛事旅游的形象标识和主打品牌。加强地域性组合营销，跨越行政区划，把握体育赛事产品的宣传旅游和直接开展旅游的功能，突出赛事产品的特色，把张家界体育赛事与常德、湘西、恩施、铜仁等周边地区的体育赛事结合起来，共同进行宣传促销或开展体育赛事活动，形成网状的体育赛事发展路径。

六、加强体育赛事风险管理

（一）体育赛事市场开发风险概述

（1）风险的概念。风险一般是指客观存在的，在特定的时期与客观条件下，某一事件发生的不确定性。风险的特定含义是指某一事件导致最终损失的不确定性。风险的大小是指某种损失的预期结果与实际结果之间的差异程度。风险具有三个特性：客观性、损失性和偶然性。风险是客观存在的，风险与损失是相关的，风险是否发生不确定、损失多大不确定。

风险的本质是指构成风险特征，影响风险的产生、存在和发展的因素。可归结为风险的构成要素，即风险因素、风险事故和损失。

（2）风险管理。风险管理是指某一组织通过风险识别、风险估测、风险评价，对风险实施有效的控制和妥善处理风险所致损失，期望达到以最小的成本获得最大安全保障的管理活动。

学者姜智彬（2007）认为，风险管理经历了传统风险管理和现代风险管理两个阶段，其中，传统风险管理包括随机型风险管理和探索型风险管理，现代风险管理包括系统型风险管理和战略型风险管理。传统风险管理具有农业、工业经济时代的特征，管理方法是过程割裂的、消极的、事后的、临时的，并以职能驱动和成本为取向的。理解风险管理概念应注意以下几个要点：①风险管理的目标是对风险进行处理，降低风险成本，以最小的成本取得最大的安全保障。②在风险管理过程中，风险识别和风险估测是基础，选择合理的风险处理手段是关键。③风险管理是一种全面的管理职能，这个定义中的风险包含所有的风险，不仅针对危害性风险，也针对金融风险。

（3）体育赛事风险。体育赛事风险与体育赛事的既定目标相联系，只有那些一旦发生会延误体育赛事或者导致体育赛事发生损失甚至失败的不确定性事件才是体育赛事风险。也就是说，如果那些不确定性事件与体育赛事的目标并不相关，那么它们就不属于体育赛事风险范围。例如，如果一场羽毛球赛在某市体育馆内举行，那么当天是否下雨与现场能否举行比赛就是不相关的；但是如果是在体育场举行的田径比赛，则当天下雨的概率就是不确定性事件，它将对比赛产生影响。因此，在前一种情况下，下雨只是一个不相关的不确定性，而在后一种情况下，下雨就成为影响比赛能否顺利举行的一个风险。因此，不要把风险与不确定性事件等同起来，两者是不同的。

体育赛事的风险客观存在。任何体育赛事都存在风险，风险是体育赛事所固有的且是不能完全规避的，体育赛事常见的风险事件包括：①自然灾害。体育赛事中可能遇见的自然灾害主要是指赛事筹备及举行过程中可能发生的极端天气事件，如高温、暴雨、雷电、冰雹等。这些极端天气事件对参赛运动员及观众的身体是不利的，会阻碍赛事的顺利进行。除了对举办地的气象规律作充分了解，对举办时间进行审慎选择外，还要做好应急预案，做好准备工作。②交通事故。体育赛事期间人流车流较大，一旦发生交通事故需及时查明原因，迅速疏通，否则会出现意想不到的后果，可能成为其他赛事风险事件的导火索。③体育骚乱。赛事期间特定群体自发、有诱因或趁机发动的动乱，具有极大的煽动性、从众性，处理不当会引发其他突发事件的发生。④其他。主要有食物中毒、政治事件、恐怖主义等风险。赛事市场开发风险有其特殊性，风险管理意义重大。

（二）体育赛事风险管理的重要性

体育赛事在举办的过程中，会出现一些由于事件所产生的危机，这些危机如果不及时有效地处理，将会给体育赛事以及整座城市的形象带来巨大的损失。体育赛事较之一般的事件活动更易受到风险的冲击，赛事风险管理是赛事管理的重要组成部分，它贯穿于体育赛事从筹备到赛事结束后的一段很长的周期。及时处理在体育赛事中出现的危机问题，已成为体育赛事发展一个常规性措施。

体育赛事的核心产品为可供观赏的体育赛事及相关服务，衍生产品包括相关赛事电视转播权、主办城市旅游产品等。除无形产品外，还包括围绕体育赛事进行生产的有形产品，如赛事纪念品等。[①] 可见，体育赛事所提供的产品是多层次、多维度的，要满足消费者的需求，提升城市品牌，就需要在这些产品的生产、销售、售后等各个环节加强风险管理。体育赛事风险管理可以预防与控制赛事开发的风险，使管理机构组织者面临的风险损失得到控制

① 阮伟．体育赛事与城市发展关系研究［D］．北京体育大学博士学位论文，2012.

或将其减小到最低限度，预见可能发生的风险，做好规避、转移等工作，提供风险的应对策略或方案，规避和处置各种赛事风险，有利于组织者减少和消除各种经济风险、决策失误风险等，有力地保证了赛事市场开发的顺利进行与可持续发展。

（三）体育赛事风险管理的基本过程

1. 制订体育赛事风险管理计划

随着赛事组织者办赛经验的积累以及学者对赛事风险管理的研究逐步形成理论，在赛事风险管理过程中管理者会根据以往赛事的事例进行预判并采取一定的措施防止同类风险的发生，形成对于特定风险的管理模式和管理理论。对体育赛事来说，要结合城市资源的禀赋、城市交通、城市文化，特别是依据城市发展的战略制订切合城市品牌提升的体育赛事，考虑体育赛事所融入的元素，以便开展后续的风险识别、风险评估以及风险管控等工作。如因地震、恐怖活动或其他未可知因素造成比赛的取消、延期或易地举行而发生的一切风险等。

2. 体育赛事风险识别

体育赛事风险管理是一种主动的预防性过程，用以尽可能减少可能导致损失的不确定性事件的发生，并使不确定性事件发生所引起的负面后果最小化。识别风险的重要性还在于处理风险事件的成本通常随着赛事运作的推进而逐渐增加。尽早识别风险，避开风险或者尽可能使风险的负面影响最小化。如 2008 年北京奥运会就出现了网站访问流量大增而使购票系统出现无法登录的状况。因此，一定要做好技术准备和准备好应急预案以规避此类风险的发生。人员具有较大的主观能动性，其中人员的道德风险是一种隐蔽的行为，很难测量、预见和控制。对人的控制是组织管理过程中一项比较复杂的工作。人员风险包括人员缺席风险、人身安全风险、形象代言人风险和观众骚乱风险等。对人的管理要求分工及工作内容要落实到位，要对活动现场所有搭建、安装、摆放的物料数量、安全程度、使用情况、电路安全以及演职人员的就位情况等进行检查，以免发生突然变故。最重要的是所有工作人员间的沟通要通畅，避免发生沟通中的理解偏差。全面地了解风险发生情况，以发现被遗漏或被忽视的风险，提高各部门的协同能力。

在识别风险时，先要组成专家小组，一般由有风险管理经验的专家组成，采用信函的形式向专家提出要解决的问题，并提供所需要的资料；专家依据这些资料，提出自己的意见；得到这些答复后，将回答的各种意见汇总，列成图表，归纳分析，并匿名再次反馈给有关专家，据以征求其意见；然后再次综合反馈，这样如此反复多次，直到得到比较一致的意见为止。优点是简便易行，可以避免传统会议讨论时产生的随声附和现象，所得结论具有一定综合性，得出的意见也比较客观。

3. 体育赛事风险评估

通过直接检查赛事市场开发的组织管理和具体业务活动，具体了解和掌握市场开发过程中各环节面临的风险。赛事风险可能会给赛事运作和市场开发带来负面影响的不确定性事件。但这些风险出现的概率及可能产生的负面影响是不同的，并非所有的风险都应该给予同样的关注和重视，应提前进行风险评估。风险评估要依据历史数据列出风险清单及风险初步排序，再由有经验的赛事开发管理者在风险清单基础上进行评估，并根据风险对市场开发目标的影响程度，对风险由大到小进行分级排序，实施定性分析和定量分析要相结合。要建立科学评估指标体系，并进行风险后果的评估。赛事市场开发风险评估体系复杂，根据内容建立相应的一级、二级与三级指标，并进行等级与程度确认，有利于科学化与精细化管理。

4. 体育赛事风险处理

风险后果一般从经济效益、社会效益与环境效益三个方面进行考量。对赛事风险进行识别和评估后，必须根据实际情况，做出相应的风险应对决策，制订不同的风险应对计划及措施，准备若干备用方案以减少风险事件发生后的负面影响。

（四）体育赛事风险管理的侧重点

城市发展与体育赛事密切结合起来，强调体育赛事与城市发展的有机联系，面向的是城市风险。以城市品牌为导向的体育赛事风险管理则必须把体育赛事放到特有的城市环境中去考虑，要关注城市的品牌建设和长期发展，要争取树立积极健康的城市品牌形象，并使旅游者、投资者以及市民等产生高度的品牌忠诚。这类体育赛事既要注重赛事的活动风险，也要关注面向城市的风险，而且体育赛事本身也与城市的风险息息相关。现在越来越多的体育场馆建设除了关注场馆的本身质量、结构等外，也更加注重体育场馆的可持续利用以及对城市的影响等。

城市品牌风险治理更注重体育赛事风险管理的系统性和战略性。系统性主要表现在把体育赛事风险放在城市持续发展的大系统中，将体育赛事当成城市发展的重要元素，体育赛事的风险就是城市的风险。从纵向上对风险实施长期预防和控制，从横向上关注体育赛事的经济风险、社会风险、环境保护风险等。战略性主要表现在体育赛事风险管理与城市的风险管理同为一个有机整体，采用前瞻性的、全局化、一体化的方法去预防和控制风险。城市品牌风险治理并不是一种固定的、单调的模式，不同城市中的体育赛事由于其城市背景、城市发展战略、投入资源等的不同或差异，其风险治理的方式和理念也存在一定的差异。

（五）体育赛事风险管理的原则

1. 树立正确风险观念，强化风险意识

赛事运作管理机构所有人员都要强化风险意识，克服麻痹大意思想，要明确风险的危害。由于赛事市场开发风险的影响是多方面的，忽视任何一方面都需要为此付出沉重的代价，应加强危机意识，最好对人员进行有针对性的培训。

2. 建立健全风险管理沟通与预警机制

健全的风险管理沟通渠道应该是双向的信息传输渠道。一方面，危机出现的苗头要能够很快传递到管理机构内部，并能够被管理机构内部所察觉。机构越早意识到风险，就越能保证处理危机时间上的充裕性。另一方面，管理机构要把处理信息迅速传递到外部，及时化解风险带来的不良影响。建立完善的预警机制，由主管领导人担任总指挥，对突发事件统一领导、统一指挥，以提高效率。

3. 提高决策化水平

我国体育赛事大部分由体育经纪公司组织运作。由于公司规模的限制，赛事开发诸多事务都是公司高层凭经验主观决策的，这就增大了决策失误的可能性。为防范风险的发生，必须提高决策化水平。在决策过程中，应充分考虑影响决策的种种因素，尽量采用定量计算及分析的方法并运用科学的决策模型进行分析评价，从中选择最优方案，切忌主观臆断，使市场开发风险的预计、防范、控制和处理趋于合理和有效。

4. 强化审计监管

对赛事开发的审计监督可以分为内部审计和外部审计。通过外部审计可以减少赛事运作管理机构内部可能发生的误差和舞弊行为，使信息更准确地反映机构的实际状况；内部审计是运作管理机构成立独立的审计部门对财务控制的再控制、对赞助商资格和客户信用的再审核，督促各环节不断地改进和完善相应的控制，力求减少误差和风险。

5. 加强人员管理

要加强对和市场开发密切相关的体育赛事运作管理机构管理者、组织者、工作人员的管理，防止工作人员由于工作上的失误和偏差给市场开发的一系列活动带来损害。2007 年底，李宁作为大学生体育协会的赞助商，按照协议，在赛事举办期间，所有工作人员均要着装李宁特定的服装，而该协会的一名工作人员却不按规定着装，在赛事期间穿戴了耐克的服饰，并多次出现在直播镜头中，给赞助商造成了极大的损失。

（六）体育赛事风险管理中的重点内容

1. 风险治理的主体多元化

在体育赛事风险治理中，要依据利益相关者理论，要求利益相关者共同担任风险的治理主体。在风险治理的系列活动中，要构建风险共担、利益共享、协同合作的治理关系。刘霞、向良云提出政府、市场、社会等多元主体资源互补、权力分享、风险共担、彼此依赖的公共危机治理的概念框架。① 要

① 刘霞，向良云 . 公共危机治理：一种不同的概念框架［J］. 新视野，2007（5）：50-53.

以城市政府为主导，充分发挥各利益相关治理主体的积极、创造性的力量。赛事管理人员明确赛事风险是城市风险的重要方面，对赛事风险有前瞻性的、战略性的、系统的、全面的认识和了解，并能迅速预防和控制风险。

2. 规避安全风险

加强赛事前宣传工作，树立城市居民、赛事参与者、观众等的赛事基础知识、旅游知识以及行为规范，避免因赛事带来的不良事件。应尽可能地减少体育赛事中不确定性风险事件的发生，而使体育赛事发展和城市发展保持稳定状态。城市政府应积极加强广大干部和企业、社会组织等学习风险管理培训，完善风险管理预防、救援设施，普及知识，提高应对风险的能力，走专业化风险管理之路。例如，为了避免恶劣天气的影响，从 1948 年伦敦奥运会开始体操比赛改在室内场馆进行。

3. 规避品质风险

要对城市举办体育赛事所面临的劣势、威胁进行战略上的系统评估。防止城市、景区景点的交通拥挤，加强厕所、餐馆、酒店等基础设施建设，全面布局品质工作。要增强城市居民、赛事参与者和赛事观众等的品牌意识，做好环境保护、体育赛事产品等的品质工作，并积极在大学、中学、小学中开发本土教材，将城市的环保意识深入年青一代，提高全民维护城市体育赛事和城市品质的责任感。

4. 规避环境风险

环境风险是影响体育赛事能否顺利举办的重要因素，带有极大的不确定性。环境风险指政治因素、社会因素、经济因素、空气质量、科学技术、基础设施、气候等对赛事的成功举办可能导致的不利影响。鉴于体育赛事在城市的独特功能，体育赛事活动的开展要严格遵守《环境保护法》《森林法》等与城市资源和环境密切相关的法律法规以及相应的条例。避免赛后的场馆闲置，做到场馆、场地的持续利用。要加强对城市名胜古迹、城市道路等的保护，美化人文社会环境，提高赛事形象，禁止破坏生态环境和特色建筑景观。要适度开发，准确测算赛事参与者和赛事观众的容量，在环境承载范围内实现产品的开发与营销，保证区域生态环境的和谐和可持续发展。开发与保护并重，延长体育赛事资源和产品的生命周期。要规避生态环境风险，就必须以尊重生态环境系统的自然发展规律为前提，在生态系统能承载的范围内进行适度的开发与利用，否则将会导致生态失衡和旅游资源的严重破坏，最终得不偿失，危及整个城市的体育赛事发展和城市发展。

在开展体育赛事活动中，一是要对旅游者、参赛者以及城市居民进行适当的生态环境的宣传和教育，增强环境保护意识，履行生态环境保护的义务，杜绝其不良的行为，从而使体育赛事参与者对生态环境的负面影响减小到最低。二是在体育赛事的赛前、赛中以及赛后的各个阶段，从最初的体育赛事的规划设计到组织运行以及赛后维护中要严格尊重生态环境的规律，对生态环境的承载力、缓冲力等进行准确的测量和及时、有效的监控，使得赛事运作符合环境科学的原则，要以取得生态环境保护的利益最大化为目标，而不能以追求经济效益最大化为终极目标。

部分旅游城市的体育赛事，大多都是在景区景点内或是附近开展，使得生态环境遭受了严峻的挑战。在核心景区，举办世界级体育赛事，要在保护生态环境、自然景观无明显破坏的情况下举行。在核心景区周边，可举办大型特色体育赛事，如徒步、自行车。在远离核心景区的地带，可举行一般性的体育赛事活动以提供旅游公共服务。

5. 规避品牌危机

品牌危机的爆发，会立刻使产品销售下降甚至滞销，使品牌形象、企业信誉大为减损，甚至彻底摧毁企业多年苦心经营的品牌。品牌危机的特征表现为突发性、低可预见性、严重危害性、破坏性、舆论关注性。① 品牌风险的发生绝不是偶然的，如企业的诚信问题、管理问题和自律问题都会引发品牌危机。品牌危机产生的原因是多种多样的，主要有以下几种：品牌战略制定失误、品牌策略失误、品牌素质的缺陷以及品牌环境的变化。② 品牌危机处理需要遵循主动性原则、及时性原则、诚意性原则、真实性原则、全面性原则、协同性原则等。③ 面对不可预料的品牌危机，一是要强化安全监管职能，建立现代化的监管平台，在赛事的全过程进行监管。二是要完善保护措施，建立

---

① 周云．品牌管理学科化发展研究［M］．北京：企业管理出版社，2013：167-169.

② 周云．品牌管理学科化发展研究［M］．北京：企业管理出版社，2013：172.

③ 周云．品牌管理学科化发展研究［M］．北京：企业管理出版社，2013：175-176.

风险管理机制。对赛事可能存在的危机，提前进行预测，对于出现的危机，及时处理，防止后续不良危机的再发生，并把这项工作制度化。赛事的组织和预警管理机制需要建立，特别是在风险的预测与控制上要结合国内外先进的管理经验、技术和自身的特点量身打造。

（七）体育赛事的风险转移策略

1. 保险转移

体育赛事即便做了一系列风险控制，还是很难消除一些风险，如果风险事件不可避免地发生了，对于自己不能承担的部分，保险是一种较好的风险转移措施。比如奥运会中可能发生的可保风险，通过向保险公司缴纳保险费，举办方可以将风险转移给保险公司。可为体育赛事市场开发风险进行保险的险种有：①财产保险。是对有形财产的损失及相关利益损失导致的赛事取消进行保险。②责任保险。是对赛事举办方因违反责任而付出的赔偿进行保障的保险。

2. 签订法律合同

体育赛事管理中钱款是以分期的方式支付，双方要明晰各自权益。赛事运作管理机构应与赞助商、供应商、服务商、电视转播商等签订相应的法律合同，双方在秉承“公平、公正、公开”原则基础上写明各自的权利和义务范围，明确规定钱款、服务支付的时间节点，并严格按照合同执行，一旦发生纠纷或者不可控事件，之前签订的法律合同将是处理这些事故的重要依据，也是赛事各阶段收入回收和进行权益分配的重要保障。

3. 寻求经济担保

体育赛事不仅是体育盛会，更会带动举办城市经济、社会发展。运作管理机构在承担其社会责任的同时，由于体育赛事市场开发风险的固有性，应积极与政府协商、沟通、合作，最好能够寻求政府的支持和介入进行经济担保，如果能获得政府财政担保更能在一定程度上增加赛事吸引力和诚信程度，吸引更多的关注和投资。

总之，体育赛事风险必须把体育赛事放到特有的城市环境中去考虑，要关注城市的品牌建设和长期发展，要争取树立积极健康的城市品牌形象，并使旅游者、投资者以及市民等产生高度的品牌忠诚。在体育赛事风险治理方面，依据利益相关者理论，要求利益相关者共同担任风险的治理主体。在风险治理的系列活动中，要构建风险共担、利益共享、协同合作的治理关系。刘霞、向良云提出政府、市场、社会等多元主体资源互补、权力分享、风险共担、彼此依赖的公共危机治理的概念框架。[①] 要以城市政府为主导，充分发挥各利益相关治理主体的积极、创造性的作用。赛事管理人员明确赛事风险是城市风险的重要方面，对赛事风险有前瞻性的、战略性的、系统的、全面的认识和了解，并能迅速预防和控制风险。

① 刘霞，向良云．公共危机治理：一种不同的概念框架［J］．新视野，2007（5）：50-53.

第六章
体育赛事与城市品牌建设耦合发展的模式分析

第一节　耦合度模型的构建及评价标准

城市与体育赛事的品牌耦合具有促进城市发展的重要战略价值。成功的赛事与城市品牌耦合，能塑造城市良好的品牌形象，扩大城市品牌知名度，获得顾客美誉度。耦合是指体育赛事与城市发展两大系统不是独立存在，而是在系统内部各要素之间互相关联、相互作用进而紧密联系在一起的一个复合有机体。在明确体育赛事与城市发展相互促进、互为支撑的基础上，以复杂适应系统分析的思路，通过构建体育赛事—城市发展耦合的评价指标体系，可以定量地分析体育赛事与城市发展相互耦合的主要因素及耦合关联程度。

1. 功效函数

设变量 U_i（$i=1, 2, \cdots, m$）是体育赛事—城市发展系统序参量，U_{ij} 为第 i 个序参量的第 j 个指标，其值为 X_{ij}（1，2，…，n）。α_{ij}、β_{ij} 是系统稳定临界点上序参量的上、下限值。超过序参量的上、下限值，系统将发生突变成为一个新的系统。因而体育赛事—城市发展对系统有序的功效系数 U_{ij} 可表示为：

$U_{ij}=(X_{ij}-\beta_{ij})/(\alpha_{ij}-\beta_{ij})$（$U_{ij}$ 具有正功效）

$U_{ij}=(\alpha_{ij}-X_{ij})/(\alpha_{ij}-\beta_{ij})$（$U_{ij}$ 具有负功效）

其中，U_{ij} 为变量 X_{ij} 对系统的功效贡献大小。按上式构造的功效系数具有如下特点：U_{ij} 反映了各指标达到目标的满意程度，U_{ij} 趋近 0 为最不满意，趋近 1 为最满意，所以 $0\leqslant U_{ij}\leqslant 1$。由于体育赛事与城市发展处于两个相互作用的子系统，对子系统内各个序参量有序程度的“总贡献”可通过集成方法来实现，在实际部门中一般采用几何平均法和线性加权法。

$$U_{ij}=\sum_{j=1}^{m}\lambda_{ij}U_{ij}$$

$$\sum_{j=1}^{j=m}\lambda_{ij}=1$$

其中，U_{ij} 为子系统对总系统有序度的贡献，λ_{ij} 为各个序参量的权重，具体可以利用层次分析法予以确定。

2. 耦合度模型

借鉴物理学中的容量耦合概念及容量耦合系数模型，推广得到多个系统相互作用耦合度模型，即：

$$C_n=\{(U_1\cdot U_2\cdot\cdots\cdot U_n)/[\Pi(U_i+U_j)]\}^{\frac{1}{n}}$$

本书研究的对象是体育赛事与城市发展的耦合关系，只包括两个系统，因此，可赋值 $n=2$，体育赛事与城市发展的耦合度函数可以表示为：

$$C=\{(U_1\cdot U_2)/[\Pi(U_1+U_2)(U_1+U_2)]\}^{\frac{1}{2}}$$

体育赛事与城市发展的耦合度是指体育赛事系统与城市发展系统之间、这两大系统的各组成要素之间的相互支撑程度、匹配程度、协调程度和协同程度，是对耦合自洽能力和水平的综合反映。体育赛事与城市发展的耦合度高，可以加速体育赛事与城市发展的一体化发展，并推动举办城市所在区域竞争力的提高和整体实力的增强，获得更高的溢出效益；体育赛事与城市发展的耦合度低，就会使体育赛事与城市发展的各自发育和发展缓慢，得不到体育赛事与城市发展共同发展的溢出效益，并对举办城市所在区域经济发展产生负面影响。

显然，耦合度值 $C\in(0,1)$。当 $C=1$ 时，耦合度最大，系统之间或系统内部要素之间达到良性共振耦合，系统将趋向新的有序结构（整个系统实现良性涌现）；本书参考王琦①的研究观点，当 $C=0$ 时，耦合度极小，系统之间或系统内部要素之间处于无关状态，系统将向无序发展（整个系统呈现负涌现）。当 $0<C\leq 0.3$ 时，体育赛事与城市发展处于较低水平的耦合阶段，此时体育赛事水平较低，体育赛事的办赛层次对城市发展的影响作用较小，对城市经济发展的带动作用有限；当 $0.3<C\leq 0.5$ 时，体育赛事与城市发展处于成长阶段，该阶段体育赛事的发展刚刚起步，体育赛事呈现出快速发展的趋势，它的发展急需大量的资金、资源和人力资源作为条件支撑；当 $0.5<C\leq 0.8$ 时，体育赛事与城市发展进入发展阶段初期，此时体育赛事处于稳定发展阶段，体育赛事与城市发展之间互相支撑，体育赛事促进城市发展，城市发展进一步支撑体育赛事的发展，体育赛事与城市发展开始良性耦合；当 $0.8<C\leq 1.0$ 时，体育赛事处于发展阶段后期，其质的方面也明显提高，体育赛事与城市发展相得益彰、互相促进，共同步入高水平耦合阶段。当然，由于政策及突变因素影响，体育赛事与城市发展有可能退化到以前的耦合阶段。具体如表 6-1 所示。

表 6-1　体育赛事与城市发展耦合度评价标准

序号	耦合度	耦合发展阶段	特征
1	0~0.3	萌芽阶段	体育赛事对城市发展影响微弱
2	0.3~0.5	成长阶段	体育赛事为城市发展提供支撑
3	0.5~0.8	发展阶段初期	体育赛事与城市发展开始相互促进
4	0.8~1.0	发展阶段后期	体育赛事与城市发展相得益彰

第二节　耦合协调度模型的构建及评价标准

耦合度作为反映体育赛事与城市发展耦合程度的重要指标，对体育赛事与城市发展耦合作用的强度以及作用的时序区间，预警二者发展秩序等具有十分重要的意义。然而，在有些情况下耦合度很难反映出体育赛事与城市发展的整体“功效”与“协同”效应，特别是在多区域空间对比研究的情况

① 王琦．产业集群与区域经济空间耦合机理研究［D］．东北师范大学硕士学位论文，2008.

下。由于各个城市对于耦合度计算的上下限一般取自各个地区的基准年数和发展规划数，缺乏统一的标准，单纯依靠耦合度判别有可能误导系统的耦合水平。例如，有些城市的基准年数或者发展规划数较低，在计算耦合度指标时，系统序参量的下限取值偏低，进而使得与基准年数或者发展规划数定得较高的城市相比，耦合值偏高。为此，构造体育赛事与城市发展耦合协调度模型。耦合协调度主要反映体育赛事与城市发展交互发展的耦合程度，对于使用耦合度指标衡量系统的关系起到补充的作用，以便比较不同城市间体育赛事与城市发展的耦合发展关系。耦合协调度模型主要反映体育赛事与城市发展交互耦合的协调程度，其算法可表示为：

$$D=(C\times T)^{\frac{1}{2}}$$

$$T=aU_1+bU_2$$

其中，D 为耦合协调度；C 为耦合度；T 为体育赛事与城市发展的综合调和指数，它反映体育赛事与城市发展的整体协同效应或贡献；a、b 为待定系数。在实际应用中，最好使 $T\in(0,1)$，这样可以保证 $D\in[0,1]$，以便于使用。

$U_1>U_2$ 则表明体育赛事的发展更快，体育赛事对城市发展的贡献超过了城市发展对体育赛事的贡献，我们称之为城市发展滞后型；相反，$U_1<U_2$ 则表示体育赛事对城市发展的贡献落后于城市发展对体育赛事的贡献，我们称之为体育赛事滞后型。体育赛事与城市发展耦合协调度指数及其对应的协调程度，具体评价标准如表 6-2 所示。

表 6-2　体育赛事与城市发展耦合协调度评价标准

序号	协调度	协调等级
1	0~0.0999	极度失调
2	0.1~0.1999	严重失调
3	0.2~0.2999	中度失调
4	0.3~0.3999	轻度失调
5	0.4~0.4999	濒临失调

续表

序号	协调度	协调等级
6	0.5~0.5999	勉强协调
7	0.6~0.6999	初级协调
8	0.7~0.7999	中级协调
9	0.8~0.8999	良好协调
10	0.9~1.0	优质协调

资料来源：廖重斌．环境与经济协调发展的定量评判及其分类体系［J］．热带地理，1999（2）：171-177.

显然可以对耦合协调度大致进行划分，耦合协调度值 D∈［0，1］。根据系统耦合度值的变化可分为以下六种类型：

（1）当 D=0 时，体育赛事与城市发展耦合协调度极小，系统之间或系统内部要素之间处于无关状态，系统将向无序发展。

（2）当 D∈（0，0.3］时，体育赛事与城市发展处于较低水平的耦合协调阶段。此时区域经济发展水平很低，体育赛事发展较快。体育赛事在拉动城市发展的同时，又被落后的、不和谐的城市发展条件所制约。在这种情况下，必须大力促进城市发展，提升城市的发展水平，促使体育赛事与城市发展协调发展。

（3）当 D∈（0.3，0.5］时，该阶段城市发展已经越过了它的发展拐点，城市发展条件得到改善，逐渐进入健康、快速发展时期。此时，由于体育赛事的发展有限，不能进一步促进城市的发展和改善。

（4）当 D∈（0.5，0.8］时，体育赛事与城市发展逐渐进入磨合阶段，此时城市发展又越过另一个门槛，体育赛事与城市发展进入一个良性发展时期。

（5）当 D∈（0.8，1］时，体育赛事与城市发展系统处于高水平的耦合阶段，系统步入良性循环阶段。城市发展水平在量、质两个方面得到很大发展，体育赛事与城市发展相得益彰，互相促进。

（6）当 D=1 时，体育赛事与城市发展协调度最大，系统之间或系统内部要素之间达到良好共振耦合，系统将趋向新的有序结构。

可以看出，体育赛事与城市发展之间相互协调，相互促进，两者逐渐从低层次的和谐向更高层次的和谐演进。在演进的过程中，体育赛事内部也逐渐由不和谐向和谐迈进。同时，在体育赛事的作用下，城市发展也逐渐迎合体育赛事的变化而逐步和谐。

第七章 武陵山片区体育赛事与城市品牌耦合发展实践

——以张家界市为例

第一节　体育赛事与城市品牌形象的互动方式

一、赛事与城市品牌合作运行

我们要利用赛事来打造城市品牌形象，首先所要面对的问题就是应该挑选哪种类型的赛事来打造品牌。这主要是看赛事品牌形象与城市形象的契合程度。例如，世界杯、超级碗、奥运会和美洲杯都具有鲜明的赛事品牌形象。当一项赛事的品牌形象已经深入人心，那么它的赛事名、标志和口号就会激活赛事网络的节点和联系。通过赛事品牌和城市品牌的相互作用，赛事品牌中的元素就会转换为城市品牌的元素，反之亦然。这就是品牌互动整合最重要的一种形式，即品牌合作。

品牌合作在近年来得到了各界格外的重视，因为这是加深和改变品牌形象极其有效的方式。从城市市场营销的角度来说，品牌合作的目的就在于将赛事品牌中的一部分转移到城市品牌中。在黄金海岸举办赛车比赛对于黄金海岸地区长期和短期市场形象的研究指出，赛事媒体宣传工作并没有在短时间内提高城市形象和增加旅游收益。更糟糕的是，不管是长期市场还是短期市场，赛事媒体的报道反而使观众对于黄金海岸的自然风景越发失望，而其自然风景却是其城市品牌中重要的一环。其原因就在于汽车比赛的喧闹和高科技形象与黄金海岸试图建立风景如画的品牌形象并不相符。品牌合作的效益主要体现在赛事品牌与城市品牌的关联度。一般而言，需要这两个品牌在宣传过程中体现出相同的特征。然而，在宣传过程中即赛事举办前，能有效地将赛事与城市品牌相互联合合作的案例却少之又少，截至目前，在这方面唯一具有指导性的赛事就是悉尼奥运会。在赛事举办的过程中，赛事与城市有效的品牌合作也较少。因为在赛事举办过程中，媒体的焦点通常都集中在比赛中，对主办城市的关注度则非常低。一项对美国女子大学生篮球比赛的研究发现，在 1 小时 45 分钟的电视转播中，主办城市出现的画面少于 3.5 分钟，即使主办城市的画面出现在电视中，城市名称也并不会被提及，因此大多数的电视观众并不能分辨出画面所拍摄的是主办城市。相比而言，赛事标志在电视画面中出现 28.6 分钟，这为赛事举办城市获得了更多的曝光率，因为赛事标志中包括了城市名称和标志性旅游景点的轮廓。

从黄金海岸印地赛车比赛和美国女子大学生篮球比赛这两项研究中，我们可以发现仅在城市举办一项赛事对提高主办城市品牌效益并不会有很大帮助，有时甚至还会起到相反的作用。为了提高两者合作的效益，必须将品牌转移这一方式加入城市市场营销战略中。这需要在城市市场营销中加入赛事这一元素，同时，在赛事营销广告策略中加入主办城市这一元素。为了增加城市和赛事的契合度，在赛事标志中可以加入城市名称和城市标志，并且必须将主办城市视觉化地呈现在赛事媒体中。这就需要签署媒体合同及条款，明确摄像机的位置、角度，从而使主办城市达到推广品牌形象的目的，同时也可以在条款中加入在城市画面播放中必须配以相应的解说，从而增加观众的印象。消费者很难有效地意识到赛事和城市的契合度。赛事和城市契合度感知方式是由两者品牌可感知契合度的程度所决定的。因此，即使这两个品牌单独形象都良好，但是，当两者的品牌契合度更高时，各自的品牌价值还会远远高于两者契合度低的时候。这种契合可“将城市和赛事品牌合二为一”。如果一位游客的城市图式和在这个城市举办赛事图式不一致，那么两者将在该游客的记忆中没有任何关联。因此，赛事和城市的关联作用没有体现，那么赛事在城市品牌的打造过程中也将毫无意义。这种关联的失败可能会导致一些负面影响，例如城市和赛事的品牌估值及影响力的下降。

从理论和专业实践的角度来说，想要两者完美契合需要解决两个问题：第一，没有明确的证据基础表明契合概念真实存在。在目前的研究中，契合仅是一个辅助条件，就好像化妆品广告需要一个美女做代言人，或者说契合之说仅是一家之辞，就像有人并不认为赛事和城市品牌会互相契合。虽然图式理论可以解释契合所需具备的条件，但是图式理论并未明确指出契合的标准定义。第二，由契合的需求可知，品牌合作可以加强人们对品牌形象的认知，但是其可以在何种程度上改变品牌形象仍不得而知。但是，改变城市形象是城市举办赛事的一个重要原因。有时，赛事品牌和城市品牌的不一致还会对两者的品牌合作带来负面影响。唯一可以得到验证的是，良好的赛事宣传对改变城市形象具有一定的作用。图式理论提出，如果赛事和城市的契合度曝光过多，那么最初的感知契合可能会慢慢减少。从某种程度上来说，契合也不都是正向契合。总的来说，赛事和城市的契合度是需要通过人为解释和阐述才能够得到体现的。赛事组织方和城市政府的沟通是实现这一解释的唯一途径，这两方主导了节点和消费者的关注度。当赛事试图改变举办地城市品牌时，双方可以通过沟通为消费者增加接纳新节点的路径，创造出赛事和城市共有的新节点。

赛事的品牌越复杂，那么可被转移至城市节点的赛事节点就越多。因此，从理论上来说，可以通过赛事创造出许多独特的城市品牌形象，一旦品牌元素之间的转移被认同，那么赛事和城市的关联就可以通过语言和视觉广告媒体宣传得到加强。

二、赛事与城市品牌熔融延伸

大部分赛事并没有很明显的品牌形象。一些赛事的品牌形象与主办城市的品牌形象十分相近，因此很难从主办城市固有的品牌形象中解脱出来。这些赛事在主办城市品牌的影响之下渐渐成长，赛事名称通常都包含城市名称。例如，纽约马拉松比赛是目前世界上规模最大的马拉松赛事之一，其引以为豪的是多达3.6万的参赛人数和大量本地及国际媒体的报道。但是，1977年第一届纽约马拉松赛只有区区 55 位参赛者完成了比赛，预算也只有 1000 美元，关注度远远无法和现在相提并论。该项赛事品牌的发展与纽约城市品牌的发展紧密联系在一起，1976 年主办方改变了原有路线，将马拉松路线设定在纽约的五个自治区：史坦顿岛、布鲁克林区、皇后区、布朗克斯区和曼哈顿区（赛事原有的路线仅仅在中央公园内）。包括环法、墨尔本赛马节和亨利皇家赛船赛在内，还有很多赛事品牌是由城市品牌催生并紧密相连的。

这种赛事与城市的关系称为品牌延伸，而不再是品牌合作，这是体育赛事与城市品牌互动整合的第二种形式。因为赛事与主办城市紧密相关，禁锢于主办地的品牌之中。品牌延伸的重点并不在于赛事名中包含主办地名，而是赛事已经成为城市品牌的一部分。事实上，即使赛事名不包含主办地名，其也可以作为城市的品牌延伸。例如，玫瑰碗是美国高校橄榄球季后赛非常重要的赛事之一。该项赛事的品牌与帕萨迪娜即其举办地紧密相连。其一，赛事举办会场也被称为“玫瑰碗体育场”。其二，每年参赛队伍都会在赛前进行横跨帕萨迪娜的玫瑰巡游，这种巡游活动获得的国内外媒体关注度并不比正式比赛少。这种赛事与其主办地相关场所和巡游活动的联系是品牌延伸的一种表现形式。品牌延伸最好的诠释就是每个产品的概念和特征彼此相一致，并且具有共同的品牌意义。换句话说，如果赛事的市场开发是基于城市品牌，那么赛事的品牌更容易被大众所接受。这就表示赛事的概念元素已经和城市产品服务融为一体，或者说城市与赛事的特征相一致。对于玫瑰碗来说，相同的体育场和赛事名加强了两者之间的联系，同时，其赛前在城市各区的巡游使城市与赛事更为紧密相关，两者已合二为一。

一项赛事的基本优势在于它与主办地区品牌的关联性，可以被视为主办地的品牌延伸。赛事与主办地之间的这种内在联系就是当赛事得到市场的青睐时，城市市场的游客感知价值就会增长，城市品牌形象和价值也得到提升。作为城市品牌延伸的一部分，任何游客在赛事中感知到的效益都会成为城市品牌的效益。品牌延伸中品牌形象提升的原理与品牌合作的原理是十分相近的，因为两者都是从游客的心理机制来研究的。但是，品牌合作和品牌延伸两者的市场挑战是不同的。品牌合作是指两个独立的品牌相互关联，品牌延伸是指赛事作为城市产品服务的一部分，两者合二为一。品牌延伸需要赛事与主办地的活动和景点特征保持一致。在城市品牌延伸中，当赛事逐渐形成自己品牌特色时城市品牌就要承担一定的风险。一项大型赛事将会获得大量的媒体关注，游客更乐于来到城市观看这项赛事，有些赛事品牌效益已经超越了城市品牌效益。例如，“温布尔登”这个名字在国际上作为一项顶级网球赛事被人们所熟知，大家并没有意识到其主办地温布尔登是伦敦西南部的一个小镇。同样，勒芒 24 小时耐力赛自 1923 年在法国小镇勒芒举办以来，该项汽车赛的品牌价值已经远远超过了勒芒小镇的品牌价值，即使该项赛事一开始深受城市品牌的影响，并且赛事还被冠以城市名称，但现在只要说到“勒芒”，人们自然而然就会想到汽车耐力赛而不是法国的一个小镇，该项赛事已经完全不是城市品牌的延伸。

从“温布尔登”和“勒芒”的案例中可以看出，城市品牌与赛事品牌的一致性十分重要，赛事品牌价值的提升同样也要表现城市品牌价值的提升。随着赛事的成长，城市品牌营销需要将赛事加入其营销战略中，利用赛事的品牌优势来提高城市品牌价值。如果赛事能够与城市品牌共同发展，那么赛事对于城市品牌打造的作用是不可限量的。换句话说，如果城市品牌营销中没有抓住赛事特色，那么城市品牌价值则会出现负效应。

三、赛事与城市品牌特色

在赛事与城市营销策略中，如果赛事想要成为城市品牌打造的重要工具，那么赛事就需要具备鲜明的品牌特色，其为赛事与城市品牌第三种互动整合方式。但是，就目前各大赛事的整体情况而言，大部分赛事在旅游市场中并没有获得较高的曝光度，也没有创造出其鲜明的品牌特色，即使有，其代价也是巨大的。部分研究城市品牌的学者认为鲜明的赛事品牌对城市品牌的打造并不是十分重要，因为赛事可以成为城市品牌的特色。在这种情况下，赛事在市场中的特色并不鲜明，但是赛事是城市品牌中的有形资产。例如，斯托克顿堡（位于得克萨斯州西部）每年都会举办“水狂欢节”，该节日包括各项水上运动。该项赛事的品牌价值远远低于斯托克顿堡的品牌价值，但是对于来斯托克顿堡旅游的游客来说，赛事的愉悦氛围会成为该地区的标签——“得州友好小镇”。像斯托克顿堡的“水狂欢节”之类的赛事在其主办地并没有获得足够的媒体关注。

这类赛事对于城市品牌的价值在于赛事所具有的属性和优势正是城市市场想要形成品牌特色中的一部分。在城市广告和宣传中加入这类赛事的属性使其与城市特色相一致从而提高城市品牌的价值。

第二节　张家界特色体育赛事发展的SWOT分析

一、张家界特色体育赛事发展的优势

1. 张家界独特的资源禀赋

张家界市为中华人民共和国湖南省的省辖地级市，旧称大庸，位于湖南西北部，澧水中上游，是我国著名的旅游城市。地处武陵山脉东段，境内多山，地势由西北向东南倾斜，桑植县境西北的斗篷山海拔1890米，为市境最高处。早在距今六亿年前，由于地壳剧烈造山运动，张家界就已形成雏形。1994年经国务院批准，在原大庸市的基础上整合桑植、慈利等县的行政区域组建了湖南省最年轻的地级城市——张家界市。张家界是少数民族聚居地区，民族民俗文化深厚，具有浓郁的地域特色。1982年9月，张家界成为中国第一个国家森林公园，1988年8月，武陵源被列入国家第二批40处重点风景名胜区之内；1992年，由张家界国家森林公园、索溪峪风景区、天子山风景区三大景区构成的武陵源自然风景区被联合国教科文组织列入《世界自然遗产名录》。截至2013年12月，张家界市下辖62个乡和32个镇，总人口170.91万人，其中少数民族人口126.44万人，以土家族、白族为主的少数民族约占总人口的2/3，民族乡15个。

“绝版张家界”“张家界地貌”“中国的大氧吧”“民族文化的宝库”等是外界对张家界丰富的旅游资源的评价，体育赛事资源的种类多样，且品质较高。张家界周边地区也主要以山地为主，适合开展山地户外运动，但总的来说，地形没有张家界险要，特色体育赛事自然资源比较分散。

张家界是我国首批世界自然遗产、地质公园、5A级景区以及第一个国家级森林公园，在世界上拥有较高的知名度，全域聚集了300多个景区景点以及18个国家级旅游区。武陵源、天门山、黄龙洞、宝峰湖等5A级景区盛名

远传国内外，江垭温泉景区、张家界大峡谷景区、茅岩河九天洞景区、土家风情园景区、万福温泉景区、龙王洞景区、贺龙念馆等4A级景区在国内拥有较高的知名度，澧水河、溇水河、八大公山、慈利县五雷山、索溪峪自然保护区等拥有良好的地理资源环境。张家界森林覆盖率达69.62%，适宜的四季气候和良好的生态环境也凸显了张家界独特、神奇的体育旅游资源。张家界属中亚热带山原型季风湿润气候，四季分明，年平均气温17.0℃，平均无霜期在216~269天。张家界适合开展以城市品牌为导向的体育赛事的自然资源有：

（1）攀爬类赛事资源。如攀岩赛、探险赛。

（2）山路赛事资源。如定向越野赛、徒步赛、自行车越野赛。

（3）水上赛事资源。如在澧水、娄水河流、江垭温泉开展游泳、漂流、温泉保健、垂钓、激流回旋漂流等体育活动。

（4）高空体育赛事资源。如天门上索道的高空大坡度走钢丝、天门山高空跳伞、翼装飞行等项目。

张家界是多元文化交融之地，本土文化特色鲜明，拥有发展体育赛事所需具备的丰富的人文资源。张家界在文化资源的开发上已走在了周边地区的前列，所开发的文化展演如“魅力湘西”“天门狐仙”等已具有较高的知名度。张家界属于少数民族聚居区，民族民俗体育资源以及红色体育旅游资源是张家界体育旅游资源的主要组成部分。张家界民族民俗文化深厚，具有地域特色，有少数民族传统体育训练基地2个，民间体育文化丰富且极具神秘性，舞龙舞狮、茅古斯舞、摆手舞、硬气功、仗鼓舞、划龙舟、接龙上刀梯、武术、高脚马等在民间开展广泛。张家界桑植县芙蓉桥白族乡和魅力湘西是少数民族文化传承示范基地。张家界阳戏和桑植仗鼓舞是国家级非物质文化遗产，另有湖南省非物质文化遗产7个。张家界民族传统节日丰富，如闹元宵、六月六、观音会、五雷山香会、国际森林保护节、龙舟节等。

张家界王家坪镇石堰坪村、芙蓉桥白族乡芙蓉桥村、官地坪镇杜家坪村、利福镇苦竹河村、王家坪镇关水坪村、阳和土家族乡杨家坪村以及江垭镇九溪村7个村寨是国家民委规划中的少数民族特色村寨。武陵源区天子山镇泗南峪村、武陵源区中湖乡野鸡铺村是湖南省民委扶持的特色村寨。张家界是全国一类革命老区，是贺龙元帅的故里，涌现了一批革命志士，红色历史丰富，是湘鄂川黔革命根据地省委旧址，是有红二方面军长征出发地。

张家界属于国家武陵山片区区域发展与扶贫攻坚试点区，东接湖南省长株潭城市群，南邻两广地区，西连云贵川渝边区，北靠武汉城市圈，是武陵山片区区域性旅游交通枢纽的中心，相对于我国其他山区城市，张家界交通具有一定的优势。各级政府特别关心张家界的基础设施建设，在各级政府的扶持下，张家界高速公路建设、城市道路建设、乡村道路建设、码头航道建设等开展得如火如荼。张家界荷花国际机场、高速公路、铁路、澧水河航运构成了张家界立体化的交通运输网络。目前，张家界新一轮的高速铁路、公路的建设全面展开，黔张常铁路、张家界至新宁高速公路、张家界至宜昌高速公路、张家界至桑植高速公路等项目正在建设中，几年后张家界将成为重要的交通枢纽。张家界荷花国际机场是湖南省第二家国际机场，已开通北京、上海、广州、成都、深圳等多条国内航线以及香港、澳门、台湾地区航线，还开通了曼谷、釜山、首尔等多条东南亚国际航线。

2. 政府决策科学化

近年来，国家出台了一系列政策法规鼓励发展旅游业。例如，1992 年中央将旅游业确定为第三产业的重点之一，1996 年中央提出了西部大开发的战略决策，明确了集中解决基础设施建设、生态环境保护，1999 年中央经济工作会议把旅游业确定为国民经济新的增长点。2014 年 7 月 2 日国务院总理李克强主持召开国务院常务会议，其中一项重要内容是确定促进旅游业改革发展的政策措施。这将对我国旅游行业产生深远影响，国内旅游产业或将由此进入更高层次的发展阶段。国务院 2014 年 8 月发布的《关于促进旅游业改革发展的若干意见》中将旅游业定位为“现代服务业的重要组成部分”，带动作用大，对于扩就业、增收入，推动中西部发展和贫困地区脱贫致富，促进经济平稳增长意义重大。根据《国务院关于促进旅游业改革发展的若干意见》，到 2020 年，境内旅游总消费额将达到 5.5 万亿元，旅游业增加值占国内生产总值的比重超过 5%。同时，国务院 2014 年 10 月印发的《关于加快发展体育产业促进体育消费的若干意见》中指出，“支持中西部地区充分利用江河湖海、山地、沙漠、草原、冰雪等独特的自然资源优势，发展区域特色体育产业”。

湖南省人民政府批准实施的《大湘西生态文化旅游圈旅游发展规划（2011—2020年）》中明确提出，构建大湘西旅游空间发展新格局，即“一个龙头、两个中心、五大支撑城市、一条廊道、四条精品旅游带、六大旅游板块”。2015年10月9日，湖南省政府发布了《关于加快体育产业促进体育消费的实施意见》，指出通过推进体育场馆建设、发展体育用品制造业、竞赛表演业、健身运动休闲业等，带动体育消费。引导全省各地因地制宜发展极限运动、攀岩、体育舞蹈、徒步、航空体育、滑雪、龙舟、漂流、垂钓、登山、自行车、汽车自驾游、拓展、健身、健美等健身休闲运动项目。通过主办或承办国际足球、篮球、马拉松、环中国自行车等高水平赛事，培育打造若干个具有较大影响力的国际国内品牌体育赛事，延伸体育赛事产业链。加强对体育组织、体育场馆、体育赛事和活动名称、标志等无形资产的开发，提升无形资产创造、运用、保护和管理水平。结合文化强省、旅游强省建设，大力推进体育与文化、旅游等相关产业融合发展。

西部大开发政策、武陵山片区攻坚扶贫政策等对张家界体育赛事旅游产业指明了方向，提供了政策保障。当前，张家界全市上下正在全面实施“提质张家界打造升级版”战略，明确提出了体育事业发展思路，以旅游业发展为依托，积极申办主办国内外重大体育赛事，努力实现体育与旅游产业的融合发展。① 加速创办水上体育竞技、水上娱乐训练、训练拓展基地，形成一批具有自主知识产权的品牌赛事，全方位发展覆盖体育场馆服务、竞赛表演、体育旅游等业态的赛事经济产业链②。这些举措必将为下一步张家界市开展体育商业赛事提供有利条件。

3. 张家界市具有举办体育赛事基础条件优势

在世界传统旅游发展的转型阶段，张家界市政府与时俱进，开拓进取，提出“提质张家界打造升级版”战略，明确要求全市发展观光休闲度假复合型旅游产品，提高旅游产业质量效益，把张家界建设成国内外知名旅游胜地。张家界市政府近年来强势主导和强力助推以旅游为导向的体育赛事发展。在

---

① 张家界市国民经济和社会发展第十三个五年规划纲要［N］. 张家界日报，2016-01-28（5）.

② 张家界市“十三五”体育产业发展研究［N］. 张家界日报，2015-10-08（5）.

政府的主导或鼓励下，张家界推出了一系列的体育赛事活动，如飞机穿越天门洞挑战赛、高空走钢丝挑战赛、世界翼装飞行锦标赛、汽车漂移对抗赛、中韩“极限19洞”高尔夫挑战赛等系列体育赛事的举行，提高了张家界市的国际知名度，彰显了张家界以旅游为导向的体育赛事的品牌个性和形象。2013年第十二届全国登山俱乐部年会暨全国群众登山健身大会闭幕式在张家界市政府的支持下圆满召开。在市政府的全力争取下，张家界获批中国首批旅游综合改革试点城市，张家界航空口岸也获批落地签证。一是交通、通信、网络等基础设施有了显著改善，城市功能不断完善。大交通基本实现了景区、城区与机场、高铁、高速的互联互通。“数字张家界”信息基础大力推进，“三网融合”工程与物联网工程取得优先发展。二是体育场馆设施不断完善，户外运动基地加速形成，体育旅游市场不断壮大，体育产业初步形成规模，前景十分广阔。如张家界老道湾户外拓展基地、星之营地、大庸府城动态攀岩馆、九龙汇水上游乐、阳和自行车营地、三官寺户外运动基地以及槟榔谷户外主题公园等户外基地已初步建成并投入运营。三是具备了一定的承办大型体育赛事的实力。尽管起步晚，但起点高，国际化水平显著，积累了一定的承办国内外大型体育赛事的经验，也培育了一些专业化的市场主体、体育组织和消费群体。按照张家界市委市政府构建“三星拱月，全域旅游”的战略部署，张家界涌现出一批计划打造体育与旅游融合发展的企业。目前，张家界的体育企业有凌鹰户外、元坐标户外、山水旅途户外、户外旅游之家、爱爬山公司、槟榔谷公司、星之营地及户外论坛等，这些企业每年都组织了大大小小的体育赛事，拥有了一定的体育赛事资源。

随着社会经济的发展、人们生活水平的提高以及体育运动的推广与提高，人们的健身意识逐步增强，对体育的消费需求日益增多。人们对身心健康、休闲娱乐越来越重视，部分旅游参与者不再满足于观光旅游，对于参与性强、健身功效强、文化含量高和富有挑战刺激的体育赛事旅游充满热情。若要满足旅游者多样化的需求，特别是体育健身、休闲、娱乐以及寻求冒险刺激的需求，就要创新旅游发展路径，走体育赛事旅游的专项主题旅游之路，开发更多能满足旅游者需求的体育赛事产品和旅游产品。2016年9月，张家界建成了世界上最大的单体酒吧“云顶文化酒吧”，并迅速成为张家界的地标性景观。张家界传统观光旅游主要集中于7~8月以及国庆节，体育赛事旅游的开展有效地错开观光旅游的旺季，张家界目前的旅游基础设施和接待设施已足够。

4. 旅游产业蓬勃发展

随着2008年国际金融危机影响的减退，全球经济已经迎来复苏，复苏虽然存在一些不平衡，但势头日趋明朗，正面临新的增长契机。全球经济复苏能积极地刺激旅游需求，增进旅游业持续健康发展，同时为旅游资源开发和旅游市场建设提供资金保障。

随着世界各国对民生问题的重视和全球经济的发展，全球大多数国家或地区社会保障制度已经逐步建立并趋向完善，减少了人们消费中的诸多顾虑，使人们敢于参与旅游消费，有能力提高旅游消费质量和消费频次。世界各国都重视社会保障制度的建设，20世纪50年代末，几乎所有的西方发达国家都基本完成了有关社会保障制度的立法。一些发展中国家，也早在“二战”后就建立了社会保障制度。目前，我国包括新农合、城镇职工医保、城镇居民医保在内的医疗保险制度覆盖人数已超过13亿人，“全民医保”成为现实。2009年启动实施新农保试点，2011年实施城镇居民养老保险试点，目前我国实现了城乡居民社会养老保险制度从无到有，再到制度全覆盖的历史性跨越。

消费型社会旅游是一种重要的消费方式，旅游在经济社会发展中具有举足轻重的地位和作用，旅游业在不断地上升和发展，是世界上成长最快的产业之一。2013年，全球国际旅游人数已超过10.8亿人。其中，以中国为代表的亚太地区成为增长最快的区域，中国旅游消费位居全球第一。2014年9月27日，世界旅游专家罗伯特·巴苏克在“全球旅游新业态发展高峰论坛”上发表主旨演讲。巴苏克指出，中国在未来很可能成为全球第一大旅游客源国。旅游是张家界的支柱产业。2014年，张家界全市旅游总收入248.7亿元，GDP为410.0188亿元，旅游业增加值186.7974亿元，占全市GDP的45.56%。全市接待游客总人数从1989年的57.79万人次增长到2014年的3885万人次，全市旅游总收入从1989年的2400万元增长到2014年的249亿元。

二、张家界市特色体育赛事发展的劣势

1. 民众对赛事认知度不高

通过走访调查发现，张家界民众对于张家界区域内开展的诸多体育赛事活动缺乏必要的认知，项目群众基础较差，如高尔夫球赛、汽车越野赛等。作为推广旅游活动重大的事件营销，体育赛事的群众基础尤其重要，良好的民众认知有利于体育赛事的人员调配、赛事氛围的营建以及赛事旅游产品的丰富。

2. 张家界旅游城市国际化发展不均衡

张家界城市发展与国际著名旅游城市还有差距，固定赛事和重大赛事不多，传统观光旅游发展模式制约体育赛事和旅游品牌提升；张家界市常住人口少，市民对体育赛事认识有限，生态保护意识差，旅游资源破坏严重。基础配套设施不完善，旅游管理服务水平不高，国际化的旅游接待能力不足，境外游客出入张家界不是很便捷。而举办大型体育赛事，特别是国际大赛，是对城市综合实力的考验，涉及城市建设、管理和服务的方方面面，既有基础硬件要求，又有服务软件的要求。这些是目前张家界市的短板，也是制约承办大型体育赛事的因素。

3. 张家界市体育赛事配套场馆设施不完备

张家界独特的自然环境为举办各类户外运动提供了良好的基础条件，但景区的道路设施还不完善，特别是提供赛事组织、宣传的设施不足。市区内的场馆设施更是严重不足，难以满足举办大型体育赛事的需要。现有的场馆设施的建设标准不高、设施陈旧、专业化管理运营水平偏低，导致举办商业体育赛事的效益不高，制约了体育赛事的发展。同时，张家界市体育产业基础比较薄弱，规模比较小，产业布局和结构不优，缺乏一批体育产业的重大项目。

4. 张家界市特色体育赛事人才短缺

张家界所发展的以地方旅游为导向的体育赛事，尽管吸引了少量国内外行业内的高水平选手来参赛，但在赛事组织和策划等方面缺乏专业人才。办赛人员理论知识欠缺，依靠长期的办赛实践而逐步成长，这些办赛人员缺乏

专业意识，更多是把赛事当成一份普通的工作来按部就班地完成，使得赛事缺乏创意，赛事营销不到位。特别是高水平科研人才严重缺乏，相关赛事当地体育行政部门、体育协会参与程度不高，使体育赛事成为旅游部门或旅游企业沦为普通的营销活动，使体育赛事本身的魅力无法体现出来，赛事效果大打折扣。蔡卫民、周宾美（2013）通过对张家界旅游人才统计数据分析得出，张家界旅游人才分布结构失衡、人才类型结构欠佳、人才素质不高。①

5. 缺乏整体规划和统一管理

张家界的景区景点除了张家界国家森林公园外，大多已采取买断的方式由相关企业自主经营。企业要发展自己的旅游，就利用赛事宣传自己的旅游，扩大企业及景区的知名度。而这些企业又是独立存在的，企业与企业之间缺乏有效的交流与合作，使得赛事活动在区域内也呈现雷同，举办的赛事旅游活动的无序性、随意性很大。另外，不以营销观光旅游为目的的一些体育赛事活动都是由企业承办，政府在体育赛事的具体运作过程中较少参与其活动的组织、运作等，使得张家界区域内的体育赛事缺乏整体的、系统的规划。

张家界旅游部门的话语权要远远大于体育行政部门，在赛事旅游活动计划的制订、审批、后勤的提供等方面，体育行政部门只是充当了配角，而旅游行政部门更关注由体育赛事所带来的直接旅游收益，体育行政部门和旅游行政部门之间缺乏有效的工作衔接，使得在体育赛事旅游活动中出现比赛规则的制定、日程的安排、赛事的后勤供给等方面存在纰漏。这势必影响体育赛事旅游的整体质量的提高，对体育赛事的长远发展产生不利影响。产品开发主体模糊，体育部门和旅游部门缺乏主动、深层次地交流与合作，未能建立起良性互动发展的合作机制，体育赛事主办单位和承办单位与其他部门协调机制尚需完善。

三、张家界市特色体育赛事发展的机遇

1. 良好的国家政策

国务院2014年8月发布的《关于促进旅游业改革发展的若干意见》、国

---

① 蔡卫民，周宾美．浅谈张家界旅游人才队伍的开发与建设［J］．城市旅游规划，2013（2）．

务院2014年10月印发的《关于加快发展体育产业促进体育消费的若干意见》等文件以及西部大开发战略、武陵山片区攻坚扶贫政策等对张家界体育赛事旅游指明了方向，提供了政策保障。2016年4月，国务院办公厅发布了《贯彻实施质量发展纲要2016年行动计划》，指出品牌建设是政府工作重中之重。以《国务院关于加快发展体育产业促进体育消费的若干意见》为标志，先后出台了一系列政策和规划，如《"健康中国2030"规划纲要》《关于大力发展体育旅游的指导意见》《体育发展"十三五"规划》等，为体育赛事发展带来了重大机遇，体育赛事的黄金发展时期将加速到来。

2. 政府强力助推，相关政策倾斜

体育产业是张家界市"十三五"期间着力扶持的产业之一，是其招商引资重点鼓励的产业。张家界市政府近年来非常重视体育赛事旅游的发展，在政府的主导或鼓励下，张家界市推出了一系列的体育赛事旅游活动，提高了张家界市的国际知名度，彰显了张家界体育赛事旅游的个性和品牌。通过举办国内外重大体育赛事，加快培育一批享有自主知识产权的品牌赛事，全方位发展覆盖体育场馆服务、竞赛表演、体育旅游等业态的赛事经济产业链，实现体育与旅游产业的融合发展。

3. 张家界市旅游城市提质升级

人们对体验旅游、身心健康、休闲娱乐越来越重视，部分旅游参与者不再满足于观光旅游，对于冒险性高、参与性强、健身功效强、文化含量高和富有挑战刺激的体育赛事旅游充满热情。若要满足旅游者的多样化需求，特别是体育健身、休闲、娱乐以及寻求冒险刺激的需求，就要创新旅游发展路径，走体育赛事旅游的主题旅游之路，开发更多能满足消费者需求的体育赛事旅游产品。

近年来，张家界市按照建设国际旅游服务型城市、国际休闲度假城市、区域性旅游交通枢纽城市、武陵山片区游客集散中心城市"四个城市"目标，推进城区、景区、园区一体化发展，取得显著成效。现已成为全国首批"全域旅游示范区"，并启动了"中国国际特色地质奇观旅游目的地""国家绿色旅游示范基地"的创建工作，着力做好"五篇文章"（大链条、大融合、大交通、大城镇、大格局），从而为张家界市发展特色体育赛事带来了重要机遇。

四、张家界市特色体育赛事发展的挑战

1. 同质化竞争加剧

随着旅游业的迅猛发展，国内外体育赛事资源的稀缺性、竞争性、垄断性必将导致争取举办权的竞争日趋白热化，城市之间抢夺赛事举办权的政策、措施和手段都将各显神通、层出不穷。张家界周边地区发展体育赛事，相似度较高，与张家界存在较大的竞争。张家界及周边地区体育赛事缺乏统一规划，目标市场不明确，各地区举办体育赛事积极性高，争取重大体育赛事落户张家界难度大。大众游客对体育赛事旅游产品购买积极性不高，购买力有限，且歌舞剧、实景剧等替代产品较多。

2. 体育赛事所需的城市运行系统不完善

第一，张家界市国土开发的空间受制于国家对重点生态功能区的限制，难以腾挪出足够的空间开发体育产业。第二，张家界市体育产业的总体规模偏小，结构和布局不优，对社会经济发展的贡献率偏低，仍然缺少大项目、大企业支撑。第三，市域内体育场馆设施建设滞后，规划实施中的贺龙体育中心迟迟未完工投入运营，目前现有的体育场馆设施尚无法举办国内外大型综合赛事。景区内的交通、通信、网络、接待、服务等配套设施不尽完备。

3. 人才队伍建设滞后

举办各类体育赛事，尤其是举办特色体育赛事，需要既懂赛事经营，又懂赛事管理的大量复合型人才。张家界市现有的承办赛事人才队伍规模小、数量少，人员素质参差不齐，难以适应赛事国际化水平发展的需要。同时，市域内仍然缺少专业化、市场化水平高的体育中介组织、体育广告（传媒）公司。由于社会经济、文化发展基础不高，城市人口规模小，体育参与人口较少，也制约张家界市特色体育赛事的进一步发展。

第三节　体育赛事与城市发展耦合度及耦合协调度定量分析

对体育赛事与城市发展的耦合度进行定量计算，应分为三步：第一步是

找出相关变量参数，即确定体育赛事与城市发展之间相互影响和作用最大的若干个因素；第二步是计算这些因素的功效系数；第三步是在此基础上设计耦合度函数模型。

一、指标体系设计的原则及方法

体育赛事与城市发展耦合关系研究是一项复杂而系统的工程。不仅体育赛事与城市发展两个系统之间存在着错综的关系，而且在两者内部也存在着复杂关系，两者之间以及内部要素之间存在着相互影响、相互制约的关系。因此在指标体系的设置上要能够充分地反映出两者及内部各要素之间的相互关系，应遵循以下原则：

1. 科学性原则

科学性原则是评价指标的首要原则。所选指标都应建立在科学准确的基础之上。在选取指标的过程中，要注意指标概念的清晰性，指标体系的层次性以及指标内部的存在机制，从而更好地反映耦合协调目标的实现程度。必须科学地选取评价指标和采用科学合理的评价方法。一是指标的选择理论依据要充分，二是指标的名称、含义及计算方法要科学明确，只有这样才能保证体育赛事质量评价结果的真实性和客观性，才能保证评价指标体系的科学性和权威性。

2. 全面性原则

设置的指标体系必须能够全面综合反映城市体育发展领域内的信息，能够从不同层次、不同层面上比较全面地反映以城市品牌为导向的体育赛事的现状水平，注意客观指标与主观指标相结合。客观指标比如体育赛事的国家数、举办城市全年适宜户外活动天气的达标天数占全年天数比重等。主观指标则是指赛事对城市品牌影响力的推广度、居民对赛事品牌的认知度等。指标体系本身是一个有机整体，包括总量指标、效率指标以及过程指标等。评价体系不仅要从各个方面反映出被评价系统的主要特征和状态，同时还能够综合地反映出该系统发展的趋势。

3. 系统性原则

体育赛事与城市发展是一个各指标应相互独立又相互联系的复杂的有机

整体，因此指标体系的建立必须遵循系统性原则。系统性要求在选取指标时，综合考虑指标体系内在的关联性，力求全面反映两个系统内的各个方面。同时由于构成要素较多，为了清晰而便于评价，宜按照层次的高低和作用的大小，对指标体系进行分层。

4. 可操作性原则

指标体系设计的主要目的是通过指标数据所反映的具体内容对需要评价的客观对象进行具体的分析，这就要求我们能够对所选取的评价指标进行具体的数值化表现，指标数据的获得有其存在的可能性。在选取指标的过程中要注意指标的量化及数据可获得的难易程度和可获得性。尽量利用现有的统计资料中那些具有代表性且容易计算的综合指标，使得在信息不完备的情况下能够对体育赛事与城市发展做出最真实和客观的评价。

5. 动态性原则

体育赛事的外延和内涵是不断发展变化的，它是随着城市品牌和体育赛事的发展而不断变化的。体育赛事发展的动态性特点要求评价指标体系不仅是对当前体育赛事发展的评估，还应能够预测出体育赛事未来的发展趋势。

评价指标的选取是实证分析的重要组成部分，首先要遵循上述的科学性、完备性、系统性、可操作性等设置原则，然后综合考虑体育赛事与城市发展两大子系统组成要素之间的耦合性，采用理论分析法、频度统计法和专家咨询法等多种方法对两大子系统的指标进行逐个筛选。

二、体育赛事与城市发展定量分析相关参数值的确定

根据上述章节体育赛事与城市发展之间关系的分析，一方面体育赛事影响城市发展，另一方面城市发展为体育赛事的举办提供条件支撑。根据系统间的不同特征，指标体系包括两个部分，即体育赛事评价指标体系与城市发展评价指标体系。根据对耦合度影响的大小，经过筛选，体育赛事评价指标体系主要包括以下因素：①经济指标。经济影响是体育赛事对城市发展最直接的影响。城市通过举办体育赛事，一方面通过增加基础设施的投资、相关设施的建设促进经济的发展，另一方面体育赛事的举办能够吸引大量的观众，这种聚集效应将带动城市经济的发展。经济指标主要包括以下因素：体育产业对 GDP 的贡献

率、地均固定资产投资增长率、城市市政建设投资增长率、新增就业岗位率、地均 GDP、政府税收增长率。②社会生活指标。申办大型体育赛事对城市的条件要求越来越高，城市为了获得体育赛事的举办权、保障体育赛事的顺利进行，必须相应地提高城市的社会生活指标。主要包括以下因素：城市旅游人数增加值、人均铺装道路面积、人均拥有公共汽车。③人口指标。主要包括以下因素：城市化率，第三产业从业人口数，居民娱乐、教育文化服务支出比重。④生态环境指标。主要包括以下因素：市区绿化覆盖率、人均公共绿地面积、环境治理投资占 GDP 比重、城市生活污水处理率。

考虑到数据的方便性和可获得性，体育赛事评价指标体系参考了田静、徐成立等的设计,[①] 并进行了适当的调整。主要包括经济、社会生活、人口、生态环境四个一级指标和政府税收增长率、人均铺路面积、城市化率、第三产业人口比例等 16 个二级指标。如表 7-1 所示。

表 7-1 体育赛事评价指标体系

一级指标			二级指标		
编号	权重	名称	编号	权重	名称
U_{11}	0.3	经济	U_{111}	0.25	体育产业对 GDP 贡献率（%）
			U_{112}	0.15	地均固定资产投资增长率（%）
			U_{113}	0.1	政府税收增长率（%）
			U_{114}	0.15	新增就业岗位率（%）
			U_{115}	0.15	地均 GDP（亿元）
			U_{116}	0.2	第三产业对 GDP 贡献率（%）
U_{12}	0.3	社会生活	U_{121}	0.25	人均拥有公共汽车（辆）
			U_{122}	0.25	人均铺装道路面积（平方米）
			U_{123}	0.5	接待国外旅游人数增加值（万人）

① 田静，徐成立．大型体育赛事影响城市发展评价指标体系的建立及实证分析［J］．上海体育学院学报，2011（5）．

续表

一级指标			二级指标		
编号	权重	名称	编号	权重	名称
U_{13}	0.2	人口	U_{131}	0.4	城市化率（%）
			U_{132}	0.3	城镇居民娱乐、教育文化服务支出占可支配收入比重（%）
			U_{133}	0.3	第三产业从业人口比重（%）
U_{14}	0.2	生态环境	U_{141}	0.3	市区绿化覆盖率（%）
			U_{142}	0.2	城市生活污水处理率（%）
			U_{143}	0.3	环境治理投资占 GDP 比重（%）
			U_{144}	0.2	人均公共绿地面积（平方米）

对国内外体育赛事领域的专家、地方体育局领导、城市规划专家等 15 人进行了前后 2 轮的专家文件调查，调查问卷全部收回，有效问卷率 100%。对第 2 轮专家问卷调查结果的处理，采用了数量统计法定量选取代表性的指标，确定依据是：①指标的变异系数小于 0.25。②专家的评价结果得到一致性检验，即 $p<0.01$ 或 $p<0.05$。③所选取指标的平均分在 3.5 分以上（达到总分的 70%）。指标体系权重的确定采用了层次分析法，主要步骤是：①建立体育赛事评价指标体系层次结构模型。②逐层构造体育赛事评价指标体系的两两判断矩阵。③层次单一排序及其一致性检验。其中，两两判断矩阵是指对所列的每一层次纵横两列指标，进行重要程度的两两比较。

城市发展是指一个城市在一定区域范围内经济、社会、科技、环境等方面能力的集中体现。它反映了城市的生产能力、生活质量的提高及社会全面进步。城市发展是一个复杂的多元系统，由许多子系统组成，主要包括经济、市场、市民素质、人才、科技和文化、政府管理、基础设施、制度等。城市竞争力系统的构成是复杂的，其众多要素以不同的方式存在，又处在不同的维度和层次上，它们共同构成城市发展水平、决定城市的价值收益。但对城市发展指标体系的设立，应是可把握、可测量和可比较的。通过对指标选取的科学性、可操作性、可计量性和可比性等原则的把握，城市发展评价指标体系参考了魏强的设计[①]，并进行了调整。本书选择综合经济实力、基础设施与服务设施、对外开放程度、人力资源与市民素质、政府管理水平五个方面共18个原始指标或生成统计指标，组成城市发展评价指标体系。①城市综合经济实力。它是城市发展的基础，不仅反映了城市经济发展的现状水平和所处的阶段，而且也预示着未来城市参与整个区域竞争所具备的能力，主要包括经济总量指标、经济增长速度指标、经济结构指标等。②基础设施与服务设施。它是一个城市经济发展的载体，也是参与区域竞争的基本前提和保证，是真正属于城市的不可移动因素，[②] 主要包括通信系统、交通系统等方面指标。③对外开放程度。对外开放程度反映了城市经济的活力及对外交流的程度。同时，对外开放也是城市发展的必备条件，对外开放能够增强城市间的交流，拓展城市经济发展的道路，提升城市发展的质量。一般来说，对外开放程度主要包括经济外向度、吸引外资的能力、国际旅游等方面指标。④人力资源与市民素质。21世纪人才最重要，人才是一个地区发展的根本，是一个地区科技创新力、生产力的最终推动者，是城市竞争力不可或缺的重要因素。主要包括高等教育程度、文化素质、健康素质等方面指标。⑤政府管理水平。政府对经济实行有效的宏观调控是市场经济中不可缺少的重要手段之一。它反映城市政府重新分配资源的能力，从而直接关系到城市宏观经济的运行效率和质量。政府管理水平的高低直接影响到城市竞争力的强弱。其主要包括政府行政形象和管理绩效等方面的指标，由于行政形象属于软指标难以量化，故本书主要从管理绩效方面设计指标，如表7-2所示。当然，像政府制度、政府服务等方面的因素对城市竞争力的构成也起到十分重要的作用，但由于这些因素难以量化和客观比较，故没有纳入指标体系。

① 魏强．城市竞争力评价指标体系研究及数量分析［D］．厦门大学硕士学位论文，2009.

② 倪鹏飞．中国城市竞争力与基础设施关系的实证研究［J］．中国工业经济，2002（5）：15-19.

表 7-2 城市发展评价指标体系

一级指标			二级指标		
编号	权重	名称	编号	权重	名称
U_{21}	0.3	综合经济实力	U_{211}	0.15	GDP（亿元）
			U_{212}	0.25	人均地方财政收入（亿元）
			U_{213}	0.1	人均社会消费品零售总额（亿元）
			U_{214}	0.2	工业生产总值（亿元）
			U_{215}	0.1	非农业人口比重（%）
			U_{216}	0.2	第二、第三产业产值占 GDP 比值（%）
U_{22}	0.2	基础设施与服务设施	U_{221}	0.3	邮电业务收入总计（亿元）
			U_{222}	0.3	公路通车里程数（公里）
			U_{223}	0.4	发电量（亿千瓦时）
U_{23}	0.2	对外开放程度	U_{231}	0.35	实际利用外商直接投资金额（亿美元）
			U_{232}	0.45	入境国际旅游人数（人次）
			U_{233}	0.2	货运周转量（亿吨公里）
U_{24}	0.1	人力资源与市民素质	U_{241}	0.5	每万人拥有高等学校在校生人数（人）
			U_{242}	0.3	专利授权量（万件）
			U_{243}	0.2	每万人拥有床位数（张）
U_{25}	0.2	政府管理水平	U_{251}	0.2	城镇非私营单位年末从业人数（万人）
			U_{252}	0.55	居民家庭总收入（万元）
			U_{253}	0.25	城镇在位职工平均货币工资（万元）

三、体育赛事与城市发展定量分析的计算结果

尽管体育赛事与城市发展分别属于两个不同的系统，然而正如前文分析，体育赛事能够影响并带动城市发展，城市发展能更好地为举办体育赛事提供支撑，它们及其子系统、要素之间形成相互作用、相互影响的复杂关系。本书借鉴物理学中耦合的概念，分别构建了体育赛事与城市发展指标体系，然

后根据二者之间的关系建立了耦合度及耦合协调度模型。在对体育赛事进行定量分析时，本书选择举办过或者已被批准具有举办 WTA 网球公开赛的城市北京、上海、深圳、武汉作为样本进行研究，其中武汉于 2013 年被批准有资格举办 WTA 赛事。根据耦合度模型分别取该四个城市指标的最大值、最小值作为基础计算序参量的上下限①。

设变量 U_i（i=1，2，…，m）是体育赛事—城市发展系统序参量，U_{ij} 为第 i 个序参量的第 j 个指标，其值为 X_{ij}（1，2，…，n）。α_{ij}、β_{ij} 是系统稳定临界点上序参量的上、下限值。如表 7-3、表 7-4 所示。

表 7-3 体育赛事评价指标体系参数值

一级指标			二级指标			实际值	序产量上限	序产量下限	功效系数
编号	权重	名称	编号	权重	名称				
U_{11}	0.3	经济	U_{111}	0.25	体育产业对 GDP 的贡献率（%）	0.79	0.81	0.52	0.93
			U_{112}	0.15	地均固定资产投资率（%）	0.36	1.06	0.30	0.08
			U_{113}	0.1	政府税收增长率（%）	26.8	78.7	17.2	0.16
			U_{114}	0.15	新增就业岗位率（%）	4.90	4.90	1.24	1
			U_{115}	0.15	地均 GDP（亿元）	0.99	5.65	0.80	0.04
			U_{116}	0.2	第三产业对 GDP 贡献率（%）	76.1	76.1	48.9	1
U_{12}	0.3	社会生活	U_{121}	0.25	人均拥有公共汽车（辆）	0.0011	0.0014	0.0007	0.57
			U_{122}	0.25	人均铺装道路面积（平方米）	4.54	18.44	4.54	0
			U_{123}	0.5	接待国外旅游人数增加值（万人）	30.3	83.94	23.12	0.12

① 郭风城．城市群的耦合与区域经济发展［D］．吉林大学硕士学位论文，2008.

续表

一级指标			二级指标			实际值	序产量上限	序产量下限	功效系数
编号	权重	名称	编号	权重	名称				
U_{13}	0.2	人口	U_{131}	0.4	城市化率（%）	0.66	0.84	0.25	0.69
			U_{132}	0.3	城镇居民娱乐、教育文化服务支出占可支配收入比重（%）	10.05	22.65	7.92	0.14
			U_{133}	0.3	第三产业从业人口比重（%）	74	74	49.8	1
U_{14}	0.2	生态环境	U_{141}	0.3	市区绿化覆盖率（%）	45.6	45.6	37.6	1
			U_{142}	0.2	城市生活污水处理率（%）	81.7	97.38	50.87	0.66
			U_{143}	0.3	环境治理投资占GDP比重（%）	2.56	6.3	2.56	0
			U_{144}	0.2	人均公共绿地面积(平方米)	15.30	16.50	5.97	0.89

资料来源：《武汉统计年鉴》（2012）、《北京统计年鉴》（2012）、《上海统计年鉴》（2012）、《深圳统计年鉴》（2012）。

表 7-4 城市发展评价指标体系参数值

一级指标			二级指标			实际值	序产量上限	序产量下限	功效系数
编号	权重	名称	编号	权重	名称				
U_{21}	0.3	综合经济实力	U_{211}	0.15	GDP（亿元）	16252.9	19195.7	2261.17	0.83
			U_{212}	0.25	人均地方财政收入（亿元）	2.16	2.16	1.38	1
			U_{213}	0.1	人均社会消费品零售总额（万元）	3.41	3.41	2.90	1
			U_{214}	0.2	工业生产总值（亿元）	3048.8	33834.4	3048.8	0
			U_{215}	0.1	非农业人口比重（%）	86	100	66	0.59
			U_{216}	0.2	第二、第三产业产值占GDP比重（%）	99.2	99.9	97.1	0.75

续表

一级指标			二级指标			实际值	序产量上限	序产量下限	功效系数
编号	权重	名称	编号	权重	名称				
U_{22}	0.2	基础设施与服务设施	U_{221}	0.3	邮电业务收入总计（亿元）	487.9	487.9	109.47	1
			U_{222}	0.3	公路通车里程数（公里）	21347	21347	2840	1
			U_{223}	0.4	发电量（亿千瓦时）	853.6	1025.6	383.7	0.73
U_{23}	0.2	对外开放程度	U_{231}	0.35	实际利用外商直接投资金额（亿美元）	70.5	126	37.6	0.37
			U_{232}	0.45	入境国际旅游人数（万人次）	520.4	1104.5	115.9	0.41
			U_{233}	0.2	货运周转量（亿吨公里）	855.3	20367	855.3	0
U_{24}	0.1	人力资源与市民素质	U_{241}	0.5	每万人拥有高等学校在校生人数（人）	286.7	1291.3	66.8	0.18
			U_{242}	0.3	专利授权量（万件）	4.1	4.8	1.2	0.81
			U_{243}	0.2	每万人拥有床位数（张）	43.4	56.4	23	0.61
U_{25}	0.2	政府管理水平	U_{251}	0.2	城镇非私营单位年末从业人数（万人）	195.8	195.8	163	1
			U_{252}	0.55	居民家庭总收入（元）	3093.6	3362.3	2228.1	0.76
			U_{253}	0.25	城镇在岗职工平均货币工资（万元）	7.6	8.7	4.6	0.76

资料来源：《武汉统计年鉴》（2012）、《北京统计年鉴》（2012）、《上海统计年鉴》（2012）、《深圳统计年鉴》（2012）。

根据功效函数的计算公式 $U_{ij}=(X_{ij}-\beta_{ij})/(\alpha_{ij}-\beta_{ij})$，选择北京、上海、深圳、武汉四个城市中二级指标的最小值作为序参量下限，四个城市中二级指标的最大值作为序参量上限，分别计算每个二级指标的功效序数，可以得到体育赛事评价系统的 U_{11}、U_{12}、U_{13}、U_{14} 分别为 0.6165、0.2025、0.618、0.61。根据计算得到的二级指标功效系数分别与权重系数加成，可以得到 U_1 的功效系数为 0.4913。按照相同的计算方法，城市发展评价系统的二级指标

U_{21}、U_{22}、U_{23}、U_{24}、U_{25} 分别为 0.6835、0.892、0.314、0.455、0.808。U_2 的功效系数为 0.65335。将上述计算结果代入耦合度公式计算，得出体育赛事—城市发展系统的耦合度值为 0.49496。

$$C=\{(U_1\cdot U_2)/[\Pi(U_1+U_2)(U_1+U_2)]\}^{\frac{1}{2}}$$

在体育赛事与经济发展协调过程中，体育赛事是城市发展的重要诱导剂，但两者的相互协调促进显然是不对称的。更为直接地说，体育赛事的高速、健康、稳定发展一定能够促进城市的发展，但城市发展是更多要素相互综合的结果，体育赛事不是唯一的动力，所以，赋予 $a=0.6$，$b=0.4$。并且，在确定指标权重时，十名专家的反馈结果支持了 $a=0.6$，$b=0.4$。① 在这种赋值的情况下，一方面表明了体育赛事与城市发展是相互影响的关系，另一方面取值情况的不一样，说明了二者的影响效果不一样。因此将数据分别代入 $T=aU_1+bU_2$，$D=(C\times T)^{\frac{1}{2}}$ 模型进行计算。可得体育赛事—城市发展系统耦合协调度值为 0.5246。

图 7-1 中，横轴表示体育赛事—城市发展耦合系统由于与外界环境存在着正熵流而出现的熵增趋势，纵轴表示体育赛事—城市发展耦合系统的耦合度由低到高变化，S 曲线是体育赛事—城市发展耦合系统的一个状态特征。

（1）耦合度指标。耦合度作为反映体育赛事与城市发展耦合程度的重要指标，对检测体育赛事与城市发展耦合作用的强度以及作用的时序区间，预警二者发展秩序等具有十分重要的意义，是度量系统或者要素之间协调状况优劣程度的定量指标。从图 7-1 可以看出，体育赛事与城市发展的耦合度为 0.49496，处于 $0.3<C\leqslant 0.5$。从上文分析可知，体育赛事与城市发展处于成长阶段，该阶段体育赛事处于发展的初期阶段，体育赛事对城市发展的影响效果有限，同时体育赛事呈现出快速发展的趋势，它的发展急需城市发展为赛事提供大量的资金、资源和人口转移为支撑。体育赛事发展方式属于政府行为的计划型，两者的关系正在进行调整。从两大系统的功效系数上看，$U_1<U_2$，则表明体育赛事对城市发展的贡献落后于城市发展水平对体育赛事的贡

① 生延超，钟志平．旅游产业与区域经济的耦合协调度研究——以湖南省为例［J］．旅游学刊，2009（8）：36-39.

献，因此可以称为体育赛事发展滞后型。从两大系统耦合指标体系上分析，在体育赛事评价指标体系中，体育赛事的影响力还需进一步提高，地均固定资产投资率、地均 GDP、人均铺装道路、环境治理占 GDP 比重等指标的功效系数较低甚至为 0，进而影响了两大系统的协调耦合发展。耦合度模型能够很好地反映两大系统间相互协调的程度，但却无法反映两者整体协调发展水平的高低。为了更好地反映两者的协调水平，引入耦合协调度模型对两者做进一步分析。

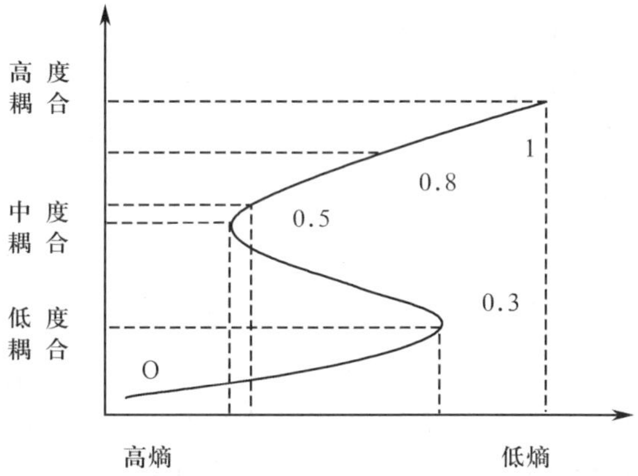

图 7-1　体育赛事——城市发展耦合系统发展水平

（2）耦合协调度指标。通过前文的计算，体育赛事与城市发展的耦合协调度值为 0. 5246，处于 0. 5~0. 5999 阶段，参考体育赛事与城市发展耦合协调度评价标准，两者的协调程度处于勉强协调阶段。前文对体育赛事—城市发展耦合发展机制的分析表明，系统耦合发展到一定时期后，系统内耦合因子的相互作用增强，系统内部开始和外界不断地进行信息、能量和物质的交换过程，进而使得系统进一步向有序发展。体育赛事—城市发展耦合系统与外界环境的影响因素之间的良性互动关系不断强化，负熵流的绝对值 deS 不断增大，耦合熵从高熵走向低熵。0. 5246 与系统 0. 5 的阈值非常靠拢，从理论上讲，是可以对体育赛事—城市发展耦合系统的发展路径进行主观引导的，即在当前时期对系统给予适当的外部力量干预，如提供政策支持、增加政府资金投入等，从而促使系统耦合度进一步上升。然而，现实的状况也可能因为外部力量的干预反而影响了系统自然的发展，而且目前看来很难控制这种发展机制。因而政府很难控制系统耦合的发展趋势，只能通过城市发展的运行规律，寻找相匹配的体育赛事，或按城市发展的特点与赛事发展规律来制定体育赛事的发展模式，以此促使体育赛事与城市发展更协调有序地发展。然而现在很多政府部门不根据自身城市的资源条件及体育赛事的发展特点，盲目争夺对体育赛事的举办权，并不能为举办城市获得好的溢出效果。因而，城市在选择体育赛事时，应参考体育赛事与城市发展的耦合协调度，选择体育赛事与城市发展能够相互促进的模式发展，并在体育赛事与城市发展实现初步耦合的基础上，通过对相关影响因素的干预，来创造有利于体育赛事—城市发展耦合系统实现高度耦合的环境，从而实现系统涌现，并推动城市发展进入可持续发展轨道。

从图 7-1 中可以看出，体育赛事—城市发展耦合系统处于勉强协调发展，赛事发展滞后的类型。在今后的耦合发展模式中，要优先强调体育赛事的发展，城市要创造有利条件以提高办赛规模与办赛层次，进而通过体育赛事更大程度地促进城市发展。

在今后的发展过程中，城市政府部门及相关市场部门应加强配合，努力提升体育赛事的办赛层次，可从以下方面加强城市发展与体育赛事的耦合关系：

（1）提升中国网球公开赛的办赛层次。随着体育赛事的不断开展，无论是举办方还是城市政府及相关部门，都积累了相关的经验，加强了赛事物质基础和人文基础。从场馆设施、群众基础到竞技水平均在一定程度上不断提高。进一步推动体育赛事—城市发展更高耦合度的协调发展，可提升体育赛事对城市发展的影响力。

（2）推进体育赛事管理体系改革。目前，我国体育赛事的举办依然是由政府部门主导完成，在定期举办体育赛事的过程中，在继续增加对赛事支持的同时，还应创新发展体育赛事的管理体制，逐步完成赛事的市场化改革，政府部门应更多地发挥组织、协调的作用。加快相关法规、政策的完善，在安全、税收、宣传等方面给予体育赛事政策扶持，为体育赛事向更高层次、更具影响力的方向发展创造条件。同时，对于具有较大潜力、能够为体育赛事提供技术保障的科技项目，由体育产业部门负责给予一定的产业经济扶持。

发挥场馆与赛事相互促进作用。顶尖的场馆提高了赛事的宣传效应，吸引市民对赛事的关注，通过举办体育赛事反过来实现场馆的良性循环，实现体育赛事与场馆的协调耦合发展。

（3）完善体育赛事市场化运作模式。体育赛事的举办，要注意吸收和借鉴国际大型体育赛事及国际发达城市类似赛事举办和培育方面的经验，加强与国际知名体育赛事公司的合作，建立政府监管、企业承办的运作模式，提高赛事举办的运行模式，提高体育赛事举办的市场化水平。培育专业化的赛事推广和运营机构。推动体育赛事项目与大型企业集团合作，构建赛事商业化运作模式，扶持和成立更多具有较大规模、较强实力的体育中介组织。中国体育赛事一直由体育中介组织运作，在市场化经营方面日渐成熟。政府部门应持续增加对赛事的支持力度，坚持市场化运作，在总结并创新赛事发展经验的基础上，逐步拓展国内外地市转播时数、覆盖观众人群，增加赞助商、特许产品经营等营销渠道。进一步优化体育赛事举办环境，降低赛事的举办成本。

第八章
体育赛事与城市品牌建设耦合发展的治理路径

第一节　整合市场资源，提升耦合层次

要提升体育赛事与城市品牌耦合的层次，需要充分整合城市丰富独特自然、人文、社会资源，形成资源优势，并加强赛事品牌功能、品牌形象建设。推动体育赛事与城市品牌建设耦合，要充分发挥资源整合机制，创新耦合内容，拓展耦合空间。以市场体制机制创新为动力，以整合体育赛事和城市品牌建设资源为核心，以重点赛事为突破口，充分发挥政府、社会和市场的力量，进一步优化赛事布局，培育赛事和城市品牌建设市场主体。当前推动体育赛事与城市品牌建设耦合互动发展，主要在于发挥整合机制，实现最优化的耦合。

（一）转变思想，树立耦合发展理念

城市品牌是一个整体，各个方面不可能是孤立存在的，整合了政治、经济、科教文化、自然资源、人口土地等各方面因素，提炼其中最独特的因素，经过长时间的整合和打造才得以形成。体育赛事与城市品牌建设在其本质上就是相互联系，相互促进的。其本质属性决定了两大产业之间密不可分、相

辅相成。赛事与城市形象关联度的提升最直接有效的方式，就是提升群众对于体育赛事的认知度和参与度。应大力组织开展形式丰富多样的群众体育工作，展现体育场馆的多元化功能，增加区域体育基础设施的配备，通过各种途径来提升当地群众的体育意识。应以转变思想，统一认识为先导，牢固树立“大产业、大融合”的理念，在体育赛事、城市品牌建设工作中的每个领域、各个方面，深入推进全方位、立体式互动。一是体育赛事相关部门主动互动。将体育赛事与城市品牌建设耦合互动发展上升到推进体育体制改革，加快体育产业发展，满足人民群众消费需求，扩大城市影响力的层面上加以推进。二是城市规划部门策应互动。从促进城市品牌提升的产业转型升级到国民经济支柱性产业的高度，从各项具体工作中分析“大产业、大融合”理念的实际应用，从城市品牌建设规划设计、形象打造、产品营销、市场监管、环境营造、人才培养等方面推进互动。三是全市上下共同参与。借助张家界建设世界著名旅游城市的契机，塑造张家界城市品牌形象。在全市范围内进一步加大宣传力度，全面营造氛围，使体育赛事与城市旅游互动发展成为全市上下的共识，取得公安、交通、财政、税务、土地、文化等相关部门的支持。

（二）统筹规划，为耦合发展奠定基础

高起点、科学合理、可持续发展的体育赛事与城市旅游业、城市品牌建设耦合互动发展规划是体育赛事与城市品牌建设互动发展的科学灵魂，是将潜在的体育赛事和城市旅游资源、城市品牌建设资源转化成为后发优势的重要基石。应在研究体育赛事与城市品牌建设耦合互动发展的规律和路径的基础上，结合城市自然、人文资源，统筹规划体育赛事与城市品牌建设耦合发展问题，引导体育赛事与城市品牌建设有效融合。一是更加注重超前性。在制定体育赛事与城市品牌建设发展规划时，应结合新一轮城市发展规划，并着眼于未来体育赛事、城市旅游产业的发展需要，综合考虑游客和赛事观众对赛事旅游产业的发展需求，科学论证、超前谋划、防止简单化和短期行为，确保规划的连续性。二是更加注重可行性。体育赛事与城市品牌建设发展的规划必须与区域的发展规划相一致，符合张家界体育与旅游发展的实际情况。

这就要求我们在制定规划时要更加科学，综合多方面的意见。在规划的编制、论证和评审工作中，既要深入总结国内外体育赛事和城市品牌建设方面的一流专家学者和规划机构的观点，又要广泛听取各区域体育和旅游的政府部门、体育赛事主办方、体育场馆、旅行社、社会团体的意见与建议，不断提升规划的科学水准。三是更加注重特色化。在科学规划体育赛事与城市品牌建设耦合互动发展的同时，尽可能地添加具有地域特色的体育符号和城市体育休闲体验性的经营项目，融合体育元素、加强体育旅游的专业化程度，使接待和服务设施等自然地融入体育赛事旅游吸引物中，打造以体育赛事为主导的特色城市旅游空间，最终形成高端化、专业化的城市体育休闲旅游集聚区。

（三）体制机制创新，为耦合发展提供保障

体育赛事与城市品牌建设的耦合发展不是孤立的发展模式，我国体育赛事与城市品牌建设的发展尚处在初级阶段，更需要注重体制创新，推进体育赛事与城市品牌建设发展进度的统筹协调、发展机制的合作互补。一是创新管理体制。鼓励体育、旅游等相关政府部门，赛事主办主体、体育场馆、旅行社、社会团体等与赛事旅游、城市规划部门相关主体共同参与到体育赛事与城市品牌建设耦合发展的实践中来；建立健全体育赛事与城市品牌建设发展的管理体制，对体育与城市品牌建设的发展规划、扶持政策、联合推广、旅游产品和人才培养等方面加强协调指导，使之互动发展、综合配套、协调共赢。二是创新投入机制。按照政策引导、多元投入、市场运作的思路，积极创造条件，吸引赛事主办主体、旅行社以及相关团体投资体育赛事旅游与城市规划建设。并通过大型活动专项基金的方式，鼓励赛事主办主体、旅行社、城市规划部门以及相关团体共同推进赛事与城市品牌建设的不断融合。三是创新人才机制。逐步建立完善的人才选拔、引进、培养使用和优胜劣汰机制。重视赛事与城市品牌建设复合的高层次人才的培养和引进。培养一支懂赛事、会旅游、善经营、会管理的高素质人才队伍，促进赛事旅游与城市品牌建设的跨越式发展。

（四）政府搭台，为耦合发展提供平台

体育赛事与城市品牌建设的耦合互动发展，需要载体来支撑，需要平台来展示。政府在体育赛事与城市品牌建设中的主导作用越突出，政府搭建平台的意义就越大。体育赛事与城市品牌建设互动平台的搭建有利于体育赛事特色、都市旅游形象和城市品牌的展示，是提升软实力的重要举措。一是推进体育赛事旅游企业和城市品牌建设融合创新，增强企业主体的支撑力。体育赛事主办方、体育场馆及相关社团组织应借助旅游这个载体，充分挖掘赛事品牌、管理、科技中的旅游因子，结合自己特有的体育赛事、场馆资源，创造体育旅游产品。旅游企业则应注意研究体育赛事文化，主动与体育赛事、场馆对接，深入挖掘体育赛事中的旅游因子，将体育特色注入旅游产品中。而城建部门应在体育赛事和旅游主体上，寻求载体和契机，创造新的竞争力，树立城市品牌。二是精心打造体育旅游示范区，推动体育赛事与以旅游业为主体的城市品牌建设聚集发展。从区域的实际情况出发，按照规模化开发、空间化集聚的发展思路，充分利用体育赛事资源，规划建设一批体育旅游示范区，促进区域特色的体育赛事与城市品牌建设耦合互动发展。三是策划体育赛事旅游节庆活动，搭建体育赛事与城市旅游业互动发展平台。体育赛事旅游节庆活动是体育赛事与城市旅游业充分融合的载体和节点，是展示体育赛事特色，推动体育赛事与旅游互动发展，促进旅游业蓬勃发展、打造城市品牌建设的重要平台。应整合丰富多彩的体育赛事资源与旅游节庆资源，共同谋划、巩固和创新体育赛事与旅游节庆活动的组织筹划，共建平台、打造城市品牌。如在张家界的旅游节、张家界国际艺术节中，融入更多的体育、文化、旅游元素，增加体育、旅游的交流性。同时借助体验性及参与性的体育赛事资源，拓展旅游节庆活动的内容，设计多元旅游节庆活动产品，促进体育赛事与休闲旅游节庆相结合，通过互动和融合不断迸发新火花。如将体育赛事的元素增加到旅游节庆活动中去，将体育大师赛打造成为张家界旅游节的亮点，将张家界旅游节塑造成为张家界体育与旅游互动发展的标志性节庆活动，进而创建以旅游为主体的城市品牌。

（五）整合资源，为耦合助推

体育赛事和城市品牌建设资源的整合是实现体育赛事与城市品牌建设耦合发展的一条捷径。拥有丰富的适合体育赛事资源，有适合举办 F1 大奖赛、ATP1000 大师赛等高端体育赛事的自然条件，同时还具有适合举办国际马拉松赛的条件和资源等，这为统筹体育赛事与城市品牌建设发展、促进两者融合互动提供了良好的资源条件。体育赛事与城市品牌建设的资源整合主要体现在两个方面：一是采用新机制，坚持政府推动和市场运作相结合来整合资源。既要依靠政府体育、旅游、城建等相关部门及政策的引导统筹考虑体育赛事、文化、旅游的资源整合问题；又要积极培育市场，充分发挥市场配置资源的基础性作用，充分利用旅游和体育展会、活动、媒体等各种渠道，加大在国内外联合营销的力度，鼓励体育专业公司与旅游企业、城建部门和企业发挥各自优势，联手开发赛事旅游产品，拓展赛事旅游市场。二是采用新手段、创造新产品来整合资源。整合丰富多彩的旅游资源、优质的体育场馆资源和完善的相关配套能力，共同谋划、联合申办或引进国际知名赛事，如世界游泳巡回赛、世界马术锦标赛、轮滑马拉松赛等；以国际精品体育赛事为平台，促进体育赛事产品向旅游产品的转变与升级，打造特色化、差异化的体育赛事旅游产品，不断提升张家界在国际赛事旅游市场上的影响力，实现城市品牌的进一步升级。

（六）创意设计，创新耦合发展的方式和内容

创意是体育赛事和城市品牌建设发展的核心动力，设计是体育赛事和城市品牌建设资源产品化的桥梁。应坚持挖掘、提炼体育赛事中的体育精神及具有参与性、体验性的元素，为体育赛事旅游产品和城市品牌建设注入生命力；立足于体育赛事的特点与体育赛事观赛者的需求特征，充分利用体育赛事、旅游相关政府部门、体育赛事主办方、体育场馆、旅行社和相关社会团体的财力、智力，共同创新体育赛事旅游产品，不断推出体育赛事旅游精品、专业化路线。以体育赛事门票产品为例，一是充分运用国际品牌体育赛事、国际旅游节庆活动等平台，借鉴悉尼、新加坡、釜山等国际旅游城市推出的

都市旅游模式，挖掘和创新符合游客需求的“一票通”路线，打造体育旅游的特色门票产品；二是通过门票产品的打包，不断深入体育赛事与旅游景点、交通设施、酒店、参与性活动的联系与合作，推出适应游客需求的，涉及旅游中“食、住、行、游、购、娱”各个方面的门票打包、优惠产品。充分展现城市亮点，实现城市品牌的塑造与完善。

（七）重点突破，找准耦合发展的重点

按照“注重特色、差异发展、突出重点、协调发展”的原则，突出重点赛事、重点场馆，在重点区域取得突破，以点的突破带动线的联动，以线的联动促进面的发展。

体育产业是“十三五”期间发展着力扶持的产业之一，是其招商引资重点鼓励的产业。通过举办国内外重大体育赛事，加快培育一批享有自主知识产权的品牌赛事，全方位发展覆盖体育场馆服务、竞赛表演、体育旅游等业态的赛事经济产业链，实现体育与旅游产业的融合发展。

（八）品牌打造，提升耦合发展的成效

城市体育旅游品牌是城市形象品牌的一部分，它根植于城市的历史，反映城市品牌发展的定位，引领城市的发展方向。特别是体育赛事与城市旅游业在一个城市互动发展的起步时期，更应该重视体育赛事、赛事旅游产品、赛事旅游线路、赛事旅游空间的品牌培育。一是打造体育赛事品牌。对有可能成为旅游产品的体育赛事，要精心打造，提升赛事知名度。二是打造赛事旅游产品品牌。依托赛事资源与传统旅游资源中具有资源互补性的旅游产品，打造具有都市风光、体育特色、文化底蕴、生态环境、休闲娱乐的赛事旅游产品品牌。三是打造赛事旅游空间品牌。以大型赛事和赛事所在场馆为依托，积极融入旅游元素，增强体育赛事场馆的旅游功能，将赛车场、网球中心、主题公园、城市沙滩、体育中心和大体育场打造成为高端化、专业化的城市休闲旅游集聚区。

第二节　加强政府治理，完善耦合体系

一、加强政府引导及调控

尽管体育赛事与举办城市的形象嵌合在体育赛事的成功举办中具有独特作用，但监管部门的意见对体育赛事的成功举办亦至关重要。政府要成为以城市品牌为导向的体育赛事的品牌培育的主导者，强化政府的引导和整体规划作用，加大政府财力、人力、物力的投入，制定并完善各种配套措施，建立系统化的品牌建设制度，为城市体育赛事品牌发展指明方向，使品牌建设有序、平稳地进行。政府和相关部门的支持是品牌发展的基础和保障，由政府部门牵头，整合各种资源和力量，统一规划，稳步开发，积极创建地区体育旅游品牌，形成发展合力。大型体育赛事的举办应结合城市发展现状和具体赛事特征，吸引更多不同类型的参与主体，促进各个相关部门协调。主管部门要对体育赛事品牌发展进行详细的规划与部署，各相关部门以及行业要积极予以配合和支持，突破区县行政划分的限制，建立统一高效的管理机制和开发创新平台，促进体育旅游产品开发的规范化和品牌化。通过外事工作促进城市与更多的境内外城市结为友好城市，简化境外游客签证政策。提高多种优惠政策，吸引国外高端旅游投资商。联合周边地区政府部门，与更多的城市结为友好城市，打破行政界限进行体育赛事旅游的整体规划、开发、营销以及维护，打造区域整体体育赛事旅游品牌，实现区域品牌共建，并进一步增强宣传营销以及品牌维护的职能。

二、政府主导，培育多元化市场主体共同参与治理

发挥政府部门的品牌战略管理的职能，整合区域资源，整合企业、体育协会、旅游协会、社区等各种力量，统一体育赛事形象。积极发挥企业、社区各种力量，培育市场多元化主体。政府与市场要有效分工、密切配合，培育龙头企业，打造具有引导力的体育赛事品牌。在各种市场主体中，要让旅游企业和赛事公司成为体育赛事组织、策划的主体，让政府市场管理部门、

中介机构、社会团体都围绕旅游市场的发展要求分担体育赛事的监督、服务或管理职能。同时，在多元化主体职责明确分工的基础上，要整合运用旅游市场经济的调控手段，合理规划体育赛事的布局、类型、规模等，打破行政区的限制，在扩大市场份额的基础上逐步实现旅游的国际化，在城市及周边地区使体育赛事营销旅游和体育赛事发展全域化，实现体育、旅游的新业态。

公民社会的不断发展成熟为国家政府与公民社会治理的形成奠定了坚实的基础。随着我国公共体育服务供给制度的改革，社会组织和社区发挥着越来越重要的作用，城市体育社会组织和社区要积极参与到体育赛事的规划、策划、组织、运作中来。一些较大的、群体性的体育赛事活动，应广泛征求社会组织以及社区居民的意见，充分利用社会资源，吸引更多的社区居民来参赛或观赛，特别是民族民俗性体育赛事表演，应尽量安排本地的少数民族同胞来完成，从而在培养体育赛事的群众基础、扩大体育赛事的知名度的同时，也继承和保护了本地的文化遗产。

三、完善政府支持系统，提升服务能力

政府要完善基础设施建设。城市要切实加强基础设施建设，如交通设施、比赛场地设施、厕所等。这些基础设施一部分需要企业来出资出力，但更多的是需要政府部门来支持，通过政府的引资、注资和有效服务，完善基础设施建设。自 2004 年成功申办亚运会以来，广州已确立了迈向国际化大都市的发展道路和愿望。在举办 2010 年广州亚运会之前，广州市政府建设了奥林匹克体育中心等多种设施完整的体育场馆，保障了 2010 年广州亚运会的正常使用，而且这些场馆在亚运会后继续发挥着重要作用。

政府部门要引导相关企业、社会团体等从业人员养成良好的服务心态，增强服务能力，从体育赛事消费者和旅游者的心理出发，抓住消费者的需求痛点。要健全体育赛事的服务体系，针对城市体育赛事的特点，给赛事参与者和观赏者提供全方位的赛事和旅游信息服务，配备完善的咨询、救助、投诉和监督系统，使旅游者能放心旅游和消费。政府要建立城市体育赛事综合门户网站，整合赛事资源和赛事信息，建立体育赛事信息交流平台。政府要统一规划体育赛事，及时向社会公众发布赛事信息，争取各级政府在政策、

资源、信息等方面对城市体育赛事的大力支持，形成制度体系，并落到实处。

体育赛事与城市品牌建设耦合发展的治理需要成立以市政府领导牵头，体育、旅游、市政规划和建设等相关部门共同参与的“大型活动办公室”，统筹考虑城市体育赛事、文化、旅游、城市品牌建设等大型活动的引进、协调与资源整合等问题；与此同时，建议成立由体育、旅游等相关政府部门，以及赛事主办主体、体育场馆、旅行社、社会团体等赛事、旅游和城市品牌建设相关主体共同参与的理事会，从体制机制上保证体育赛事与城市品牌建设的耦合互动发展。本级政府要加强相关部门如体育行政部门、旅游部门、环保部门、公安及消防部门、交通部门、宗教部门、招商引资部门、金融部门、新闻媒体部门等开展紧密的联系与合作，为体育赛事提供各方支持。

四、政府科学规划，打造耦合发展示范区

由政府牵头，市体育局和规划局等有关部门共同参与，研究制定城市体育赛事建设规划。与此同时，建议市体育局和旅游局分别与国家体育总局和国家旅游局的有关部门沟通，落实申报各种体育产业研究或发展基地，优化体育赛事布局。通过整合、重组国有资产，组建在赛事、旅游产业发展中能够起到带动作用的大型集团，建立行业标杆，树立企业品牌。建立体育赛事事前和事后评估机制，对城市拟申办或引进的重大体育赛事进行事前评估，提高赛事申办决策的科学性，对目前举办的体育赛事进行事后评估，确保赛事对城市综合效应的最大化。

另外，建议设立市级大型活动专项资金，以此为杠杆促进赛事相关利益团体共同推进体育赛事产业与城市旅游业、服务业以及城市品牌建设的不断耦合，推进赛事旅游示范区建设，鼓励社会资本参与基金的运作与管理，鼓励建立各类社会资本参与的体育赛事股权投资基金。

第三节　紧扣时代，城市营销多元化

赛事服务水平逐渐成为体育赛事的核心竞争力，参与者更加关注赛事本身的高品质体验和人性化服务，这样体育赛事才能更好地与城市品牌耦合。

这就要求城市营销和体育赛事打造要紧扣时代。城市管理者要与时俱进，更新城市营销观念，既要使城市品牌特点与体育赛事特征相融合，也要确保举办城市在塑造城市品牌的过程中不偏不倚，与城市发展的总目标相融合。依据体育赛事的强大功能，建立城市营销的多元化主体和多元化营销路径。

一、转变城市品牌形象的传播方式

（一）整合营销传播时代的到来

产业融合是新时代产业发展的显著特征。体育赛事与城市品牌耦合需要体育产业与旅游、服务等相关产业适度融合，创新产品的开发和营销思路，转变营销模式。整合营销开辟了营销业新的篇章。整合营销传播（Integrated Marketing Communications，IMC）理论起源于商品经济发达的美国，在 20 世纪 80 年代中期就有学者提出了具有战略意义的“传播协同效应”（Communication Synergy）的概念。随着营销实践的发展，营销传播理论也相应得到了很大的发展。但是关于整合营销传播的概念还没有达成一致共识，全美广告业协会根据对 IMC 所进行的研究，将其定义为：整合营销传播是一种从事营销传播计划的概念，确认一份完整、透彻的传播计划。这个计划应该评估不同的传播技能，如广告、直复营销、促销活动与公共关系在策略中所扮演的角色，并将之整合，提供清晰一致的信息，以取得最大的传播效益。该定义强调过程整合，目前被广为使用。劳朋特提出的整合营销理论主张重视消费者导向，由消费者定位产品，用 4C 组合来进行营销策略的安排。整合观念的积极倡导者舒尔茨认为，整合营销传播是一种长期对顾客及潜在顾客制定、执行不同形式的说服传播计划的过程，是将所有与产品或服务有关的信息来源加以管理的过程，使顾客及潜在顾客接触整合的信息，并且产生购买行为以维持消费忠诚度。该定义强调消费者的反应是整合营销传播成败的关键。丹诺斯基进一步指出，企业应舍弃过去“由内而外”的单向说服模式，改为“由外而内”的规划思考模式，从消费者的观点来进行营销传播规划，了解顾客和潜在顾客的核心需求、媒体使用形态、信息接触时机等，与顾客进行双向沟通，建立长期互惠关系。邓肯认为，整合营销传播是策略性地控制或影响所有相关的信息，鼓励企业组织与关系利益人的双向对话，借以创造互惠的关系。该定义强调关系利益人与企业组织的双向互惠。

在体育赛事和城市品牌耦合发展过程中，只有将城市与体育赛事进行有效的结合，在赛事中包含城市要素，在城市中涵盖赛事要素，在城市品牌形象的塑造过程中时刻彰显体育赛事的元素，才能让人们通过对体育赛事的了解进而认识城市的品牌形象。近年来，作为对4C理论的发展和补充，唐·E.舒尔茨又进一步提出了SR理论，进一步突出了顾客的核心地位，成为IMC理论的基础。SR理论提出在营销过程当中更应该重视顾客的关联（Relevance），更关注顾客的感受（Receptivity），努力提高市场的反应速度（Responsive），关系营销越来越重要（Relationship），对回报的赞赏态度或是说企业在市场中的地位和美誉度是企业营销的源泉（Recognition）。SR理论的学术思想有一条主线，即营销的核心应该从交易走向关系，建立顾客关系是IMC营销战略的核心目的。整合营销传播认为，一个顾客或一个潜在顾客在产品或服务方面与品牌或公司接触的一切方式都是营销信息潜在的传播渠道。在早期市场上，营销传播只有几种基本的方法可供选择：电台广告、报纸广告、杂志广告、户外广告牌、公共关系及其他类似的方法。然而当媒体变得更加专业化后，每种媒体都必须予以特别的重视，有时甚至需要进行专门的活动以将差异化的信息传递给不同的受众。同时其他新型工具也有了巨大的发展，如直复营销、促销、事件营销、宣传手册法、竞争联盟、担保，当然还有电子的和其他互动性的工具。因此，有必要协调各个产品、分部、地区及国家的营销活动，通过制定统一的架构来协调传播计划，从而使组织达到“一种形象，一个声音”的效果。

整合营销将不同的营销方式、手段等进行有效的结合，以此实现不同营销手段的协同营销作用，达到更好的营销效果。源于体育赛事营销过程中本身的复杂性，所以在整合营销过程中需要有较好的整合营销能力，拥有较为广阔的大局营销观，以此来实现城市和大型体育赛事整合营销的效果，达到协同发展的效应。通俗地说，整合营销传播是研究如何向别人有效和高效地传递信息，以致最终改变人的认识和行为的理论。为了达到“有效”，就必须了解对方想了解什么信息，什么样的信息最容易使其接受，并最终影响到其行为的产生。为了达到“高效”，就必须把多种传播方式、手段整合起来，达到传播的最佳效果。具体来说，“整合营销传播”就是解决“对谁传播”“传播什么”“怎么传播”“在何时、何处传播”以及“如何使传播更为有效”等一系列问题。整合营销传播一般具有以下特征：以顾客价值为导向、多元化的传播途径、统一的传播风格、循环沟通等。整合营销整合的层次一般包括认知整合、城市营销研究——城市品牌资产的开发、传播与维护形象整合、功能整合、协调的整合、消费者的整合、关系管理的整合、基于风险共担者的整合等。

（二）城市品牌整合传播的必要性

整合营销传播被称为20世纪90年代市场营销的重要发展。国外的研究人员已认识到了战略整合多种传播手段的必要性，他们纷纷采用新的营销方式，将以往在广告上的努力转化为各种传播技术的整合，通过协调营销传播，择优采用传播工具，发展更有效的营销传播计划。营销传播的整合是营销主体对环境变化的适应。同样，城市在品牌传播过程中，也需要对其传播工具进行整合，其理由如下：

1. 城市品牌竞争态势的需要

上海市和F1方程式赛车项目，源于赛车的成功举办使得人们认识到了上海的高端大气的城市形象。目前，各个城市都在进行品牌宣传，使用各种媒体从不同的途径宣传自己的卖点，吸引更多的游客和投资者入驻城市，城市的竞争开始加剧。随着竞争的激烈，信息渠道和信息流量大规模增加，相应在信息传播过程中来自各方面的噪声也明显增加。对于品牌传播来说，传播和沟通的地位越来越显得突出，但是传播和沟通变得比以往更加困难。仅是为商品设计和制作出具有实在内容的信息还不够，根本的问题是必须考虑顾客如何对待所传达的信息。因此，必须首先使品牌的信息能够受到目标受众的关注，任何缺乏吸引力的信息都可能被淹没在信息的海洋中。面对众多品牌的激烈竞争，城市若想立于不败之地，应该加强其品牌和产品的宣传，让自己从众多城市之中凸显出来，让消费者了解自己。因此，城市营销者必须深入了解消费者，重视品牌的传播，重视与消费者的沟通，以期为城市消费者留下深刻印象。

2. 城市消费者需求变化的需要

随着社会的发展，体育赛事体验感成为赛事参与者衡量赛事的重要指标，良好的赛事体验有利于树立良好的赛事口碑。互联网时代，信息传播渠道多元，信息传播迅捷，人们对赛事体验的分享和评价会迅速影响到体育赛事以及城市品牌形象。在一些城市举办体育赛事活动时，赛事组委会与相关企业合作推出“参赛名额+酒店住宿+特色餐饮+运动装备+赛事交通等”综合服务产品套餐。这种套餐一方面有利于城市产品和服务的营销，另一方面也方便了赛事参与者和旅游者，有利于其获得良好的赛事体验。在城市竞争并不十分激烈的情况下，广告数量相对较少，品牌的相关信息十分有限，城市消费者尚可认真阅读广告。现在广告充斥在人们生活的每个角落，消费者对广告已经漠然。消费者对城市宣传的广告信息已将信将疑，他们有更多的途径接触品牌信息，如媒体报道、上网搜寻、朋友的推荐等。这时传播就需要研究如何以消费者感兴趣的方式去接触他们，如何打动他们并使之信服、记忆。为了获得城市消费者对信息的关注，营销传播需要不断进行调整，一些符合新的信息环境的营销传播方式开始出现，整合营销传播就是这种背景下的产物，其目标就是在营销沟通中实现有效传播，争取在充满干扰的信息海洋中能够获得受众的关注，并进而赢得认同。

3. 降低品牌交易成本的需要

IMC 的最大效果是减少流通中的交易费用，通过完善的 IMC 活动，可以降低城市品牌的交易费用。整合就是通过市场使城市品牌与消费者的沟通更好、更有效率，当城市品牌信息变得更加准确，信息传播者和消费者能够互相理解时，那么城市消费者寻找、购买品牌的费用和接受服务的成本会大幅度地减少，城市品牌营销者在满足顾客的同时，自身的营销费用也将减少，从而降低了双方的交易成本。因为不论使用什么媒体工具，产品或服务的传播信息必须清楚一致，经由多种途径传递的信息，如果相互矛盾，则可能被消费者漠视。如果在传播中所使用的信息未经整合，由于城市消费者在信息处理中会产生矛盾，那么这些信息很可能就不会被处理，所以城市营销者必须要传递整合信息。

4. 城市营销传播手段变化的需要

随着电视、电脑、报纸、杂志的发展，人类进入了前所未有的资讯爆炸时代。媒体的数量和种类在急剧增加，而且新兴媒体不断涌现。对于广告而言，在媒体的运用上有了更多的选择，却也同时面临媒体效果的稀释问题。广告边际效益递减的主要原因产生于媒体和信息的多元化，大流量的信息导致消费者信息接收中的零负反应，与此同时，由于广告是以承诺和创意为特征的，品牌在广告创意承诺与实际行动之间存在巨大差距，导致广告公信度大大降低。媒体业为适应市场竞争，电视、广播、杂志、报纸等媒体更加细分以吸引更加挑剔的城市消费者，同时，针对不同年龄、性别、爱好的受众定制不同的媒体节目、媒体种类。因此，城市营销者应该研究媒体分众的变化，妥善为城市传播进行媒体规划，降低对大众媒体的依赖，逐步重视小型、目标性的媒体。传播媒体种类增多、效果稀释、受众细分的变化趋势，使城市品牌的营销传播也需要相应变化。

二、城市品牌信息传播途径的转变

主办城市可以通过电视、杂志、报纸、广播、互联网等媒体，以一系列的内容展示城市形象。时至今日，传媒业正经历着不断发展的过程。当前，城市营销传播已经开始走出单纯的广告诉求阶段，逐步迈向整合营销传播时代。城市品牌整合营销传播的核心内容是城市的个性和形象以及由此而形成的城市品牌，所有这些都标示着城市可以为目标顾客带来的独特利益和价值。围绕这一核心内容，城市可以运用全方位的、立体式的传播手段来进行整合传播。城市整合营销传播的主要途径有以下几种：

（一）广告

广告是指由特定人资助支付，用于组织、产品、服务、观念的非人员沟通的形式。广告的特点是主办者为自己的消息付费，通过大众媒体将一套内容传递给整个受众，主办者的名字明确地出现，而且主办者控制着信息。广告主要分为全国性广告和区域性广告、消费市场广告和专业市场广告。主要的广告形式有电视、报纸、广播、杂志，以及新兴的互联网广告。为了在竞争中生存，广告媒体开始利用彼此之间的优势进行联合，媒体联合，可以有效整合广告资源，城市从电视、报纸和互联网的联合体得到一站式广告套餐服务，减少了城市的搜寻成本，也突破了一些媒体区域狭窄、受众量不足的局限。

（二）政策促销

政策促销是指城市营销者通过制定各种可以为目标顾客带来直接或间接利益和效用的政策来吸引目标顾客。例如，上海曾规定高薪人才在上海工作满三年后可以其累计个人所得税税款来购置物业，这无疑有利于其吸引和留住人才；许多城市还为产业和投资者提供各种税收减免、特殊融资政策等。

（三）公共关系

体育赛事是快速营销城市的重要途经，建立和维持良好的公共关系在二者耦合营销中具有重要的意义。通过向公众传达有关本体育赛事的有关信息，通过引导公众的舆论造势，以此来实现公众对于城市自身的关注，进而促进城市自身品牌形象的塑造与提升。公共关系所面对的公众，包括居民、雇员、就业者、投资者、出口市场等各类城市顾客。在公关活动中，可以利用新闻通信来宣布产品的新变动或新政策的颁布，可以策划特别报道来树立公众形象。进行公关活动的途径主要有：①新闻报道，城市向媒体提供关于城市的新闻，通过新闻媒介的传播来吸引人们对本城市的注意。这些新闻必须真实可靠，而且包含受众感兴趣的内容。②协作交流，这些活动包括内部的和外部的交流，促进消费者对城市的理解。③新闻发布会，城市通常在推出新产品、实施新策略或取得重大突破时举行新闻发布会。

（四）直复营销

直复营销是一种组织与目标消费者之间直接沟通以促进反应或交易的营销形式，这种反应可以是一种咨询、一种购买，甚至是一种表决。它包括邮购营销，即通过邮政手段来达成的营销行为，城市营销者将产品的目录或是产品的推广信息直接邮寄给目标消费者，消费者把需求信息和购买行为寄给营销者；电话营销，即通过电话来进行的营销行为，城市营销部门通过电话推广产品的信息并通过电话了解消费者的信息反馈。

数据库的建立可以帮助城市营销者准确找到目标消费者或潜在消费者，并且建立与这些消费者长期的联系和针对性的沟通。数据库一般包含城市消费者和潜在消费者的姓名、地址和邮编，更为详细的数据库将包含人口统计学数据、性格心理分析、个人资料等。城市营销者利用数据库中的信息，选择目标消费者，并根据数据库中消费者的特点与之直接沟通，使沟通更加准确。

（五）人员推销

人员推销是营销传播中一种人员传播方式，推销人员试图帮助和说服潜在购买者购买自己的产品或服务，或者接受一种观念。人员推销与其他传播方式最显著的区别在于信息是直接从发送者流向接收者，不经过中间媒体，它是直接的人际传播，是一种双向传播。推销人员根据顾客的需求提供信息，顾客直接将反馈信息传递给推销人员。在针对特定的目标顾客时，城市可以利用专门人员与其直接接触以达到吸引和说服目标顾客的目的。例如，针对产业投资者市场，城市可以派出专门的招商人员拜访那些实力强大的潜在目标顾客，从而达到说服其投资的目的。

另外，还可以采取活动招商的方式来进行宣传。活动招商就是指城市举办各种直接面对潜在目标顾客的活动，来吸引目标顾客。例如，城市举办的各种人才招聘会、旅游推广会、招商引资洽谈会等都属于活动招商。

体育赛事营销，并不表现为观众对赛事产品的重复购买，而是表现在观众对于体育赛事和城市的口碑传播上，良好的口碑更能扩大潜在产品购买者的范围，并直接影响着人们的参与或观看体育赛事以及来城市旅游、投资等的决策。体育赛事爱好者大多有着自己的群体或团队，良好的口碑对于体育赛事爱好者来说尤其重要。

体育赛事参与者和赛事观众一般都有自己的“圈子”，他们可能有着自己的球队、车队或是跑步群等，也可能是球迷群、车迷群等，这些参与者或赛事观众往往有着共同的兴趣爱好，经常开展群体活动，所以在给体育赛事参与者或观众提供服务时，尤其要注意服务质量，服务到位与否直接关系到一个或多个“圈子”。同时，这些参与者或观众往往有着较强的品牌忠诚度，为客户做好后续服务不仅是品牌的一种延伸策略，也是影响参与者或观众行之有效的方法。在赛事活动中，对于赛事参与者，可颁发成绩证明、活动纪念品等，一方面可以拉近与参与者的关系，另一方面又是对品牌的传播。

城市要进行有效的传播，需要对各种传播手段进行整合，因为各传播手段之间可能会产生相反作用，如直复营销与广告、公关活动对城市品牌的相反作用。直复营销中的许多邮件、电话、电子邮件不请自来，影响消费者的正常生活，它会破坏广告、公关所树立的品牌形象。传播手段之间还可能会产生加强作用，营销传播手段中，可能几种传播手段都实现相同的、近似的功能，几种手段配合使用，使功能加强。例如，广告和公关活动在提高城市品牌形象方面具有相同的作用。若单纯依靠广告，则需要大量的、不断重复的广告投入，有时消费者还会认为这是城市自我标榜，未必真实可信。传播手段之间还可能产生补充作用，传播手段中，几种手段实现不同的功能，有时仅靠一个功能无法最好地支持营销活动。由于几种手段分别实现不同的功能，几种功能互相配合，形成了最好的销售支持。传播手段之间还有可能会产生辅助作用。在传播活动中，一种手段用以实现一种传播功能，这时若辅助使用另一种传播手段，则可以使前一种手段加速或更好实现目标。总之，传播手段的结合，要避免产生相反作用。要根据传播的任务选取具有加强作用、补充作用、辅助作用的手段相互组合，使整个传播活动更加丰富、更具个性化，更加吸引消费者，激发他们的兴趣，以达到最佳效果。

三、城市品牌传播的提升策略

（一）品牌传播由政府主导，注重多元主体协同传播

国内城市品牌传播中普遍存在缺乏长期规划、统一布局的问题，并且品牌的后期维护工作不到位。这些问题的产生就是由于传播工作缺少强有力的组织保障，品牌传播的主体单一或者界定不清。城市品牌传播的主体首先应该是城市政府和城市管理者，他们作为城市品牌化的发起人和推动者，不应该对城市品牌建设一手包办。传播主体具有广泛性，应包括城市政府、城市管理者及城市居民，城市各行业、各领域的力量都应最大限度地被吸纳到城

市品牌传播的组织机构中。

在此以杭州“生活品质之城”为例进行分析。杭州在近年来的城市发展中，逐渐形成了“政府主导、企业主体、市场运作”的特色模式，并将这种模式成功运用到了“生活品质之城”品牌建设当中。创新性地提出了以复合型社会创业主体作为重要的组织平台，所谓的“复合型社会创业主体”是指由党政界、企业界、知识界、媒体界等不同身份的人员参与，主动关联而形成多元统一、优势互补、功能融合、机制灵活的复合型社会创业组织。[①] 这一网络状的组织平台，既包含了杭州优势产业联盟，又存在民间组织参与，形成了“官民”的良好互动。这一平台既能够发挥党政引导作用，又可以充分整合各种资源，全方位调动各方的积极性，追求社会效益与经济运行相统一，具有可持续发展的特征。另外，在具体组织机构方面，杭州城市品牌工作指导委员会及其下设机构，都以学术界、新闻界、企业界、党政界四界联动的形式，打造“生活品质之城”的研究与推广平台。这种组织模式多元化且具有灵活性，能有效地吸纳民间智慧和力量，十分值得其他城市借鉴。

政府在塑造城市品牌形象时，加强与民众的沟通互动，那么城市品牌形象会更生动立体，进而产生品牌效应。只要全方位地提高社会公众、市民的主人翁意识，调动其积极性和主动性，他们对于城市的荣誉感、自豪感和归属感也将自然生成。

诚然，杭州市的这一整套组织机构和组织模式在实际操作层面的具体执行能力略显薄弱，还有一定的提升空间。首先，组织内部协调机制有待完善，仅就杭州城市品牌工作指导委员会下设机构——杭州城市品牌促进会来说，这是一个吸纳了“四界”力量而组成的民间协会组织。各行业专家集思广益有助于品牌传播工作的展开，这无可厚非，但是由于不同行业专家的专长不同和思考角度不同，往往会产生意见难以统一的现象，这就需要加强组织内部成员的沟通交流，完善协调机制。其次，组织自身形象意识尚缺，同样从杭州城市品牌促进会来讲，该组织成立时间不长、知名度不高，却没有重视

① “共同体的重构”：对城市社会“终极实在”的追寻——以杭州社会复合主体建设为例［EB/OL］. http：//www. xjass. com/jj/content/2011- 04/2 9/content_ 1 94074. htm，2011 - 04 - 29/2011 - 06 - 08.

自身形象建设，机构的网站仅依附于杭州生活品质网，缺少独立的宣传平台，无法提高知名度和认可度，从而限制了机构自身的功能发挥。在今后杭州城市品牌传播过程中，组织结构应加强自身的形象宣传，才能抓住更多对外合作机遇，谋求创新和发展。最后，组织机构的人员素质有待提高。这体现在目前一些策划实施的活动缺乏群众的广泛参与，缺少娱乐性，活动产生的实际影响力和期望效果存在差距，反映出机构内部从业人员专业素质不高和实践经验的欠缺。作为城市品牌形象的传播机构，更要有标准的人才选拔机制，通过培训，加强全员的专业素养，提高公关意识。以上也是国内其他正在进行品牌塑造的城市需要警醒和借鉴的。

（二）注重执行细节，创造品牌体验

除了改善城市形象外，体育赛事也有助于创造和传达城市的品牌价值。随着人们对体育赛事认识的不断提高，如今的体育赛事参与者和观看者的需求逐渐发生了显著性的变化，逐渐开始注重赛事的体验。品牌更注重消费者对产品的体验和感受。[①] 在赛事活动中，消费者非常注重消费的过程，注重身心的感受。从城市品牌传播的内容来说，要想有强劲的传播渗透力，就要赋予品牌个性和特色。不管是它自身的品牌形象还是传播的形式和渠道，必须要有独立性和创新性，要立足地方特色，不能盲目跟风。这样才能将自己与其他城市区别开来，在受众心里形成良好的印象和联想，使城市产生强大的吸引力和凝聚力，从而吸引到众多的外来投资者和游客。这就需要在传播内容上注重执行细节，创造品牌体验。品牌体验指的是消费者对品牌的实际经历和切身感受，体验的内在价值不仅涉及品牌服务及产品，更包含了消费者与品牌传播过程中的每一次互动。

要使体育赛事拥有较高的品牌忠诚度、美誉度和知名度，就要积极开展体育赛事的品牌体验活动。体育赛事品牌体验是个人与体育赛事所提供的服务、产品等进行深度接触、相互作用的过程。这种体验可以是体育赛事举办的某一个环节，也可以是整个过程，关键是要体验出体育赛事品牌的个性、

---

① 朱雨童．品牌，非诚勿扰！［M］．深圳：海天出版社，2011.

品质等，获得心理上的满足，并具有较高的品牌满意度。城市在品牌形象塑造和传播过程中，要使城市成为一个消费及体验创意的乐园。让受众在接触城市品牌时深入体验城市品牌的核心价值，使城市形象可感可触，是城市品牌传播所必备的。城市品牌传播受众主要有以下两个方面的品牌体验：首先是接收与城市品牌形象有关的各种信息，如新闻信息、广告、宣传活动等，在这些体验中的受众是处于被动状态的；其次是传播受众亲身参与其中的品牌推广系列活动，在这样的互动活动中，受众获得的是主动体验。城市品牌传播受众的主动体验有利于他们发挥人际传播作用，积极主动地承担起品牌传播的责任，进而促进全民传播的氛围形成，有助于提升城市品牌传播的影响力。

杭州在城市品牌传播过程中对传播理念的整合和工具的应用给予了高度重视，获得的绩效有目共睹。但受众的品牌体验并没有取得最佳的效果，在城市品牌传播的执行细节上仍有较大的提升空间。例如，城市现有的户外广告商业气息浓重，与城市品牌形象的定位背道而驰；以城市形象为主题的形象宣传广告内容单一，仅仅打上了口号和品牌标识，无法起到有效的传播效果。因此要加强城市的整体规划，有计划地在城市人口、标志性建筑、公交站牌等广告媒体上，发布富有代表性和创新性的城市形象广告，使不论是当地市民还是外来游客都能感受到城市应有的“品质生活”。除此之外，杭州现有的品牌传播活动，如生活品质点评会、市民体验日等，虽然符合品牌体验理念的初衷，但缺少娱乐性及全民的互动性，在内容创新方面还有待斟酌提高。可在今后的实践中，不断探索杭州城市之外的品牌体验活动，逐步扩大品牌的影响范围。

在特色体育赛事中，标准化的体育赛事管理方式和产品不再能满足消费者的需求，消费者越来越热衷于那些能够体现自己个性化形象展示、形成、与众不同的产品或服务。追求新、奇、特的体验产品或服务成了一种普遍的消费心理。消费者在体验赛事的过程中，除了关注产品的品质外，更加注重身体的锻炼、身心的愉悦、情感的升华等。在赛事产品的开发中，要在认识目标顾客的基础上，打造赛事的个性体验平台，满足参与型赛事消费者速度、耐力、力量、胆识等的要求和对观赏型消费者愉悦心情、注重见识、提升精神等的要求，在城市绚丽文化中演绎体育赛事的激情和狂野。

（三）贯彻亲民路线，从本地到国际

城市范围内的居民不仅是城市品牌传播的受众，更应该是城市品牌定位的主人翁。因此，必须强化城市居民对城市品牌定位的观念，引导其积极参与，营建本地良好的城市品牌建设氛围。城市品牌形象塑造立足当地资源优势，品牌传播走资源主导路线，这样的传播模式无可厚非，但是品牌传播的受众导向路线也应受到更多重视。大众传播的核心内容之一就是传播必须考虑受众的需求，目前城市传播没有采用受众导向模式，从而大大降低了传播的有效性①。城市品牌传播针对不同的受众，如本地市民、青少年学生、老年人或者外来游客，要有不同的传播手段。

如何使城市品牌更加亲民，从受众出发显然是品牌传播的重中之重。美国杜克大学富奎商学院 Kevin Lane Keller 教授在他所著的《战略品牌管理》一书中这样定义城市品牌的受众：市民、游客、企业经营者、高级人才、政府官员、行业协会、投资机构等，这些受众可以划分为两类：一类是居住在本地的市民，也就是内部受众；另一类是旅客、投资人、商旅投资者，为外部受众。② 针对不同的城市品牌传播受众，应该采取相应的宣传策略，以增强品牌与受众之间的互动，为城市品牌增添活力，提高认可度。城市受众的信息传播和反馈，可能只是城市品牌塑造过程中的某个环节，但它所起的作用不容忽视。

像杭州这样的城市，在品牌传播过程中已经树立一定的受众理念，这时还应该加强对外传播力度，扩大受众覆盖面。对外宣传包含国内和国际两个维度：在国内城市品牌传播中，要使地域独特性与文化心理结构统一性两者相统一，注重与其他城市的合作，谋求共赢；针对国际的城市品牌传播，要满足国外的传播受众对于“东方”这一理念的理解需求，采取针对性的传播模式，来迎合不同国家受众的文化心理结构特征。

---

① 袁岳．城市传播：受众导向还是资源导向［J］．广告大观（综合版），2010（5）．

② Kevin Lane Keller. Strategic Brand Management：Building，Measuring & Managing Brand Equily［M］．New Jersey：Prentice Hall，Inc.，1998：81.

（四）运用各种传播手段，强化整合营销

以城市品牌为导向的体育赛事可以激发公众的热情，从整体上提升体育赛事的竞争力和影响力。要使体育赛事的品牌作用产生效益，就必须在建设赛事品牌定位、赛事识别系统建立以及不断增长赛事品牌资产的基础上，结合城市品牌的背景，对体育赛事品牌进行积极的传播，扩大体育赛事品牌和城市品牌的影响力。目前，国内城市品牌传播常以某一宣传途径作为切入点，虽然这样的方式在城市品牌塑造初期会有成效，但不利于形成长期的、统一的城市品牌传播整体战略规划。传播媒介的多元化推动着城市品牌的整合传播。

整合营销传播是整合所有传播工具，针对城市品牌提升的目标，以多个渠道传播一个声音，最终实现传播效果的最大化。城市品牌传播的实现，综合运用了事件营销、公共关系及广告等多重手段，不同的传播途径可以产生不同的沟通力，从而达到相应的传播目的。对传播工具进行整合之后，需要对其进行协调管理，让多种传播工具共同传达同一信息，保证受众接收到的传播内容的一致性。在品牌传播过程中要注意整合运用好各种新闻媒体，特别是电视、报纸、期刊、网络，全方位、多层次地传播城市形象。杭州在打造“生活品质之城”这一城市品牌时，就对多种传播工具进行了整合应用。如在媒体应用方面，新浪城市播客和生活品质官方微博的开通放大了传播效力，在网络营销领域更加立体、形象地传播城市形象；与杭州各大广电集团和报业集团在新闻发布、广告及活动组织等方面展开了广泛而深入的沟通与合作。再以杭州新兴的会展产业来说，已经逐步形成了生活品质会展活动的系列化。以生活品质为主题，串联整合、统一包装了现有的和新引进的会展、节庆活动，形成健康生活、休闲生活、艺术生活、美丽生活、数字生活、创业生活等生活品质系列会展，促进相关会议、展览、节庆活动从不同维度、不同领域对“生活品质之城”的呼应，形成主题贯穿、多维呼应的整体，打造宣传、展示、推广城市品牌和促进城市品牌与行业品牌、企业品牌互动的

重要平台。[①] 杭州通过对多重传播媒介、传播手段的整合应用，构建了城市品牌传播的多维度系统，整合传播的方法及理念运用较为娴熟，取得了良好的效果，值得国内其他城市借鉴。

要根据城市发展的目标、体育赛事的属性和规模等确定传播媒体的选择、传播途径、传播对象和传播的重点。要重视信息在赛事观赏者中快速、准确地传达。品牌的本质是信息，是组织获取竞争优势地位的手段，是对超额利润再分配的工具。[②] 政府管理部门、相关企业、社会组织、城市社区等要深入调研体育赛事的消费者和潜在顾客，通过电话、微信、QQ、微博等现代通信工具或平台加强与客户的沟通交流，强化体育赛事公关信息服务，在品牌创建、营销、维护等各个环节加强与顾客的关系，使品牌信息得到及时反馈，提升品牌的满意度和忠诚度。

（五）注重品牌维护，加强危机管理

危机的爆发，会立刻使产品销售下降甚至滞销，使品牌形象、企业信誉大为减损，甚至彻底摧毁企业多年苦心经营的品牌。品牌危机处理需要遵循主动性原则、及时性原则、诚意性原则、真实性原则、全面性原则、协同性原则等。[③] 面对不可预料的品牌危机，一要强化安全监管职能，建立现代化的监管平台，在赛事的全过程进行监管。二要完善保护措施，建立风险管理机制。

城市品牌的危机主要来源于重大的公共关系危机事件以及大众媒体发布的关于城市的虚假信息或者负面报道。品牌危机的特征表现为突发性、低可预见性、严重危害性、破坏性、舆论关注性。[④] 品牌危机的发生绝不是偶然的，如企业的诚信问题、管理问题和自律问题都会引发品牌危机。无论是哪种品牌危机，都必然对经过长期努力树立起来的城市形象造成严重的损害，

---

① 杭州市委、市政府关于“生活品质之城”的若干意见［EB/OL］. http：//www.5110has.org/news/china/2010-12-24/1714.htrnl，2007-01-05/2010-09-10.

② 周云. 品牌管理学科化发展研究［M］. 北京：企业管理出版社，2013：18.

③ 周云. 品牌管理学科化发展研究［M］. 北京：企业管理出版社，2013：175-176.

④ 周云. 品牌管理学科化发展研究［M］. 北京：企业管理出版社，2013：167-169.

日积月累的负面信息也会在受众心里产生长久而深远的影响。产生品牌危机的原因是多种多样的，主要有以下几种：品牌战略制定失误、品牌策略失误、品牌素质的缺陷以及品牌环境的变化。①

从“生活品质之城”的现状分析中可知，杭州与国内其他大多数城市一样，品牌的危机管理体系或方案设置同样是欠缺的。品牌危机具有未知性和不可预测性，但明智的城市管理者必须要未雨绸缪，为各种可能发生的突发状况做好准备工作。针对重大的公共关系危机，成立应对危机的常设机构十分必要。应配备高素质的专业人员，明确预警机制及反应机制，制订规范的行动计划、应急预案并且进行模拟演练，以便在品牌危机发生时第一时间进行妥善处理。对于负面报道产生的品牌危机，应通过建立有效的信息监控系统，对损害城市品牌的信息及时地进行搜集，在事态恶化而无法控制之前就将隐患消除。政府作为传播城市品牌的主力军，要保持受众信息反馈渠道的畅通。通过与群众及时、有效地沟通，倾听群众心声，了解真实情况，在问题初现之时立即跟踪调查、处理解决。

对赛事可能存在的危机，提前进行预测，对于出现的危机，及时处理，防止后续不良危机的再发生，并把这项工作制度化。赛事的组织和预警管理机制需要建立，特别是在风险的预测与控制上要结合国内外先进的管理经验、技术和自身的特点量身打造。

国内对城市品牌的研究大多着眼于宏观的战略规划与营销，对于城市品牌传播的系统研究并不多见。城市形象的有效传播应该作为城市品牌战略的出发点和落脚点，因此城市品牌的传播应该作为一个重要的因素考虑进城市品牌战略的规划当中。城市品牌战略应当在“以人为本”“有效传播”的理念引导下展开，城市品牌的定位、塑造等各个步骤都要基于对“传播”的考量进行决策。

加强赛事前的宣传工作，树立城市居民、赛事参与者、观众等的赛事基础知识、旅游知识以及行为规范，避免因赛事带来的不良事件。应尽可能地减少体育赛事的不确定性危机事件的发生，而使体育赛事发展和城市发展保

① 周云．品牌管理学科化发展研究［M］．北京：企业管理出版社，2013：172.

持稳定状态。城市政府应积极引导广大干部和企业、社会组织等学习危机管理培训，完善危机管理预防、救援设施，普及知识，提高应对危机的处理能力，走专业化危机管理之路。

基于以上认识，本书对城市品牌传播的各要素进行微观分析，以传播学的学科视角，探讨城市品牌传播的内涵及其在城市品牌战略中的功能和地位，研究城市品牌传播如何更好地发挥其功能，有哪些有效的传播提升策略。根据拉斯维尔的“5W 模式”，从城市品牌传播的基本要素出发，透析国内城市品牌传播中普遍存在的问题。以杭州“生活品质之城”为研究个案，进行城市品牌传播实践层面的分析，对杭州城市品牌传播的现状进行总结和评价，得出打造社会复合主体、整合传播等“杭州经验”。最后，同样是从传播主体、内容、受众、渠道以及传播效果五个方面，提出了杭州城市品牌传播经验对全国城市品牌传播的启示。

目前，针对城市品牌传播领域的专业而系统的研究是相对缺乏的，理论基础弱，在一定程度上增加了研究的难度。相关的研究都是国内外学者基于理论层面的学术性研究，有相当强的理论性。而根据城市品牌传播的特殊性，应将其摆在实践层面进行探讨，因此实际操作方面的分析还需针对城市的特殊性进行更为具体和深入的研究。

第四节　依据城市实际，战略性打造赛事

城市举办大型体育赛事或特色体育赛事可以引起全世界媒体和人们的关注，这是一个提升城市形象，增强各方面竞争力的绝佳机会。体育赛事能够为举办城市带来诸如经济增长、投资增加、社会文明的进步等积极方面的影响。另外，盲目地举办体育赛事也会给城市发展带来消极影响，包括增加政府财政负担、造成交通拥堵、破坏城市生态环境等。因此，体育赛事与城市发展是一种综合的关系，有着自身特有的发展规律，并不是任何一座城市都适合举办各种类型的体育赛事，也不是任何体育赛事都能为城市发展带来积极的影响。因此，体育赛事与城市发展相互促进，推动体育赛事与城市耦合发展就显得尤为重要。

根据城市条件，选择适合的体育赛事。不同城市在社会、人文等环境上的优势有着显著差异，根据城市优势特点选择符合城市发展的体育赛事是塑造城市品牌的基本要求。合理地根据城市的实际情况选择赛事是赛事成功举办的前提，这就需要城市主体在选择体育赛事的时候充分考量各方面的因素，全面做好申办赛事的准备工作。

我国对体育赛事的举办权的争夺还是以政府主导为主，而我国各级政府对举办体育赛事充满了热情，忽视了体育赛事与城市耦合发展的客观规律。由于体育赛事发展的客观规律及城市特有的资源环境，可能造成二者发展的不相适应，一方面，体育赛事对城市经济、社会、环境等方面影响较小；另一方面，城市很难为体育赛事发展提供良好的发展环境，体育赛事发展面临着巨大的困难，进而对举办城市带来极大的压力。城市在选择申办体育赛事的过程中，应根据城市发展系统中的综合经济实力、基础服务设施、政府管理水平、人力资源与市民素质、对外开放程度等条件，选择适合自身发展的体育赛事。例如，在北京、上海、广州等综合经济实力较强、人才资源丰富的城市，适合举办大型综合体育赛事，像青岛、海南、大连等城市，拥有独特的自然环境优势及沿海风景旅游线开发，适合举办帆船、自行车等体育赛事。同时应该考虑体育赛事对城市经济、人口、社会、环境的影响程度，有些体育赛事对城市综合经济、环境等方面的影响较小，容易被当地政府忽视，造成政府对赛事支持力度不够，从而影响了体育赛事在当地的发展。

因而，城市在选择体育赛事的过程中，应综合考虑二者自身的特点及发展规律，促进体育赛事与城市的耦合协调发展，最终使得体育赛事促进城市经济、社会、环境的发展，使得城市的发展进一步为体育赛事的发展提供条件支撑。

把握举办体育赛事的机遇，进行城市品牌的营销。伴随着改革开放的深入进行，我国越来越多的城市开始走出国门，参与全球化竞争。在越来越激烈的竞争环境中，城市的核心竞争力决定着城市在国际竞争中的地位，城市品牌在城市核心竞争力中发挥着尤为重要的作用。城市一旦获得大型体育赛事的举办权，在大型体育赛事从筹备到举办的漫长过程中都将获得全球新闻媒体的关注。政府部门为体育赛事成功举办所付出的所有努力都容易被宣传、推广，这就要求政府部门努力提升自身组织能力，保证政府信息公开，增加沟通交流。另外，通过举办体育赛事，举办城市能够将城市的历史文化、城市旅游风光、经济实力、高效的政府形象向外界集中展示，从而将城市的特点展现在世人面前，增进外界对城市的了解，最终提升城市的知名度，增强城市的核心竞争力。

城市在举办体育赛事的过程中，不仅要保证体育赛事的成功举办，还应提前做好城市发展规划，成立专门的管理部门，协调体育赛事与城市发展的关系。选择城市发展中重要的及与体育赛事紧密相连的因素，把握举办体育赛事的机遇，全面宣传，进行城市品牌的营销。

第五节　以体育影响力促城市走可持续发展之路

体育赛事的影响力是巨大的，城市应当注重城市体育影响力的打造，建设体育企业品牌，打造世界一流体育品牌，以利于孕育城市品牌。城市主体应认识到体育对当今社会的影响力。在发展地区经济、文化的同时，也要给予体育赛事经济或是政策上的帮助，积极引导城市走可持续发展的道路，联合其他部门着力打造绿色健康的城市品牌，推动城市可持续发展。杭州市提出打造“住在杭州”的城市发展基本战略，优化杰出人才的生活工作环境，建设优美杭州、休闲杭州，取得了良好的效果。

一、强化体育赛事发展，带动城市基础设施的建设

城市基础设施的建设与发展可以促进城市经济和社会的快速发展。城市要发展，首先要建设基础设施。基础设施是城市发展的基础，集中体现了城市建设的水平。只有将基础设施建设好，人民的生活才有了应有的物质基础，城市社会经济活动才能顺利进行。北京中国网球公开赛的筹办和举办虽对北京的城市交通造成了一些压力，但是体育赛事的举办也能够获得国内外资金的投入，政府和民间也会对体育赛事的举办进行资助，这其实是体育赛事的一种融资。这些投入为城市交通基础设施的改造和建设提供了资金，有力地推动了城市基础设施的改进和提升。在筹备赛事的过程中，为保障基础设施

建设的有序进行，举办方城市政府要做好交通规划。相关部门首先要做好赛事期间交通流量的估算工作，比如最大交通流量为多少，这是交通规划的依据；其次根据实际情况和估算结果制定合理有效的长期发展计划并制定出对应的发展战略；最后根据制订的长期计划和战略估算投资资金，制订投资计划，以达到以最小的投资获得最大的社会效益的目的。只有做好交通基础设施的规划工作，北京才能在通过体育赛事改善交通的同时优化人居环境，改观城市面貌，进而促进中国网球公开赛与北京市的耦合发展。

二、加大扶持力度，增强协同与创新

体育赛事对城市发展具有重要的意义已被理论界和实践所验证，以城市品牌建设为导向的体育赛事是城市公共产品，政府必须要加大扶持力度。体育赛事在筹备的过程中，自身不能创造利润以供自身独立生存，需要政府的大力支持，例如，在场馆的建设过程中，需要大量的财政支持以保证施工建设的顺利进行，在举办赛事的过程中，需要宣传部门的大力推广，保证体育赛事的文化能够融入当地的社会文化环境中，增强市民对体育赛事的认知度。由于现在体育协会对举办城市的环境要求越来越高，需要政府增加城市环境建设投资，以达到相关部门的要求，进而促进体育赛事的长期可持续发展等。体育赛事是城市的大型事件，其涉及的范围很广，需要多部门参与，不可能仅有一个部门的努力便能够达到对整个城市品牌形象的塑造与提升效果，所以只有在众多相关部门的参与与协作的基础上才能实现城市自身品牌形象的塑造与提升，才能向外界宣传城市良好的品牌形象，所以在扶持的同时，要加强各部门的协同。因而体育赛事的举办是一项系统、复杂的过程，包括了城市经济、文化、环境等方方面面的问题，任何一个部门都很难独立承担起成功举办体育赛事的责任，需要体育局、卫生局、宣传部门、建设部门加强沟通协作，并与赛事的组织者积极加强合作交流，共同打造赛事品牌。

在体育赛事与城市耦合发展的要求中，体育赛事发展初期需要政府部门加大扶持力度，以促进体育赛事达到有序健康的发展阶段，并通过赛事自身的成长，逐步增大体育赛事对城市发展的影响，进而达到体育赛事与城市发展之间相互促进、互为条件的协调发展目的。

三、加强城市生态和精神文明建设，促进城市良性运行

系统是生物种群发展的特定环境和生态圈。城市生态系统是生命系统（生活）和环境系统在城市空间的组合，指的是基于人类自身的愿望以改造城市环境所建立的人工生态系统。这是一个"社会—经济—自然"复合生态系统，具有规模庞大、组成结构复杂、功能综合的特点。城市是有精神的，城市精神的特质来源于其源远流长的历史文脉和地域性文化底蕴中，凝聚着城市的历史、文化与民风民俗，体现着城市共同的价值取向、文化底蕴、行为准则以及群体意识。城市精神注入奋进向上、追求理想、共建文明的时代内涵，为城市的经济社会发展提供巨大的精神动力。城市精神是城市品牌的核心组成部分，体育赛事作为城市生态系统的一部分，要在发展中不断融入城市精神，加强城市精神文明建设。城市品牌建设离不开精神文明的土壤，如果没有精神文明的支撑，城市品牌就会失去发展的活力。而体育赛事正是城市文明的体现，充分融入本城市精神文明的体育赛事，就更贴近城市的精神和文化内涵，从而更有利于城市品牌工程的推进。另外，城市在发展的过程中，面临着内外部环境的不断冲击，要充分考虑到体育赛事与城市品牌建设耦合发展过程中所面对的大量体育场馆和配套设施的建造设计对其今后的持续利用，要将体育设施建设与城市的生态系统相结合，减少资源流失，整合城市内外部资源，形成可持续发展的城市生态系统。

第六节　营销体育赛事，加强城市品牌推广

城市品牌推广多元性，传播途径多样化，一方面包含城市口号、城市符号、城市地标以及城市吉祥物等，另一方面还包含能够代表城市形象的相关核心产品。通过对体育赛事的宣传加强对城市品牌的推广。媒介是对外宣传的重要窗口，可以通过对往届赛事的图片、视频的整理，宣传体育赛事，吸引更多的人去参与体验。在明星效益日益增长的今天，可以邀请明星充当城市的形象大使，提升城市知名度，加深外界对举办城市的印象，把城市品牌更加广泛地宣扬出去，让人们在了解的基础上更加深入地挖掘举办城市的优

势。为了更好地举办体育赛事，主办方可以采用博客营销、创新营销、兴趣营销、整合营销、知识营销和事件营销等网络营销模式，传达城市信息，影响公众舆论，从而更好地提升城市品牌。

一、注重合理的传播方式

部分城市通常还是采用开展大型活动、投放城市宣传片、创建卫生文明城市等较为单一的城市品牌传播方式，这些方式能够在短时间对城市营销起到一定作用，但是无法持续性地加强城市品牌的传播，更无法使城市品牌印象深入人心。

城市品牌形象要与城市品牌定位相吻合，在市场传播中要传递城市鲜明的个性特征及文化内涵。

为了实现对城市品牌的塑造并提升城市知名度，首要任务就是要树立较好的城市核心价值。如果借助体育赛事实现这一目标，就必须要对体育赛事的品牌进行一定的优化，并将其作为城市今后发展规划的重要目标，这对于城市的发展规划是极为有利的。如果从城市品牌形象塑造因素的角度上来看，关键的行为识别要素就是企业行为，如果城市中的企业行为良好，就可以更有效地对外界进行本城市品牌形象的表达。因而，落实到大型体育赛事的举办过程中，要尽可能带动企业的积极性和参与度，实现市场化运营；加深和企业之间更深层面的合作，从而有效提升区域整体的品牌形象。

宣传性公关的主要策略就是在向公众进行宣传的过程中，强化宣传对象的信息，在公众心中树立其新的形象，从而获得良好的口碑，改变舆论的发展走势，提高宣传的效率。落实到体育赛事中，就是以体育赛事作为主要宣传对象，通过对其中相关信息的传达和强化，增加舆论对其的关注，进而提升公众对举办城市的关注度，这对塑造和提升城市形象、提升社会知名度以及社会的认可度都具有非常重要的推动作用。在具体的宣传过程中，主要通过网络以及新闻媒体等方式，大力拓宽宣传力度，使民众更加清楚地认识到城市所作出的改变以及赛事的精彩，借助提升公众吸引力的方式，帮助举办城市提升品牌形象。

1. 借助于城市广告

城市广告营销可以解决由于媒介众多传递而引发的城市品牌不统一现象，能提高城市的知名度，城市内外大众皆可以在城市中从多种媒介接收到城市品牌相关信息。城市通过广告营销的梳理明确城市的定位，强化宣传和引导作用，加强大众对于城市的印象。城市户外以及重要的场所如火车站、飞机场、汽车站等能够精准且直接地向大众传递城市品牌信息。电视、网络等多媒体广告受众面广，传播速度快，表达方式多变，结合视觉、听觉方面吸引大众的注意。如张家界在城市重要的场所，如高速公路进出口、飞机场、火车站、长途汽车站、景区景点、城市道路以及高层建筑等上悬挂了大量的广告，传播“神奇的张家界”。

2. 借助体育明星、名人效应

形象代言人已经是市场促销的一种重要和有效的手段。城市品牌形象代言人往往代表着一座城市的精神风貌和文化积淀，选择与城市品牌形象比较一致的形象代言人至关重要。对于体育赛事而言，备受认可的代言人就是体育明星，首先就是因为其本身有着较高的竞技水准，对社会的影响以及民众认可度等方面也相对较强，也正因为如此，他们代言的赛事往往会因为个人效应使得宣传效果得以大大提升，举办的城市也因此被人们更为广泛地了解，从而可以帮助城市提升知名度以及社会对其的认可程度。具有典型性的案例：如浪琴马术冠军杯赛每次都请到当红影星或一线明星作为其品牌赞助商的代言人，高雅运动与明星的高雅穿着搭配吸引了数万目光，达到其宣传的目的。如在武网的宣传中，选择李娜作为代言人，首先是因为李娜的竞技水平已经获得世界认可，具有非常强大的公众影响力，因而使得武网公开赛备受公众关注，认可程度不断提升，在一定程度上带动了对举办城市的关注，借此向世界传达良好的城市品牌形象，提升世界对举办城市的了解和关注。

3. 城市和体育赛事整合，强化受众体验

城市和体育赛事耦合发展，从赛事报名，到赛前装备的领取、目的地交通服务、赛中的安全保障、赛事补给以及赛后的康复服务、成绩服务等多个方面，都要坚持以参与者的感受为出发点，强化受众体验，不断增加参与者的满意度，以提高赛事的口碑。在广告投放中，选择传统形式纸媒的占比仍然相对较高，而处于主流媒体的新媒体却受到忽视。所以，当前顺应媒体发展潮流，开拓创新，最优化的选择就是多元的媒体相结合，在合适的时间、地点以及环境选择与其相匹配的媒体或媒体组合的宣传方式，从而获取最佳的宣传效果。落实到借助体育赛事实现对城市品牌的塑造以及提升的过程中，首先就要实现二者的有机结合、相互交融，赛事的举办带动公众对城市的关注，城市在塑造品牌的过程中无时无刻不彰显体育元素，人们在了解体育赛事的过程中，逐渐增加对城市的了解和认知，有利于城市品牌形象的塑造。

在整合营销的方式下，可以实现多元营销方式和手段的有机结合，从而实现协同营销的目标，扩大营销范围，提升营销成效。由于体育赛事本身综合程度高且较为复杂，在进行整合营销的过程中往往会遇到各种各样的麻烦，因此在进行整合营销时需要从宏观的角度出发，从而实现城市和赛事相结合的营销目标。

在体育赛事的相关广告中，一般都会充分体现出磅礴的气势，这和体育的性质是分不开的，因而比较适合的投放形式就是户外广告，如楼体、墙面等。但是有一点需要注意，户外广告中，具体的投放区域主要分为三大类：商业广告、公益广告以及禁设广告区，在考量这一因素之后，对于赛事形象广告的投放就可以实现明确划分，可以借助商业广告以及公益广告相结合的方式。在实际宣传过程中应该借助现代营销方式和主流传播媒介，实现城市形象和赛事的有机交融，通过对赛事的宣传，可以在公众心目中留下统一的观念，并进行落实，积极体现大型体育赛事的正面影响，实现对正能量的持续传播。

Bernd H. Schmitt 认为体验营销基于多种媒介引发受众的情感体验、激发他们深层次的思考与想象，进一步引发他们自主对外宣传城市品牌相关信息。张家界“宋城千古情”借鉴了其他城市“千古情”的经验，在营销中，深度强化体验营销，修建了大量的运动、休闲场所，持续性地举办各种体育赛事和体育表演，并积极引导游客参与，游客在其中得到了体验，使得张家界“宋城千古情”刚建立起来就获得了大量的消费群体，强化了宋城的品牌和张家界的城市品牌，也推动了整个武陵源旅游市场的发展。

4. 提高城市居民的参与度

城市居民的参与度是体育赛事和城市品牌发展的基础。城市居民参与体育赛事治理，是尊重居民利益的表现，是体育赛事还赛于民的重要体现，也是推进全民健身工程、培育体育赛事群众基础的重要途径。通过把城市居民引入治理主体，能有效降低和控制城市社会在体育赛事举办过程中可能出现的骚乱、交通拥堵等风险，并能有效地传播城市社会社区文化和体育赛事文化，提升城市形象。在大型体育赛事举办结束之后的一段时间内，会产生“倦怠期”，就像是人们在经历过一件对内心产生严重影响的事件之后，而产生的沮丧乃至疲倦的心态，为了能够恢复如初就需要一个过渡期。非常典型的就是悉尼奥运会，在奥运会结束三年以后，悉尼才逐渐恢复如初。由此也可以看出大型体育赛事对于举办城市具有非常重要的意义，但如果过度依靠大型体育赛事实现对公众的刺激则极有可能适得其反，因为在大众眼中，这毕竟是一件太过于劳民伤财的大事。

作为推广城市品牌建设的重大事件营销，体育赛事的群众基础尤其重要，良好的民众认知有利于体育赛事的人员调配、赛事氛围的营造以及赛事产品的丰富等。在城市中开展全民运动，可以使公众多参与体育活动、体育赛事，并通过多样化的形式宣传以及推广，激发民众参与体育赛事的积极性。民众自身的积极行为将对城市良好形象的塑造以及品牌的提升产生极为有利的影响。城市居民的内部营销能从根本上使城市品牌的塑造更为高效地进行。只有得到城市居民的认可，在居民心中塑造良好的形象，才能逐渐传递到城市的表面，让城市形象发展得到最为直接的体现，也才能使城市的品牌塑造更为积极有效。

一些较大的、群众性的体育赛事活动，应广泛征求社会组织以及社区居民的意见，充分利用社会资源，吸引更多的社区居民来参赛或观赛，特别是民族民俗性体育赛事表演，应尽量安排本地的少数民族同胞来完成，从而在培养体育赛事的群众基础、提高体育赛事的知名度的同时，也继承和保护了本地的文化遗产。不同的体育赛事参与的人群往往不尽相同。也正因为如此，在进行大型赛事的宣传过程中，相关的管理者应该更加有针对性地带动不同的居民积极参与，激发居民的参与热情。与此同时，要向市民传达一种健康的生活方式以及优秀的体育文化，从而调动整个城市居民的积极性，形成良好的氛围，让居民在日常生活中也能进行体育锻炼，让外界充分感受到居民的参与热情，从而使得城市的品牌和文化能够被世界人民所认可。

张家界武陵源风景区更是积极举办参与性自行车、徒步、越野跑等赛事，通过城市的相关协会、社区、机关单位等培养城市居民对相关体育项目的参与度，在本城市营建了良好的自行车、徒步、越野跑等运动环境，吸引了更多的本地人参与，从而使得相关赛事规模较周边地区要大很多，赛事水平也高很多，在城市内外都获得了稳定的顾客群，开发了潜在相关赛事的市场，促进了城市的营销。

5. 突出城市的文化特色

品牌的竞争力在于满足消费者的情感和心理诉求，品牌文化有利于提高品牌认知度与强化品牌直觉质量，有利于培养消费者的品牌忠诚，有助于形成消费者正面而丰富的品牌联想，建立品牌心理优势，能有效地承载企业的价值观。[①] 品牌有着自身独特的文化内涵，既体现着民族精神、地域特点，又体现着企业的内部文化。品牌文化的塑造是提升赛事品牌内涵的核心，是品牌价值观念的呈现，是打造品牌的重要手段。建立赛事消费者认同、能产生共鸣的赛事文化和城市文化价值观，是消费者高层次的心理满足、精神寄托最有效的手段。

城市品牌的形成，既需要历史的积淀又包含人为的规划。对于体育赛事而言，相配套的文化活动的展示同样也能够成为举办城市的特色文化资本。伴随着社会的进步以及结构的变迁，资本的概念已经不仅仅局限于传统的古典资本理论中，学者们对其的研究已经实现了多角度和多元化。每一个城市都具备自己独特的资源，但是这种资源和资本并不能实现对等，需要经历一定的转化过程。在天津，虽然具备丰厚的文化资源，但是并没有实现向城市资本的转化，其主要原因就是缺少了在形成城市文化资本的过程中不可或缺的土壤以及孕育过程。所以，提出相配套的文化活动的过程中，应积极推动其向城市文化资本转变，最佳方式就是形成典型的城市化印象，凸显差异化

① 周云．品牌管理学科化发展研究［M］．北京：企业管理出版社，2013：158-160.

特征，最终形成的文化资本体系既能够融合城市精神理念，同时也能蕴含良好的城市行为以及城市视觉系统。

在当今多元的世界文化发展格局中，世界文化思潮日益激荡碰撞，文化交流交融更加活跃，城市文化通过传播形成了文化的向心力。主办城市要提高文化软实力，增强国际竞争力，就必须加强特色文化传播力建设。在人类丰富的文化活动中，体育赛事是非常重要的一种，文化底蕴非常深厚。而具有典型城市品牌性的赛事，是城市文化和体育文化相结合的有效形式，这不仅仅是文化资源，也是城市文化的积淀，对于塑造城市特色文化具有重要意义。

新的社会思潮、新的文化、新的时尚等融入赛事活动中，能拉近与人们的心理距离。城市的历史文化、地域文化等更能让消费者感受到城市的独特和神奇。为品牌塑造一种恰当的文化，为品牌塑造的文化是否合适，一是这种文化要适合产品特征，二是这种文化要符合目标市场消费群体的特征。[①] 不同的赛事品牌，应针对不同的消费群体，注入不同的文化元素。融入时尚文化，引导消费者将这种时尚转化为日常生活的一部分。融入民族传统文化，使消费者在金钱至上观念中得到心灵的洗涤。在塑造品牌文化的过程中，要学会挖掘故事。本地的传奇故事较多，也有通过挖掘故事获得品牌文化提升的事例。

二、借助差异化体育赛事提升城市品牌形象

差异化的体育赛事产品更能吸引人们的眼球。如张家界天门山翼装飞行赛事，赛事规模并不大，但其完美地与张家界天门山景区相融合，成为世界翼装飞行锦标赛唯一的举办地。在举办体育赛事之前，可以把城市窗口的区域道路还有城市交通作为重点，依据比赛的项目重新规划场地的扩建和欢迎观众进场的路线，整体上绿化城市，整个城市环境在大幅提升的同时，体现出城市的独特性，为了提高城市的整个形象，市政府要加大对社区环境全面化的整改力度，打造差异化社区。例如在居民小区附近修葺各式公园、植物园，还有动物园等适合居民平时锻炼身体、休闲娱乐的场所。

通过坚实的硬件建设，为市政府对外进行有力的宣传奠定了基础。城市

---

① 朱雨童．品牌，非诚勿扰！[M]．深圳：海天出版社，2011：23.

在宣传工作上，坚持早起步、抓亮点、可持续、群众性原则，积极调动中央媒体、网络媒体的宣传资源，积极有序开展，扎实稳步推进。在视觉形象设计方面，可以面向社会开展为赛事设计会徽、吉祥物等体育图标与核心图形活动。赛事期间将有众多媒体记者云集，通过各种软广告式的宣传，充分展示城市的良好形象、为世界和祖国人民更好地了解城市提供了难得的机遇。制定差异化的营销推广方案，有序地开展各项营销推广活动，确保城市品牌形象塑造科学、有效地开展和实施。

三、体育赛事和城市节会相结合，提升城市品牌形象

城市节会是本城市或本地区重要的民风民俗活动会聚时节。在此期间，城市居民往往都在放假，有大量的时间和精力参与到节会活动中来。体育赛事节庆活动是体育赛事与城市营销充分融合的载体和节点，是展示体育赛事特色，推动体育赛事与旅游、服务等产业互动发展，促进旅游业、服务业等蓬勃发展、建设城市品牌的重要平台。体育赛事在城市节会期间举办，能更好地吸收本地的传统文化，吸引更多的城市内外受众参与其中。应整合丰富多彩的体育赛事资源与旅游节庆资源，共同谋划、巩固和创新体育赛事与旅游节庆活动的组织筹划，共建平台、打造城市品牌。如在张家界旅游节、张家界国际艺术节中，融入更多的体育、文化、旅游元素，增加体育、旅游的交流性。同时，体育赛事与城市节会结合，可以促成体育、旅游等产业的贸易与投资，进一步促成城市的产业品牌，有利于城市品牌的推动，通过城市节会引起大众对于城市的关注，运用“借力”的方式推动传播。例如，淄博的风筝节成为其城市推广的有力手段，为城市献出了一张独一无二的“名片”，使国内外都知晓淄博这一地级城市。同时，在节庆期间，借助体验性、参与性强的体育赛事，拓展节庆活动的体育赛事内容，设计多元体育赛事节庆活动产品，促进体育赛事与休闲旅游、传统节庆相耦合，不断拓展二者的耦合空间，加深耦合度。

另外，体育赛事与城市节会相结合，还可以促进相关行业的良好发展，激发大众对于行业的需求，特别是有利于旅游业、服务行业等的不断发展，从而为城市树立良好的口碑，使城市获得良好的美誉度，培养城市受众的忠诚度，有力打造了城市的名片，持续性地提升了城市品牌形象。

参考文献

［1］田麦久．运动训练学词解［M］．北京：北京体育大学出版社，1999.

［2］国家体委训练竞赛综合司．运动竞赛学［M］．北京：北京体育大学出版社，2009.

［3］王守恒，叶庆晖．体育赛事的界定及分类［J］．首都体育学院学报，2005（2）.

［4］黄海燕．体育赛事经济影响评价的实证研究［J］．上海体育学院学报，2011，35（3）：1-6，13.

［5］黄海燕，张林．体育赛事的基本理论研究——论体育赛事的历史沿革、定义、分类及特征［J］．武汉体育学院学报，2011，45（2）：22-27.

［6］余守文．体育赛事产业对城市竞争力的影响［D］．复旦大学硕士学位论文，2007.

［7］张新萍，邓春林．大型体育赛事综合影响研究的若干理论问题探讨［J］．山东体育科技，2009，31（3）：24-27.

［8］尹眠浩．大型体育赛事对城市发展的作用［J］．教育杂谈，2008（4）.

［9］凯文·莱恩·凯勒．战略品牌管理［M］．李乃和译．北京：中国人民大学出版社，2003.

［10］杜青龙，袁光才．城市品牌定位理论与实证分析［J］．西南交通大学学报（社会科学版），2004（6）：105-108.

［11］薛继升，李彬．备战2008奥运会马拉松项目的运动学研究［A］//中国体育科学学会．第八届全国体育科学大会论文摘要汇编（二），2007：2.

［12］孟广琳，张苏平．天气条件对马拉松跑的影响：北京国际马拉松比赛调查分析［J］．体育科学，1992（2）：33-36，46，94.

［13］张登峰．马拉松赛事对城市发展的影响［J］．体育文化导刊，2011（11）：12-14，20.

［14］陈尔洁．中国马拉松赛事对城市发展影响的研究［D］．北京体育大学硕士学位论

文，2014.

［15］靳英华，原玉杰．北京国际马拉松赛的社会效益和经济效益分析［J］．北京体育大学学报，2008（11）：1445-1447.

［16］王联聪，谢军．厦门国际马拉松赛风险调查及对策［J］．体育科学研究，2008（4）：20-23.

［17］李国民，过平江．杭州国际马拉松赛事 SWOT 分析［J］．内江科技，2009，30（3）：20-21.

［18］李成勋．关于城市品牌的初步研究［J］．广东社会科学，2003（4）：71-76.

［19］刘东锋．城市营销中体育赛事与城市品牌联合战略研究［J］．武汉体育学院学报，2008（5）：3841.

［20］常乃军．体育在城市化进程中价值与功能的审视［J］．体育文化导刊，2003（12）：10-12.

［21］纪宁．体育赛事与城市品牌营销新时代［J］．体育学刊，2008（1）：22-26.

［22］刘雪丽，李鹏举，黄可可，吴鸿春．城市马拉松赛对城市综合水平的影响［J］．运动，2012（11）：32-33，27.

［23］耿延敏，刘定一．国际马拉松赛对城市软实力的影响研究［J］．体育文化导刊，2012（6）：86-89.

［24］林香菜．厦门国际马拉松赛对提升厦门城市品牌价值的效果研究［J］．厦门特区党校学报，2011（5）：72-76.

［25］李刚．对厦门马拉松赛成功打造城市名片的研究［J］．三峡大学学报，2012，34（s1）：178-179.

［26］戴冬．体育赛事转播与城市品牌塑造的关系研究——以厦门国际马拉松赛为例［J］．东莞理工学院学报，2010，17（6）：72-75，80.

［27］阮伟．体育赛事与城市发展关系研究［D］．北京体育大学硕士学位论文，2012.

［28］谢洪伟．大型体育赛事与城市发展耦合研究［D］．北京体育大学硕士学位论文，2013.

［29］徐健，赵斌．大型体育赛事对城市发展的影响——以 2016 年泰州铁人三项亚洲杯为例［J］．体育科技文献通报，2017（8）：109-110.

［30］陈月川．基于大型体育赛事视域下的城市品牌战略研究［D］．重庆大学硕士学位论文，2014.

［31］陆晨．大型体育赛事与举办城市形象契合的研究［D］．上海体育学院硕士学位论

文，2014.
[32] 冯好．大型体育赛事与上海城市形象传播的研究［D］．上海体育学院硕士学位论文，2010.
[33] 张颖慧．体育赛事与城市的相容性研究［D］．上海体育学院硕士学位论文，2010.
[34] 翁飚，张小娟，鞠庆东．体育赛事品牌塑造与城市品牌提升的关系——以厦门国际马拉松赛为例［J］．体育科学研究，2013，17（1）：1-5.
[35] 黄优强．特色体育赛事对西部城市品牌提升的凸显效应——以兰州国际马拉松赛为例［J］．四川体育科学，2013，32（3）：18-22.
[36] 杜佳毅．大型体育赛事与上海城市品牌营销分析［J］．现代商贸工业，2010，22（4）：103-104.
[37] 胡书斧．大型体育赛事对城市品牌知名度的影响机制研究［D］．杭州师范大学硕士学位论文，2013.
[38] 曹伟．职业体育赛事提升城市品牌的路径研究［D］．武汉体育学院硕士学位论文，2015.
[39] 祝守梁．大型体育赛事对城市品牌形象的塑造与提升［D］．武汉体育学院硕士学位论文，2015.
[40] 苏丽，陈锡尧．体育赛事选择与城市品牌：一种因果关系模式［A］//中国体育科学学会体育产业分会［C］．第四届全国体育产业学术会议文集，2009.
[41] 吴绪东，张明坤．论体育赛事对城市品牌的塑造［J］．河北体育学院学报，2012，26（1）：15-17.
[42] 王晓丹．大型体育赛事与城市品牌形象关系的研究［J］．艺术与设计（理论），2012，2（3）：56-58.
[43] 陆萌．媒体视域下体育赛事对城市品牌构建研究［J］．中国传媒科技，2014（4）：11-12.
[44] 何雄锋，袁锋．大型体育赛事对打造城市品牌的思路构建——以重庆市国际马拉松比赛为例［J］．当代体育科技，2015，5（36）：179-180.
[45] 李星辰，郝晨，刘中全，黄晓灵．大型体育赛事对打造城市品牌的分析研究——以重庆市国际马拉松比赛为例［A］//中国体育科学学会，中国体育用品业联合会［C］．2014中国体育产业与体育用品业发展论坛论文集，2014.
[46] 黄小敏．大型体育赛事对城市旅游品牌影响研究［D］．华侨大学硕士学位论文，2011.

[47] 吴忧．都江堰市“旅游+马拉松”双城市品牌研究［D］．成都体育学院硕士学位论文，2017.

[48] 汪波，王娟，曾明．大型体育赛事与举办城市的双向互动影响——以兰州国际马拉松赛为例［J］．运动，2012（15）：136-137.

[49] 柏杨．中国城市品牌塑造的理论与实践探索［D］．武汉大学硕士学位论文，2014.

[50] 郭琴．从社会学的视角中谈大型体育赛事对举办城市的综合影响［J］．体育世界（学术版），2010（10）：56-57.

[51] 沈体雁，杨开忠等．体育与城市营销：欧洲经验［M］．上海：东方出版社，2011.

[52] 俞琳．从欧洲城市看体育在城市营销及可持续发展中的作用［J］．体育文化导刊，2005（6）：49.

[53] 姚颂平，吴贻刚，沈佳．欧洲发达城市举办国际体育赛事的实践对上海的启示［J］．上海体育学院学报，2007，31（6）：1-6.

[54] 刘东锋．城市营销中体育赛事与城市品牌联合战略研究［J］．武汉体育学院学报，2008（5）：38-41.

[55] 董杰．中国举办大型体育赛事存在的主要问题、原因与对策［J］．体育与科学，2012（5）：42-51.

[56] 王子朴，杨铁黎．体育赛事类型的分类及特征［J］．上海体育学院学报，2005（12）：24-29.

[57] 宋书楠．试议体育赛事的旅游开发［J］．北京第二外国语学院学报，2002（6）：35-38.

[58] 刘勇．体育市场营销［M］．北京：高等教育出版社，2007.

[59] 孙丽辉，史晓飞．我国城市品牌产生背景及理论溯源［J］．中国行政管理，2005（8）：52-54.

[60] 罗月领．城市品牌的理论初探［J］．天水行政学院学报，2007（4）：9-11.

[61] 陈建新，姜海．论城市品牌生成机制［J］．华南理工大学学报，2004（2）：50-55.

[62] 陈柳钦．论城市品牌建设［J］．中国价值，2010（7）：66-77.

[63] 郑昭，李军波，刘波．城市营销：理论回眸与前景展望［J］．软科学，2005（5）：17-22.

[64] 上海成为中国最“体育”的城市［N］．中国青年报，2014-06-08.

[65] 王守恒，叶庆晖．体育赛事的界定与分类［J］．首都体育学院学报，2005（2）：1-3.

[66] 孟丹，姜海．城市品牌开发研究［J］．科技进步与对策，2005（3）：21-23.

[67] 杜青龙．中国城市品牌理论研究与时政分析［D］．西南交通大学硕士学位论

文，2014.
［68］马瑞华．城市品牌与城市竞争力机制研究［D］．山东大学博士学位论文，2014.
［69］方兴．历史文化与城市 CI［D］．西南师范大学博士学位论文，2015.
［70］宋玉芳．奥运会志愿者的特征及其管理原则［J］．体育与科学，2004（1）：20-23.
［71］芮宏．合肥城市品牌培育问题研究［D］．华中科技大学硕士学位论文，2004.
［72］赵泽群．论举办大型体育赛事对城市现代化的作用［J］．西南师范大学学报（自然科学版），2007（4）：123-125.
［73］王志东．2008 年奥运会对山东旅游业的影响及对策［J］．财贸经济，2002（11）：59-63.
［74］郭腾．单项体育赛事对举办城市的社会影响力研究［D］．北京体育大学硕士学位论文，2013.
［75］黄璐，付小春．论体育赛事的内涵［J］．首都体育学院学报，2005，17（6）：12-13.
［76］王孝凡．举办体育赛事对国民经济的影响研究［D］．河北大学硕士学位论文，2016.
［77］武胜奇．体育赛事文化对城市文化核心竞争力的影响及提升路径选择［J］．天津体育学院学报，2011，14（5）：23-29.
［78］肖锋，沈建华．浅析举办重大体育赛事对城市体育事业竞争力的提升作用［J］．南京体育学院学报，2008，19（1）：38-39.
［79］沈佳，姚颂平．大型体育赛事的战略管理研究［J］．上海体育学院学报，2008，32（6）：19-22.
［80］杨炯，唐晓彤．大型体育赛事的相关经济效应问题研究［J］．中国体育科技，2006，42（3）：17-20.
［81］朱洪军．大型体育赛事提升城市品牌的路径研究［J］．山东体育学院学报，2010，26（10）：11-15.
［82］姚颂平．关于大型体育赛事选择的思考［J］．上海体育学院学报，2010，34（2）：1-3.
［83］谢云．体育赛事筹办对我国社区居民全民健身的影响［J］．博士论坛，2012，44（4）：1-4.
［84］徐卫华，赵克，王诵诗，李微．竞赛表演市场对区域经济和社会发展作用的调查研究——以厦门国际马拉松赛为例［J］．中国体育科技，2004，40（1）：24-25.
［85］许良洪，蔡传明．大型体育赛事提升城市体育软实力的价值研究——以厦门国际马拉松赛为例［J］．体育科学研究，2011，15（5）：27-30.
［86］孙格．体育赛事对城市体育文化影响研究［D］．山东大学硕士学位论文，2014.

[87] 徐盛华．基于耦合视角下体育赛事对城市发展影响的研究［D］．江西财经大学硕士学位论文，2013.
[88] 刘飞等．举办亚运会对广州经济和社会发展的影响［J］．体育学刊，2005，12（2）：21-24.
[89] 曹庆荣，雷军蓉．城市发展与大型体育赛事的举办［J］．西安体育学院学报，2010（4）：399-401.
[90] 董杰．奥运会对举办城市经济的影响［M］．北京：经济科学出版社，2004.
[91] 张钟汝，章友德．城市社会学［M］．上海：上海大学出版社，2006.
[92] 杜林颖．体育赛事与城市发展的互动研究［J］．浙江体育科学，2011（5）：35-38.
[93] 武胜奇．体育赛事文化对城市文化核心竞争力的影响及提升路径选择［J］．天津体育学院学报，2009（6）：480-483.
[94] 马国馨．巴塞罗那与奥运会［J］．建筑学报，1992（4）：56-62.
[95] 刘青．新时期政府在体育事业发展中的角色［J］．成都体育学院学报，2003（1）：12-15.
[96] 翁锡全，吴燕波，林文等．举办大型运动会与城市生态环境保护的探讨［J］．体育与科学，2003，24（5）：53-55.
[97] 亚历山大．体育与城市营销欧洲经验［M］．上海：东方出版社，2006.
[98] 赵轶佳，王清．终结尤伯罗斯［J］．第一财经周刊，2012（11）：45-53.
[99] 赵激希．竞技体育对城市知名度的影响分析——以英超传统强队为例［J］．体育科技文献通报，2008，6（3）：117-119.
[100] 汪锁田，王亚平．西部省会城市影响力的实证分析［J］．科技经济市场，2007（5）：62-63.
[101] 刘汉太．城市影响力及其打造［J］．小城镇建设，2004（4）：86-87.
[102] 朱瑛．现代体育与城市形象建设［J］．北京体育大学学报，2006（8）：1047-1053.
[103] 刘翔峰．论经济增长与增长的社会代价——以泰国为案例分析［D］．中国社会科学院博士学位论文，2002.
[104] 方福前．论研究奥运经济影响的思路与方法［J］．北京社会科学，2004（2）：3-7.
[105] 董杰，刘新立．近50年夏季奥运会财务状况总体趋势研究［J］．武汉体育学院学报，2008，42（3）：47-50.
[106] 黄海燕．体育赛事综合影响事前评估研究［D］．上海体育学院硕士学位论

文，2009.
[107] 孔庆吉，赵雷，孟庆华．上海 F1 级方程式赛车经济功能研究［J］．山西师范大学体育学院学报，2007（6）：11-13.
[108] 周学兰，赵军．申办奥运会的基本条件及其运作探究［J］．武汉体育学院学报，1999（1）：8-9.
[109] 林显鹏．奥运对主办城市影响力的数字阅读［J］．北京规划建设，2004（3）：149-151.
[110] 单玉霞．承办第十四届全运会背景下西安市体育设施建设与城市发展互动的探讨［J］．体育世界（学术版），2016（9）：43-44，47.
[111] 郭飙．浅析我国第十四届全运会西安场馆规划［J］．新西部（理论版），2016（14）：34，30.
[112] 张佳慧．城市品牌传播的理论与实践［D］．浙江大学硕士学位论文，2008.
[113] 菲利普·科特勒等．科特勒看中国和亚洲［M］．海口：海南出版社，2002.
[114] 刘彦平．城市营销战略［M］．北京：中国人民大学出版社，2005.
[115] 于宁．城市营销研究：城市品牌资产的开发、传播与维护［M］．大连：东北财经大学出版社，2007.
[116] 康宇航，王续琨．试论城市营销的价格策略［J］．价格月刊，2004（5）：10-11.
[117] 金定海．城市品牌如何塑造与传播［J］．广告大观综合版，2009（6）：58-59.
[118] 白长虹，郝胜宇．顾客视角的城市品牌［J］．城市经济，2008（1）：60-62.
[119] 纪国明．大连城市品牌构建问题研究［J］．边疆经济与文化，2008（11）：27-28.
[120] 黄忠斌．城市品牌建设中的政府行为研究［D］．广西民族大学硕士学位论文，2009.
[121] 刘彦平．城市品牌建设之三品牌传播［J］．国际公关，2006（5）：75-76.
[122] 樊传果．城市品牌形象的整合传播策略［J］．广告与经营，2006（5）：58-59.
[123] 雷芳．中国城市品牌的网络传播现状及传播模式的研究［J］．城市品牌（专刊），2010（1）：136-139.
[124] 沈易娟．孝感城市品牌整合营销传播模式探讨［J］．湖北职业技术学院学报，2010（3）：88-89.
[125] 孙琳琳，霍泓．论城市品牌形象传播中的几个误区［J］．理论界，2005（3）111-112.
[126] 赵莉，沈利．杭州城市形象国际传播的特色与启示［J］．青年记者，2010（23）：13-14.
[127] 吕振奎．当前城市品牌塑造与提升的六个突出问题［J］．黑龙江社会科学，2004（5）：42-45.

[128] 王国平．打造杭州“生活品质之城”城市品牌［J］．杭州研究，2007（1）：3-6.
[129] 孙东海．大手笔打造新天堂［J］．特别策划，2001（9）：5-7.
[130] 季靖，陈静．传播与城市品牌塑造——以杭州、上海为例［J］．消费导刊，2008（11）：16-17.
[131] 袁岳．城市传播：受众导向还是资源导向［N］．第一财经日报，2010-07-08.
[132] 李小霞．试论城市品牌与城市形象塑造［J］．沈阳大学学报，2008，20（5）：53-60.
[133] 郝胜宇，白长虹．顾客视角城市品牌概念模型探析［J］．城市问题，2008（5）：15-22.
[134] 姜智彬．特大活动与城市发展的品牌导向研究［J］．山西财经大学学报，2008，30（9）：29-33.
[135] 钱娅艳，张君，韩庆丽．北京奥运会对社会软环境的影响［J］．北京体育大学学报，2010，33（4）：20-26.
[136] 闻轩．奥运筹办七年来北京市民公共行为文明指数显著上升［J］．前线，2008（12）：22.
[137] 石磊，刘蓉洁，朱庆伟．城市品牌的塑造［J］．城市问题，2007（5）：18-21.
[138] 顾巍，陈御冰．顾客忠诚的驱动因素及其启示［J］．统计与决策，2005（8）：165-166.
[139] 黄海燕，张林．体育赛事综合影响框架体系研究［J］．体育科学，2011（1）：75-84.
[140] 张业安，肖焕禹，冉强辉．大型体育赛事媒介传播效果影响因素的多维考察［J］．体育学刊，2013（1）：38-43.
[141] 戴冬．刍议体育赛事的营销管理与城市品牌塑造——以厦门国际马拉松赛为例［J］．湖南工业职业技术学院学报，2010（6）：45-47.
[142] 葛米娜，卢静怡．大型体育赛事对旅游企业营销战略的影响：武汉实证［J］．浙江树人大学学报（人文社会科学版），2013（4）：38-43.
[143] 徐正国．结合福建省实际谈体育赛事对城市建设和发展的促进作用［J］．福建体育科技，2014（1）：1-5.
[144] 蒋涛．体育赛事对城市发展的影响分析［D］．山东大学硕士学位论文，2011.
[145] 冯蓬蓬．城市品牌营销理论与实证研究［D］．吉林大学硕士学位论文，2006.
[146] 罗建英，丛湖平．商业性体育赛事网络结构特征及其关系［J］．体育科学，2010（4）：11-20.
[147] 谢顺舒．城市品牌形象传播研究［D］．重庆大学硕士学位论文，2013.

[148] 黄海燕，张林．体育赛事综合影响框架体系研究［J］．体育科学，2011（1）：75-84.
[149] 陈春平，刘壮．国内外“体育赛事与城市营销”问题研究现状［J］．体育与科学，2011（5）：26-29.
[150] 杨鑫．城市营销理论及其策略研究［D］．兰州商学院硕士学位论文，2008.
[151] 阮伟．体育赛事与城市发展关系研究［D］．北京体育大学硕士学位论文，2012.
[152] 肖年乐，朱桂华，银丽丽，徐海卫．厦门国际马拉松赛发展研究［J］．体育文化导刊，2014（10）：98-101.
[153] Lawliker J. L. Economic Impact Analysis of Sports Facilities and Events：Eleven Sources of Misapplication［J］. Journal of Sport Management，1985（16）：14-35.
[154] Black T. and Pape A. The Lndy Car Grand Prix，Costs and Benefits［J］. Australian Accountant，2005（4）：25-26.
[155] Waitt G. Playing Games with Sydney：Marketing Sydney for the 2000 Olympics［J］. Uban Studies，2010（3）：1005-1077.
[156] Jones C. Mega-events and Host-region Impacts Determining the True Worth of the 2002 World Cup［J］. International Journal of Tourism Research，2001（12）：241-251.
[157] Dobson N. The Economic Impact of Major Sport Events Acase Study of Sheffield［D］. Sheffield Hallam University，2010：13-18.
[158] HiUer H. The Urban Transformation of a Landmark Event：The 1998 Calgary Winter Olympics［J］. Urban Affairs Quarterly，1990，26（1）：118 - 137.
[159] Chalkley B. and Essex. Urban Development Through Hosting International Events：A History of the Olympic Games［J］. Plaruung Perspectives，1999（14）：369 - 394.
[160] Ritchie F. B. and Smith B. The Impact of a Mega Event on Host Re-gion Awareness：A Longitudinal Study［J］. Journal of Travel Research，1991，30（1）：3-9.
[161] Kevin Lane Keller. Strategic Brand Management：Building，Measuring，Managing Brand Equity［M］. New Jersey：Prentice Hall Inc.，1998.
[162] Boyne S. and Hall D. Place Promotion Through Food and Tourism：Rural Branding and Role of Websites［J］. Place Branding，2004，1（1）.
[163] Supphellen M. and Nygaarasvik l. Testing Country Brand Slogans：Conceptual Development and Empirical Illustration of a Simple Normative Model［J］. Journal of Brand Management，2002（9）.
[164] Essex，Stephen and Brian Chalkley. Mega-Sporting Events in Urban and Regiona Policy：A

History of the Winter Olympics [J]. Planning Perspectives, 2004, 19 (1): 201-232.

[165] Hagn Florian and Wolfgang Maennig. Employment Effects of the Football World Cup 1974 in Germany [J]. Labour Economics, 2008, 15 (5): 62-75.

[166] Kahn Gabriel and Roger Thurow. Quest for Gold: In Turin, Paying for Games Went Down to the Wire [J]. The Wall Street Journal, 2006, 2 (10): 1.

[167] Matheson Victor. Caught under a Mountain of Olympic Debt [J]. The Boston Globe, 2008 (8): 22.

[168] Preuss Holger, The Economics of Staging the Olympics [J]. North Ampton, Massachusetts: Edward Elgar, 2004.

[169] Burton Rick. Olympic Games Host City Marketing: An Exploration of Expectations and Outcomes [J]. Sport Marketing Quarterly, 2003, 12 (1): 37-47.

[170] Normal' Reilly. Consider Intangibles When Weighing Olympic Host City Benefits [J]. Sports Business Journal, 2009, 11 (7): 33.

[171] Green B. C. and Chalip L. Sport Touris Masthe Celebration of Subculture [J]. Annals of Tourism Research, 2015: 275-291.

[172] Ritchie J. R. B. and Smith B. H. The Impact of Amega Event on Host Region Awareness : A Longitudinal Study [J]. Journal of Travel Research, 1991 (4): 3-10.

[173] Mules T. and Faulkner B. An Economic Perspective on Special Events [J]. Tourism Economics, 1996 (7): 107-117.

[174] Madrigal R. Cognitive and Affectived Eterminants of Fansatis Faction with Sporting Event Attendance [J]. Journal of Leisure Research, 1995 (19): 205-228.

[175] Hiller H. Impact and Image: The Conver Gence of Urban Factors in Preparing for the Calgary Winter Olympics [A] //G. J. Syme B. J. Shaw D. M. Fenton and W. S. Muller (eds.) [J]. The Planning and Evaluation of Hallmark Events, 1989: 119-131.

[176] Department for Culture Mediaand Sport. Game Plan; A Strategy for Delivering Government. Sport and Physical Activity Objectives [M]. HMSO, London, 2000: 4-8.

[177] Foley P. The Impact of Major Events: A Case Study of the World Student Games, Sheffield [M]. Sheffield: University of Sheffield, 1991: 73-80.